WALTER KRÄMER

DIE ANGST DER WOCHE

WALTER KRÄMER

DIE ANGST DER WOCHE

Warum wir uns vor den falschen Dingen fürchten

Piper München Zürich

Mehr über unsere Autoren und Bücher:
www.piper.de

Von Walter Krämer liegen im Piper Verlag vor:
Das Lexikon der populären Irrtümer (mit Götz Trenkler)
Das Beste aus dem Lexikon der populären Irrtümer
(mit Götz Trenkler)
Denkste!
So lügt man mit Statistik
Statistik verstehen
Plastikdeutsch (mit Roland Kaehlbrandt)
Wir können alles, sogar besser

ISBN 978-3-492-05486-7

Gesetzt aus der Sabon und Frutiger
Satz: Kösel, Krugzell
Litho: Lorenz und Zeller, Inning am Ammersee
Druck und Bindung: Bercker Graphischer Betrieb
GmbH & Co. KG, Kevelaer
Printed in Germany

Dummheit ist der Mangel an Urteilskraft,
und einem solchen Gebrechen ist nicht abzuhelfen.

Immanuel Kant

Inhalt

Vor-Vorwort

Dies ist kein Buch für oder gegen Bio-Nahrungsmittel, PVC-Fußböden, Kernkraft oder vegetarischen Lebenswandel. Zu all diesen Dingen habe ich, wie fast alle Menschen, eine Meinung, die hier auch häufiger, als ich mir vorgenommen habe, deutlich werden wird. Aber sie spielt für das Thema keine Rolle. Hier geht es um Logik und harte Fakten, die eher weichen Aspekte wie Abscheu, Widerwille oder Weltanschauung blende ich so weit wie möglich aus, verbunden mit der Hoffnung, dass auch Leser, deren Einstellung der meinen widerspricht, die Argumente, so sie wollen, nachvollziehen können. Ob die wahr oder falsch sind, hängt nicht davon ab, wo man seine Frühstückseier kauft oder bei der Wahl sein Kreuzchen macht.

Vorwort

An dieser Krankheit sterben jedes Jahr mehr als sieben Millionen Menschen. Ich habe mir neulich bei Aldi ein Buch dazu gekauft. Für 1,99 Euro: *Blutdruck – Risiken erkennen und entschärfen.* Mein Blutdruck ist nämlich viel zu hoch. Und nicht nur meiner: »Jeder fünfte Deutsche hat Bluthochdruck (arterielle Hypertonie), und nur einer von vier Betroffenen weiß von seiner Erkrankung. Bleibt der Blutdruck dauerhaft erhöht, steigt das Risiko für Herzinfarkt, Schlaganfall, Organschäden und Arteriosklerose deutlich an.«

So die bei Aldi eingekaufte Warnung: Herzinfarkt, Schlaganfall, Organschäden, Arteriosklerose. Wäre das die Folge von Ionenstrahlung, gäbe es tägliche Sondersendungen im Fernsehen. Aber so stellt sich ein Angstgefühl nicht ein. Weder bei mir noch bei den meisten anderen Bluthochdruckpatienten. Auch meine fette Schweinshaxe esse ich weiter mit Genuss, obwohl ich weiß, dass in Deutschland jährlich über 100 000 Menschen an Magen- oder Darmkrebs und anderen Folgen von fettem Essen sterben. Von den 50 000 Lungenkrebstoten durch Tabak und Nikotin und den fast genauso vielen Alkoholopfern gar nicht zu reden.

Große Sorgen machen sich viele Fettesser und Alkoholtrinker dagegen wegen der Pestizide im Gemüse, radioaktiver Strahlen, Luftverschmutzung oder BSE. Bis heute ist an dieser Krankheit in Deutschland kein einziger Mensch gestorben, aber die dadurch verursachte Panik hat uns Steuerzahler rund eine Milliarde Euro und zahlreiche Landwirte das Vermögen und die Existenz gekostet; in England haben sich deswegen über 150 Farmer umgebracht.

Davor gab es Aids, Asbest und Amalgam, alles »Skandale«, die wir weitgehend schon wieder vergessen haben, genauso wie das Ozonloch, den Milzbrand (erinnern Sie sich noch: nach dem 11. September 2001 stand ganz Deutschland wegen Puderzucker kopf) oder das berühmte »Waldsterben« unseligen Angedenkens, das inzwischen als riesiger Medienschwindel entlarvt worden ist. Es folgten die Vogel- und die Schweinegrippe, Acrylamid und Nitrofen, die SARS-Panik von 2003, dann im Januar 2011 die republikweite Aufregung wegen Dioxin in Hühnereiern. Und gerade eben, während ich dieses Vorwort schreibe, die große Verunsicherung über das Atomdesaster in Japan. In all diesen Fällen wurde und wird durch eine in aller Regel unbegründete Panik ein enormer wirtschaftlicher Schaden angerichtet. Über Japan will ich hier nicht reden, die Rechnung ist noch offen. Aber allein die völlig überzogene SARS-Panik von Anfang 2003 – um eine inzwischen abgeschlossene kleinere Affäre zu nehmen – und der dadurch erzeugte Einbruch des Fernost-Fluggeschäfts haben der Deutschen Lufthansa rund 100 Millionen Euro Verlust beschert. Ich weiß das, ich bin Aktionär. Vor SARS standen die Aktien bei 18, drei Monate später standen sie bei 11.

Schon vor zehn Jahren haben Gerald Mackenthun und ich in unserem Buch *Die Panikmacher* die ganze Unvernunft unseres Verhaltens gegenüber eingebildeten und wirklichen Gefahren aufgezeigt; Schwerpunkte waren damals Arzneimittelnebenwirkungen, Amalgam und BSE. Und ein Kapitel war auch der völlig überzogenen – und strikt auf Deutschland und Österreich beschränkten – Panik wegen Tschernobyl gewidmet. Genutzt hat es nichts, die irrationale Anfälligkeit für Ängste aller Art hat seit damals eher zugenommen. Gleich im ersten Kapitel fange ich deshalb mit einer langen Liste von seither erschienenen Angst-Schlagzeilen an, die zeigen, wie wir selbst und unsere Medien diese Aufregung fast schon zu genießen scheinen.

Inzwischen glaube ich auch, der damalige Ansatz war falsch. Man kann einem Menschen, der Angst vor Spinnen hat, nicht sagen: Die Tiere tun dir nichts, du benimmst dich unvernünftig. Er hat trotzdem weiter Angst. Deshalb versuche ich in diesem Buch, über eine reine Beschreibung unseres unvernünftigen Verhaltens und dessen kostspieliger Folgen hinauszugehen. *Warum* verhalten wir uns so? Was steckt eigentlich hinter der leider nur zu allzu weitverbreiteten Unfähigkeit der Panikopfer, mit Unsicherheiten und Wahrscheinlichkeiten richtig umzugehen? Wer hat ein Interesse daran, dass dies so bleibt? Und was heißt »richtig umzugehen«?

Mein besonderes Augenmerk gilt dabei der Rolle der Medien in diesem ganzen Trauerspiel. Hier scheint eine – leider typisch deutsche – Bereitschaft, ja Begierde eines Publikums, sich aufzuregen und

Angst zu haben, mit einer ebenfalls überdurchschnittlichen Bereitschaft der Medien zusammenzutreffen, diesem Bedürfnis nachzukommen. So wird eine, wie ich zu zeigen versuchen werde, kulturübergreifende Anfälligkeit für irrationale Panikattacken durch mediale deutsche Sonderwege noch verstärkt. Das schaukelt sich zuweilen zu wahren Hysterieorgien empor, die Physik sagt dazu auch Resonanzkatastrophe, unsere ausländischen Freunde schütteln nur den Kopf darüber.

Mit diesen medialen deutschen Sonderwegen fange ich im ersten Kapitel an. Und dann spüre ich den möglichen Linsen, Prismen und Verzerrungsmechanismen hinterher, nicht zu vergessen die in unserem eigenen Gehirn, die quer durch alle Kulturen diese teure Diskrepanz zwischen der Wirklichkeit, so wie sie ist, und den Bildern dieser Wirklichkeit in der Zeitung und in unserem Kopf erzeugen. Dass dabei zahlreiche Einsichten von nationalen und internationalen Risikoforschern einfließen werden, auf denen ich aufbaue, versteht sich fast von selbst; die wichtigsten Stichwortgeber sind am Ende eines jeden Kapitels aufgeführt. Vielleicht werden sie dann in Zukunft häufiger gelesen. Es wäre unser aller Schaden nicht.

Dortmund, im Juni 2011
Professor Dr. Walter Krämer

1 Sind wir Deutsche eine Nation von Panikmachern?

»Wir sind risikobewusst wie sonst kein Land.«

Erwin Huber, CSU

»Zwei Reiher aus Porzellan haben in einer Frankfurter Kleingartenanlage einen Vogelgrippe-Fehlalarm ausgelöst. Wie die Polizei am Freitag mitteilte, hatte sich ein besorgter Bürger auf der Wache gemeldet und von einem Vogel berichtet, der in einer Parzelle regungslos und völlig steif stehe. Aus Angst, der Vogel könne möglicherweise mit der Vogelgrippe infiziert sein, ging der Mann zur Polizei, die daraufhin das Ordnungsamt um Hilfe bat.«

Hannoversche Allgemeine Zeitung

Die spinnen, die Deutschen. Da sterben pro Jahr jeweils mehr als 100 Menschen an Salmonellenvergiftung, Magen-Darm-Infektionen oder Trichinose, Listeriose oder Morbus Crohn, da grassieren Fisch- und Fleischvergiftungen in Werkskantinen und Altersheimen aller Art, von den mehr als 200 000 vermeidbaren Todesfällen jedes Jahr durch zu viel Alkohol und Fett gar nicht zu reden. Aber Augen zu und weg und runter damit.

Dann torkelt eine Kuh, und die Republik steht kopf.

Seit dieser Zeit, seit der BSE-Panik der Jahrtausendwende, sammle ich am Schwarzen Brett meines Statistik-Lehrstuhls an der TU Dortmund »Die Angst der Woche«. Üblicherweise hängen dort die Ergebnisse von Klausuren, auch Konferenzankündigungen oder Themen für Abschlussarbeiten und so fort. Und seit dem Jahr 2000 auch Angstmeldungen anderer Art. Dafür ist das linke Viertel des Brettes abgeteilt, da kommt dann wahllos alles hin, was mir selbst ins Auge fällt oder von Studenten und Mitarbeitern aus deutschen Zeitungen und Zeitschriften ausgeschnitten und angeliefert wird, ohne Ansicht der wirklichen Gefahr, kommentarlos mit einem Magneten angepinnt. Mit dieser Sammlung fange ich mal an. Denn dieser Querschnitt durch unsere Medienlandschaft zeigt besser als manche tiefschürfende Analyse, wie einäugig und perspektivlos, ja geradezu gemeingefährlich bei uns in Deutschland über Gefahr und Risiko berichtet wird und warum ein Professor für Statistik den wachsenden inneren Drang verspürte: Mensch, dagegen musst du doch was tun!

Also habe ich was getan. Die folgende Liste beschränkt sich auf Meldungen der letzten vier bis fünf Jahre, alphabetisch sortiert. Nicht ausgewertet wurde die Zeitschrift *Öko-Test*, das hätte den Rahmen dieses Buchs gesprengt:

Achtung Kokusnüsse. Jedes Jahr werden weltweit mehr als 100 Menschen durch herabfallende Kokusnüsse erschlagen.

Aggressive Ameisenart breitet sich in Europa aus. Regensburger Forscher warnen vor einer invasiven Gartenameise, die sich derzeit rasant in ganz Europa ausbreitet und alles andere Kleingetier in Wald und Garten auszurotten droht.

Airbag als Todesfalle. Und zwar für Kleinkinder

in entgegen der Fahrtrichtung installierten Babyschalen. Bei einem Frontalaufprall »wird aus dem Lebensretter Airbag ein lebensgefährliches Geschoss« (ADAC).

Allergieauslöser Verkehr. Kinder, die an stark befahrenen Straßen aufwachsen, erkranken häufiger an Allergien.

Allergien durch Einatmen von Duftstoffen. Synthetische Duftstoffe sollten nicht mit der Haut in Kontakt kommen.

Alzheimer durch Gänseleberpastete. Forscher haben in der Stopfleber verdächtige Substanzen gefunden, die ähnlich wirken wie die bekannten Rinderwahn-Prionen.

Die Angst vor dem Superbakterium. Forscher fürchten die Ausbreitung eines neuen Keims, gegen den Antibiotika machtlos sind.

Apotheker warnen vor Ginkgo-Tees. Nach einer Studie des Zentrallabors Deutscher Apotheker enthalten Ginkgo-Tees erhöhte Mengen an Ginkgolsäuren; diese könnten Allergien hervorrufen.

Apple warnt vor Stromschlägen durch Kopfhörer. iPod- und iPhone-Benutzer sollten beim Tragen von Kopfhörern Vorsicht walten lassen.

Ärzte warnen vor Masern. »Ungeschützt kann die Krankheit zu tödlichen Hirnhautentzündungen führen.«

Asbest aus Wunstorf erregt die Gemüter. Auf Waldwegen fand sich asbesthaltiges Material des Unternehmens Fulgurit.

Asthma durch Raumspray. Schon bei einem Einsatz der Sprays nur einmal pro Woche, so deutsche

Lungenärzte, sei das Risiko für Atemwegsbeschwerden und asthmatische Symptome um das Anderthalbfache erhöht.

Ausdauersport begünstigt Herzrhythmusstörungen. Und zwar wegen einer Verdickung des Herzmuskels. »In ihrer Studie stellten die Mediziner fest, dass bei den Athleten während des Zusammenziehens mehr Blut in der Herzkammer als bei gesunden Sportlern bleibt. Dadurch werde durchschnittlich ein Fünftel weniger Blut aus dem Herzen gepumpt.«

Autos lösen Asthma und Allergien aus. Eine Metastudie des Umweltbundesamtes bucht 27000 der jährlich rund 500000 Herzinfarkte oder Schlaganfälle in Deutschland auf das Konto Verkehrslärm.

Bakterien aus dem Duschkopf. Bitte spritzen Sie sich das erste Wasser aus der Dusche nicht direkt ins Gesicht! Die fein zerstäubten Wassertropfen aus Duschköpfen könnten nach neuen wissenschaftlichen Erkenntnissen Keime in die Lunge übertragen.

Behörden warnen vor verseuchter Zahnpasta. Denn in mehreren Ländern Europas wurden mit Lösungsmittel versetzte Tuben sichergestellt.

Benzol in Babybrei. In 14 Gläschen mit Babybrei wurden Benzol und krebserregendes Furan gefunden.

Bloß nicht rülpsen. Laut World Wildlife Fund (WWF) gehen elf Prozent des menschengemachten Klimawandels auf gedüngte Felder und rülpsende Kühe zurück.

Bluthochdruck – die schleichende Gefahr. Wird oft nicht bemerkt, erhöht das Risiko für Schlaganfall.

Blutsaugende Milben töten Bayerns Bienen. Den bayerischen Imkern steht nach Ansicht eines Experten ein großes Bienensterben bevor.

Blutsauger auf dem Vormarsch. Zecken, die gefährliche Krankheiten übertragen, werden zunehmend zur Plage.

Brustkrebs durch Flatrate-Trinken. Übermäßiger Alkoholgenuss bei jungen Frauen erhöht das Brustkrebsrisiko.

Chronische Müdigkeit durch Herpes. Viren stören die Funktion des Zentralnervensystems und dadurch unseren Schlaf.

In Deutschland ist es zu laut. Laut Umweltbundesamt sind 13 Millionen Deutsche mit gesundheitlich riskanten Geräuschpegeln belastet.

Dicke Freunde machen dick. Wer übergewichtige Freunde hat, unterliegt einem um 57 Prozent erhöhten Risiko, auch selber dick zu werden.

3D-Filme können Kopfschmerzen auslösen. Weil unser Gehirn mit dem Synchronisieren des linken und des rechten Auges zuweilen Schwierigkeiten hat.

Drucker verunreinigen die Luft. Feinstaub! »Die Folgen für den Menschen seien derzeit nicht absehbar.«

Erbgutveränderungen durch Bisphenol A: Diese etwa in PVC vorkommende Industriechemikalie soll Chromosomen verändern.

Erhöhter Blutdruck durch nächtlichen Lärm.

Nächtlicher Fluglärm kann erhöhten Blutdruck verursachen, auch wenn die Betroffenen dabei weiterschlafen.

Erhöhtes Krebsrisiko bei Fleisch- und Wurstessern. Eine Langzeitstudie zeigt: Mit wachsendem Fleischkonsum steigt das Risiko für Magen- oder Dickdarmkrebs.

Europäische Hummeln setzen Arten in Japan zu. Die europäische Erdhummel lässt in Japan die dort heimischen Hummeln aussterben.

Extreme Erdnussallergien nehmen deutlich zu. 30 000 Menschen in Deutschland riskieren mit jedem Bissen Keks, Pudding oder Müsli einen anaphylaktischen Schock.

Fasane geben Experten Rätsel auf. Um bis zu 50 Prozent ist in gewissen Gegenden Deutschlands der Fasanenbestand dezimiert.

Feinstaubwert schnellt hoch. Mediziner warnen angesichts der hohen Werte des krebserregenden Feinstaubs von einem Verlassen der Häuser in der Silvesternacht.

Fernsehen schadet Kindern. Vielgucker haben mehr Probleme mit den Klassenkameraden, werden häufiger gehänselt, zurückgewiesen oder auch angegriffen. »Darüber hinaus waren sie am Wochenende 13 Prozent weniger aktiv und betätigten sich insgesamt 9 Prozent weniger sportlich. Sie naschten 10 Prozent mehr zwischen den Mahlzeiten und wogen schon als Zehnjährige 5 Prozent mehr.«

Fleischfressende Fliege bedroht Mensch und Tier. Die Insekten bohren sich in kleinste Wunden und fressen auch große Tiere wie Rinder und Kamele bei lebendigem Leib.

Fluglärm schadet dem Herz. Eine Studie findet Kreislaufrisiken bei Flughafenanwohnern.

Föhnen kann gefährlich sein. Weil die Haartrockner anfangen zu brennen. Oder »das Gehäuse platzte auf, oder es brachen Rotorblätter des Lüfters ab«.

Foodwatch warnt vor Uran im Trinkwasser. Ist in fast allen deutschen Wasserleitungen enthalten.

Gefährliche Fensterheber. Jedes fünfte von mehr als 500 vom ADAC getesteten Autos hat nicht an allen Fenstern einen Einklemmschutz. Das kann besonders für Kinder gefährlich werden.

Gefährliche Giftstoffe in Tattoo-Farben. Tätowierfarben enthalten krebserregende Pigmente.

Gefährliche Keime in Betten von Bauernhofkindern. Nachdem sie bereits in Rohmilchkäse, im Tatar oder im Räucherlachs identifiziert wurden, können Experten die Erreger nun auch in Betten von Bauernhofkindern nachweisen.

Gefährliche schleimige Beläge in Bad und Natur. Die Bakterien-, Algen- oder Pilzgemeinschaften überleben so gut wie alle Versuche, sie abzutöten.

Gefährliches Gas strömt aus der Nordsee. Eine englische Ölfirma hatte in der Nordsee eine unter starkem Überdruck stehende Gasblase angebohrt, seitdem entweichen dort gewaltige Mengen Methan.

Gefährliche Stühle. Viele Schreibtischstühle in Privathaushalten sind nicht sicher.

Gefährliche Überstunden. Eine Langzeitstudie belegt: Wer zu viele Überstunden macht, erhöht das

Risiko für Herzinfarkt, Angina Pectoris, Ängste oder Depressionen.

Gefährliche Wollhandkrabbe. Die im vergangenen Jahrhundert im Ballastwasser von Schiffen eingeschleppte chinesische Wollhandkrabbe bedroht die einheimische Tierwelt in Großbritannien.

Gefährliches Spielzeug aus China. Mit 164 Warnungen zu Risikoprodukten hält Deutschland in der EU den Spitzenplatz.

Gefahr durch Energiesparlampen. Geht eine Energiesparlampe zu Bruch, steigt die Quecksilberbelastung in Wohngebäuden auf das 20-Fache des Richtwerts.

Gefahr durch kleine Partikel. Das Umweltbundesamt warnt vor Gesundheitsrisiken durch die Nanotechnologie. Es bestehe der Verdacht, dass es durch Nanopartikel zu ernsthaften Gesundheitsgefahren kommen könne.

Gefahr von Schimmelpilzen. Etwa ein Viertel der weltweit produzierten Lebens- und Futtermittel enthält sogenannte Mykotoxine, das sind Stoffwechselprodukte von Schimmelpilzen, die Getreidepflanzen im Feld und Erntegut befallen.

Gestank macht Stress. Gerüche können die Gesundheit beeinträchtigen und sind kaum erforscht.

Giftige Fallen in Haus und Garten. Viele Pflanzen können für Haustiere gefährlich sein.

Giftige Schafsleber im Angebot. Trotz überhöhter Dioxinwerte wird das bei Türken beliebte Lebensmittel nicht aus dem Verkehr gezogen.

Greenpeace warnt vor Giftcocktail in vielen Gewürzen. »Umweltschützer beklagen Pestizidrückstände in Paprika, Curry und Petersilie. Verbraucher sollen Bioprodukte kaufen.«

Grenzwert bei Schafslebern überschritten. Auch in friesischer Schafsleber wurden Dioxin und PCB gefunden.

Haiangriffe werden häufiger. Seit den 90er-Jahren hat sich die Zahl der Haiangriffe auf Menschen dramatisch erhöht.

Hai tötet Touristin im Roten Meer. Eine deutsche Urlauberin hatte vor ihrem Hotel im ägyptischen Scharm el-Scheich im Meer gebadet; es war das letzte Mal.

Haustiere sterben an US-Dosenfutter. Nach dem Tod von 14 Hunden und Katzen zieht die amerikanische Lebensmittelaufsicht 60 Millionen Dosen Tierfutter aus dem Verkehr.

Hochspannungsleitungen erhöhen Alzheimer-Risiko. Menschen, die in unmittelbarer Nähe einer Hochspannungsleitung leben, haben ein höheres Risiko, an Alzheimer zu erkranken.

Immer wieder kehrt die Kopflaus zurück. Nach einer »Risikokarte« einer Pharmafirma seien in Wuppertal und Gelsenkirchen mehr als 90 Prozent der Kinder lausgefährdet.

Infarktrisiko Bauchfett. Viel Bauchfett deute auf ein erhöhtes Risiko hin, erläutert die Deutsche Herzstiftung im Vorfeld des Weltherztags.

Invasion stinkender Käfer. Der als Schädlingsvernichter in Gewächshäusern eingesetzte Asiatische Marienkäfer hatte sich selbstständig gemacht. »Im

Gegensatz zu seinen europäischen Artgenossen riecht er sehr unangenehm.«

Jakobskreuzkraut verbreitet sich explosionsartig. Das giftige Jakobskreuzkraut ist in Deutschland viel weiter verbreitet als bisher angenommen. Für Pferde ist der Verzehr über längere Zeit tödlich, das Gift reichert sich in der Leber an.

Jeder dritte Flussfisch im Rhein enthält Gift. Bei mehr als jeder dritten Probe von essbaren Flussfischen in Rheinland-Pfalz hat der Wert der Umweltgifte Dioxin und PCB die EU-weit festgesetzte Höchstmenge überschritten.

Jeder fünfte Tunnel mit Sicherheitsrisiken. Ein europaweiter ADAC-Test entdeckt gefährliche Mängel vor allem bei Röhren in Italien.

Jedes Jahr sterben 60 000 Menschen durch Schiffsabgase. Besonders stark betroffen sind die Bewohner der europäischen Küstenregionen.

Katzen als Allergierisiko. Katzen stellen für Kinder bis zu zwei Jahren ein deutlich erhöhtes Allergierisiko dar.

Killer-Asteroid 2007 VK 184. Wissenschaftler schätzen, dass sich rund 100 000 Asteroiden und Kometen in der Nähe der Erde befinden. Bei 20 000 davon bestehe die Gefahr eines Einschlags auf unserem Planeten.

»Killer-Jeans« kosten Sandstrahlarbeiter das Leben. »Die Hosen mögen toll aussehen, doch beim Herstellen leidet die Lunge.« Das kann bis zum Ersticken führen.

Kippende Möbel als Gefahr für Kleinkinder. Zwischen 1990 und 2007 wurden 8506 minderjährige Amerikaner von umstürzenden Möbeln erfasst und in die Kliniknotaufnahme gebracht.

Krebs durch Fleisch. Nach einer Studie mit einer halben Million US-Amerikanern erhöht der regelmäßige Verzehr von Steaks und Schinken das Krebsrisiko.

Krebs statt Karies: Viele moderne Zahnpasten enthalten krebs- und allergieauslösende Stoffe.

Krebserregende Stoffe in Babyschnullern. Die Umweltorganisation Global 2000 findet in fünf von zehn getesteten Babyschnullern das krebserregende Bisphenol A (BPA).

Krebserregende Stoffe in Duschgels. Alle bis auf eins von 31 von *Öko-Test* untersuchten Duschgels enthielten Spuren des krebserregenden Stoffes Dioxan.

Krebserregende Stoffe in Lebensmitteln. Das Bundesamt für Verbraucherschutz findet Benzopyren und Benzolin in Fischkonserven und Erfrischungsgetränken.

Krebserregende Stoffe im Urin: Neun von zehn Kindern aus amerikanischen Raucherhaushalten tragen krebserregende Stoffe im Urin.

Krebserreger in Gummiprodukten. Laut TÜV Rheinland emittieren die Plastiküberzüge von Auto-Lenkrädern krebserregende polyzyklische aromatische Kohlenwasserstoffe (PAK).

Krebsgefahr durch Laptop. Liegt der Klapprechner zu lange auf dem Schoß, kann es zu einer Krebserkrankung kommen.

Krebsgefahr durch Luftmatratzen: Der TÜV Rheinland findet schon wieder etwas: lebensgefährliche Weichmacher in Schwimmringen und Luftmatratzen.

Krebsgefahr für Schnäppchenjäger: Die Stiftung Warentest findet gesundheitsgefährdende Schadstoffe in Discounter-Heimwerkergeräten und -Taschenlampen.

Pro Minute sterben zwei Kinder an Malaria. Die Weltgesundheitsorganisation meldet weltweit jährlich 247 Millionen Fälle von Malaria. Alle 30 Sekunden stirbt daran ein Kind.

Marathonläufer erkranken öfter an Krebs. Die starke UV-Strahlung trifft auf schwache Abwehrkräfte und erhöht das Hautkrebsrisiko.

Millionen Tote durch Umweltverschmutzung. Schätzungen der WHO zufolge sind allein in Europa rund 1,8 Millionen Todesfälle jährlich auf verseuchtes Trinkwasser, fehlende Sanitäranlagen, Luftverschmutzung und andere umweltbedingte Krankheiten zurückzuführen.

Die Miniermotte kennt kein Erbarmen. In ganz Europa richten die Insekten riesige Schäden an. Der Kampf gegen die Schädlinge scheint aussichtslos, denn sie bringen vier Generationen pro Saison hervor.

Mittelohrentzündungen durch Luftschadstoffe. Aus dem Straßenverkehr stammende Luftschadstoffe können bei kleinen Kindern eine Mittelohrentzündung begünstigen.

Mückenalarm in Deutschland. Nach feuchtwarmen Sommern vermehren sich die Plagegeister explosionsartig.

Nervengift in Badeseen. In deutschen Binnengewässern ist erstmals das Nervengift Saxitoxin nachgewiesen worden.

Neue Zeckenart auf dem Vormarsch. In Deutschland verbreitet sich die sogenannte Auwaldzecke. Sie kann Krankheitserreger übertragen, die beim Menschen das in 10 bis 20 Prozent der Fälle tödliche Fleckfieber auslösen.

Nickelallergie durch Handy. Funktelefone können Nickel enthalten und dadurch Kontaktallergien verursachen.

PCB-Alarm auf dem TU-Campus. Erhöhte Blutwerte beim Personal der TU Dortmund.

Pestizide in Fleischersatz. In drei Produkten stecken Spuren der gentechnisch veränderten Sojasuppe »Roundup-Ready«.

Zu viele Pestizide in Mandarinen. »Vor allem Ware von Aldi, Edeka, Lidl, Plus und Rewe sei mit Pflanzenschutz- und Schalenbehandlungsmitteln belastet.«

Polizei beschlagnahmt immer mehr Giftspielzeug. Darunter Teddybären, deren Augen sich ablösen und an denen Kleinkinder ersticken können, oder ein Toaster, der Elektroschocks verursachen kann.

Billige Rollstuhl-Nachbauten können zu Todesfallen werden. Die Krankenkassen haben billige Nachbauten von Markenrollstühlen bezahlt (natürlich zum vollen Listenpreis), die umkippen und den Patienten unter sich begraben können.

Schädigung der Leber. Viel Billigessen und mangelnde Bewegung können die Leber schon in kurzer Zeit erheblich schädigen.

Schädliche Wärme. Heizpilze stoßen viel CO_2 aus – trotzdem kaum Gegenmaßnahmen.

In der Scheibenwaschanlage lauern fiese Bakterien. Schlecht desinfizierte Auto-Scheibenwaschanlagen locken Legionellen an.

Scheidungen schaden der Umwelt. Die weltweit steigende Zahl von Scheidungen vermehrt die Singlehaushalte, die verbrauchen mehr Platz und Energie.

Mehr Schlangenbisse wegen Klimawandel. In Kenia wurden im Jahr 2008 über 200 Menschen von Schlangen gebissen, fünf Jahre zuvor nur 20.

Schlechtere Schulleistungen durch Schnarchen. Schnarchen kann bei Kindern die Gedächtnisleistung verringern und Tagesmüdigkeit, Mangel an Konzentration und hyperaktives Verhalten erzeugen.

Sicherheitsmängel in Fußballstadien. »Fehlende Fluchttore, zu kurze und zu steile Treppen sowie massive Bedenken beim Brandschutz: Fünf Monate vor dem Beginn der Fußball-WM hat eine Untersuchung der Stiftung Warentest für Aufregung gesorgt.«

Sie fressen gnadenlos alles weg. »Wildschweine werden zur Plage – auch Naturschützer empfehlen jetzt den Abschuss.«

Sorge um Feldhamster. Die EU-Kommission hat

wegen mangelhafter Maßnahmen zum Schutz der letzten frei lebenden Feldhamster ein Vertragsverletzungsverfahren gegen Frankreich eröffnet.

Der Spatz ist in Deutschland gefährdet. Nach einer Erhebung des Bundesamtes für Naturschutz (BfN) ist der Haussperling vor allem in Westdeutschland stark auf dem Rückzug.

Nach Spielzeug sind nun Babylätzchen giftig. Nach dem millionenfachen Rückruf von in China produziertem Spielzeug des weltgrößten Herstellers Mattel gerät jetzt auch in China produzierte Kinderkleidung als gesundheitsgefährdend ins Visier.

Straßenverkehr erhöht das Arterioskleroserisiko. Anwohner verkehrsreicher Straßen haben einer Studie der Universität Duisburg-Essen zufolge häufiger verkalkte Herzkranzgefäße.

Über 80 Schadstoffe im Essen eines Zehnjährigen. Eine Studie zeigt, dass Kinder trotz gesetzlicher Grenzwerte mit einem normalen Frühstück zahlreiche gefährliche Substanzen aufnehmen.

Umweltgifte in Tonerkartuschen. Der Sprecher der »Interessengemeinschaft Tonergeschädigter« (ITG) bezichtigt die Hersteller einer »gezielten Desinformation der Öffentlichkeit«.

Umweltgift in Babysocken. In acht von 17 Socken wurden potenziell gesundheitsschädliche Weichmacher gefunden.

Unfruchtbar durch Weichmacher: »report MÜNCHEN-Recherchen zeigen, wie gefährlich diese Chemikalien für Babys und auch Frauen sind.«

Viele Dünne haben Speckrollen im Bauch. Auch Schlanke sind oft viel zu fett – wenn nämlich üppige Speckringe ihre inneren Organe umgeben.

Vorsicht vor Haarglättungsmitteln. Das Bundesinstitut für Risikobewertung in Berlin warnt vor Haarglättungsmitteln mit Formaldehyd.

Vorsicht Textilgifte! Unter den rund 7000 in Deutschland zugelassenen »textilen Hilfsmitteln« befinden sich auch stark gesundheitsgefährdende Substanzen.

Mehr Vorsicht bei Kinderzäpfchen. Laut Kinderärzten »kann eine Überdosierung schwere Komplikationen nach sich ziehen«.

Wackelnde und gebrochene Zähne durch Piercing. Ringlöcher im Mundraum führen zu einer dramatischen Verschlechterung der Zahngesundheit.

Warme Sitze schlecht für Sperma. Langes Fahren mit beheizten Autositzen kann die Zeugungsfähigkeit des Mannes mindern.

Wenn der Toaster Flammen schlägt. Die Elektroverbände warnen vor Gefahren durch Plagiate und Billigprodukte.

Wenn Kaffeetrinken Angst und Bange macht. Manche Menschen hätten nach Meinung von Hirnforschern schon nach zwei Tassen mit bangen Gefühlen zu kämpfen.

Winzige Käfer richten riesige Schäden an. Massen von Borkenkäfern haben in Sachsen und im Nationalpark Bayerischer Wald fast alle Fichten vernichtet.

Zahlreiche Tote durch Killerbakterien. In Brasilien sind 18 Menschen an antibiotikaresistenten Bakterien gestorben.

Zickenterror macht krank. Laut einer schwedischen Studie sollten Frauen besser nicht mit anderen Frauen, sondern mit Männern arbeiten, das sei für sie gesünder.

Zuckerfreie Limonade gesundheitsschädlich. Liebhaber zuckerfreier Limonadegetränke scheinen ähnlichen Gesundheitsrisiken zu unterliegen wie Personen, die reguläre Limonade konsumieren.

Diese Meldungen haben Verschiedenes gemeinsam. So hat etwa der Umfang einer solchen Meldung in der Zeitung und damit oft auch das Ausmaß der so erzeugten Aufmerksamkeit fast nichts zu tun mit dem Ausmaß der berichteten Gefahr. Der Artikel »Föhnen kann gefährlich sein« über gefährliche Haartrockner, erschienen in der *Hannoverschen Allgemeinen Zeitung,* beansprucht dort 320 cm^2 Platz, das ist rund dreimal mehr als die gleichfalls oben aufgelistete und in der Tat besorgniserregende Meldung aus der *Westdeutschen Allgemeinen Zeitung:* »EU warnt vor Infektionen im Krankenhaus«. Denn die bedrohen uns tatsächlich, und das nicht zu knapp, hier lauert eine echte, tödliche Gefahr. Allein in der EU kommen jedes Jahr rund 50 000 Menschen durch Krankheiten ums Leben, die sie sich erst im Krankenhaus zugezogen haben! Nach allen Maßstäben eines Desasters ist das eine Riesenkatastrophe, die weit mehr Aufmerksamkeit verdiente, als sie derzeit, zumindest in Deutschland, auch erhält. Speziell die Zunahme von arzneimittelresistenten Erregern ist wahrhaft erschreckend, die Zahl der Todesopfer übersteigt bei Weitem alle vermeidbaren Todesfälle durch Chemie- und Umweltgifte, Lärm, Ozon und Tschernobyl.

Aber seltsamerweise scheint sich darüber niemand ernstlich aufzuregen. Bei 50 000 toten Kröten hätte man die Bilder in der »Tagesschau« gesehen.

Auch die dpa-Meldung vom 13. Juni 2007 über Millionen von Toten jährlich durch verseuchtes Trinkwasser, obwohl pflichtgemäß in zahlreichen Zeitungen nachgedruckt, erschreckte niemanden so recht. Ist schließlich auch weit weg. Das Gleiche gilt für die Hunderttausende von Toten durch Malaria. Und noch grotesker wird dieses Missverhältnis in einer anderen dpa-Meldung vom 17.8.2009 zum Killer-Asteroiden VK184. Das ist einer von rund 100 000 derzeit bekannten Weltraumfelsen, die zuweilen die Umlaufbahn der Erde kreuzen und uns durchaus auch einmal treffen könnten.

Das haben sie auch schon mehrfach getan. Sehen Sie sich doch beim nächsten Vollmond einmal die Oberfläche unseres Erdtrabanten an – so sähe heute auch die Erde aus, wären die Krater nicht durch Luft und Wasser eingeebnet worden. Und dass die Erde auch heute getroffen wird, zeigen die vielen schönen Sternschnuppen, die uns – da ungefährliche Mini-Exemplare – in lauen Sommernächten etwas wünschen lassen. Diese oben nicht mitgezählten kleinen Exemplare mit dem Durchmesser von Kieselsteinen verbrennen, wenn sie auf die Erde treffen, sofort in der Atmosphäre. Ein 30-Zentimeter-Brocken ist schon seltener und macht mehr Aufhebens; wenn er die Erde trifft, explodiert er mit der Energie von rund zwei Tonnen Dynamit. Das geschieht pro Jahr rund 1000-mal, also mehr als zweimal jeden Tag. Ein 1-Meter-Brocken erzeugt sogar eine Explosion wie 100 Tonnen Dynamit; das geschieht rund 40-mal pro Jahr. Und bei einem Durchmesser von 3 Metern sind wir schon bei 2000 Tonnen Dynamit. Ab 30 Meter Durchmesser heißt der Stein dann Asteroid und erhält, wenn groß genug, auch einen Namen. Ein solcher Brocken erzeugt beim Eintritt in die Atmosphäre eine Explosion wie 2 Millionen Tonnen Dynamit und legt, obwohl er die Erde in aller Regel nicht erreicht, durch seine Explosionswelle im Umkreis von rund 10 Kilometern im Zielgebiet alles flach. Bei 100 Meter Durchmesser sind wir schon bei 80 Millionen Tonnen Dynamit. Das ist die Größe des Asteroiden, der am 30. Juni 1908 rund 8 Kilometer über der Tunguska-Region in Sibirien explodierte und 2000 Quadratkilometer Wald – zum Glück war es nur Wald – in Sekunden ausradierte. Und ab dieser Größenordnung wird die Sache gefährlich. Bei 1 Kilometer Durchmesser erreicht der Asteroid auf jeden Fall die Erde und wirft einen 15 Kilometer breiten Krater auf, gefolgt von einem Erdbeben der Größe 7,8 auf der Richterskala und einer Verdunklung der Erdatmosphäre – ähnlich derjenigen, die vor 160 Millionen Jahren die Dinosaurier ausgerottet hat. Vielleicht wird dieses Mal die Menschheit ausgerottet. Bei 10 Kilometer Durchmesser wäre dieser Effekt auf jeden Fall erreicht. Und die Wahrscheinlichkeit dafür ist alles andere als null.

Haben Sie gerade Ihren Taschenkalender griffbereit? Dann notieren Sie sich schon einmal den 13. April des Jahres 2029. Da könnte uns der 400-Meter-Asteroid Apophis treffen – zu dem Termin also besser keine Hochzeiten oder Firmenjubiläen planen. Der nächste Brocken, der in der obigen dpa-Meldung erwähnte VK 184, passiert die Erdbahn irgendwann zwischen 2048 und 2057, die Wahrscheinlichkeit eines Aufschlags wird auf 1:3000 geschätzt. Das entspräche der Wucht von 10 000 Hiroshima-Atombomben, und auch damit wäre die Historie der Spezies Homo sapiens vermutlich beendet. Und dann hat auch noch der 560-Meter-Asteroid RQ36 seine Ankunft angekündigt, allerdings erst in 172 Jahren. Hier wird die Chance eines Treffers mit 1:1000 angegeben.

Falls es Sie beruhigt: Sehen würden Sie den Asteroiden nicht, auch hören würden Sie ihn nicht. Sie würden überhaupt nichts mitbekommen. Ein hinreichend großer Brocken würde derart schnell auf uns zurasen, dass man ihn nicht kommen sieht, und die Luft vor ihm derart komprimieren, dass die Temperatur ein Mehrfaches von der der Sonne erreicht – alles in seiner Nähe wäre binnen Millisekunden pulverisiert.

Nicht dic komplette Menschheit, aber doch ein guter Teil davon könnte auch zum Opfer eines neuen Virus werden. Hier schlagen die Medien tatsächlich zuweilen zu Recht Alarm. So hat etwa die Spanische Grippe 1918/1919 mehr Menschen umgebracht als der Erste Weltkrieg, darunter auch sehr viele junge. Vermutlich wurde sie in den Lazaretten der Westfront ausgebrütet und mit den heimkehrenden Soldaten über große Teile des Okzidents verbreitet. Jedenfalls waren ein Jahr später 40 Millionen Menschen tot (zusätzlich zu denen, die ohnehin gestorben wären). Und dass bisher weltweit rund 20 Millionen Menschen frühzeitig an Aids gestorben sind, ist ebenfalls bekannt. Der einzige Grund, warum daran noch nicht die ganze Menschheit gestorben ist, liegt in der vergleichsweise geringen Ansteckungsgefahr; das Aids-Virus verbreitet sich vor allem durch Blutkontakt. Sollte es erst mal lernen, auch die Atemluft als Transmissionsweg zu benutzen, sähe die Lage schon ganz anders aus.

Bislang hat die Spezies Homo sapiens alle derartigen Attacken überlebt. Aber einmal ist immer das letzte Mal.

Jetzt noch eine Geschichte zum Gruseln, dann aber Schluss. Einige Medien haben davon berichtet, aber so richtig aufregen wollte sich niemand, als im Jahr 2008 der neue große EU-finanzierte Teilchenbeschleuniger der Europäischen Organisation für Kernforschung (CERN) in Genf seine Arbeit aufnahm und sich erstmals anschickte, Atome mit bisher unbekannter Energie aufeinanderprallen zu lassen. Über die dabei entstehenden subatomaren Teilchen weiß man bisher nur wenig; um das zu ändern, hat man ja den Beschleuniger gebaut. Möglicherweise könnte dabei ein Schwarm von sogenannten Quarks entstehen, der sich zu einem extrem dichten Objekt zusammenpresst, das die Physiker passenderweise »strangelet« nennen. Ein solches »strangelet« verdichtet alles in seiner Nähe blitzartig zu einer neuen hyperkompakten Form von Materie, in wenigen Sekunden wäre die Erde zu einer Kugel von 100 Metern Durchmesser geschrumpft.

Was das für uns Menschen bedeutet, muss man wohl nicht eigens noch erklären.

Obwohl durchaus seriöse Medien wie *Spiegel, Focus* oder *FAZ* ausführlich darüber wie auch über gefährliche Asteroiden oder Viren berichten, ja sogar Hollywood sich dieser Themen angenommen hat (»Armageddon – Das jüngste Gericht« oder »Outbreak« mit Dustin Hoffman, Regie Wolfgang Petersen), bleibt hier das Panikpotenzial gering.

Stattdessen fürchten wir uns vor einem unsicheren Föhn. Oder sollten es nach Meinung mancher Medien tun. »Gerade mal drei Sekunden föhnte eine Testperson beim Vergleich von 16 Haartrocknern ihre Haare mit dem Elta Germany HAT 352, als dieser mit einem lauten Knall durchschmorte.« Da hat sich die Testperson sicher sehr erschrocken. »Auch im Dauertest brannte das 10-Euro-Gerät nach 72 Stunden lichterloh, vom Gehäuse blieb nichts übrig.« Da kann ich nur sagen: Danke, liebe *Hannoversche Allgemeine Zeitung,* dass ihr mir so deutlich zeigt, was alles passieren kann, wenn man einen Föhn 72 Stunden lang ununterbrochen laufen lässt. Das mache ich schließlich fast gewohnheitsmäßig. Und dann erst das innere Schutzgitter beim Panasonic ION Hair Dryer EH5573S825: »Das innere Schutzgitter an der Rückseite verformte sich leicht, Finger können so in den rotierenden Ventilator gelangen.«

Tatsächlich verletzt hat sich aber bei den Tests niemand, nur der eine oder andere Trockner war danach kaputt, ein Schaden von rund 30 Euro.

Das leitet über zu der ersten wichtigen Erkenntnis diese Buches: Ob 0, 1, 2, 5, 10 oder 100, 1000 oder 100 000 Tote, oder ob die ganze Menschheit untergeht – das Panikpotenzial wie auch die Medienaufmerksamkeit hängen davon nur wenig ab (wovon sie wirklich abhängen, erläutere ich weiter unten in Kapitel 5). Die Killer-Jeans neben dem Killer-Asteroiden, für die meisten Menschen macht das keinen Unterschied.

Diese Kluft zwischen der Größe der uns bedrohenden Gefahren und der medialen Aufmerksamkeit, welche diese Gefahren erzeugen, ist international. Der *New York Times*-Journalist David Ropeik hat einmal die amerikanischen »Ängste des Sommers« des Jahres 2002 hinsichtlich ihrer wahren Bedrohung und ihrer medialen Präsenz in eine Reihenfolge gebracht – zwischen beiden fand er eine fast perfekte Korrelation. Aber nicht positiv, sondern negativ!

Damals hatte gerade das West-Nil-Virus – schon Alexander der Große soll daran gestorben sein – die Amerikaner fest im Griff und in Panik versetzt. Das Virus löst eine Art von Grippe aus und wurde um die Jahrtausendwende vermutlich mit einer infizierten Mücke in einem israelischen Flugzeug aus Tel Aviv nach New York eingeschleppt. Dort fielen dann wenig später tote Vögel von den Bäumen des Central Parks, auch Menschen erlagen der Attacke. Insgesamt sind im Jahr 2002 rund 300 US-Amerikaner an den Folgen dieser Virusinfektion gestorben, durchaus berichtenswert, aber dennoch weit weniger, als in der gleichen Zeit durch andere Grippeinfektionen umgekommen sind.

Dennoch war das West-Nil-Virus das große Sommerthema in den amerikanischen Medien dieses Jahres 2002, mehr als 2000 Zeitungsartikel befassten sich damit – in diesem Sommer der Rekord. Die folgende Tabelle stellt einmal den elf »Gefahren des Sommers« die Zahl der einschlägigen Zeitungsartikel gegenüber.

Wahres Risiko und mediale Aufbereitung in den USA

Gefahrenquelle	Anzahl Zeitungsartikel dazu 6–9/2002	Jährliche Todesfälle in den USA	Anzahl Artikel pro 100 Todesfälle (gerundet)
Hautkrebs	102	9559	1
Lebensmittelvergiftung	257	5127	5
Fahrradfahren	233	488	48
Überhitzung (»heat exposure«)	229	297	77
Ertrinken beim Bootfahren	1688	703	240
Kind fällt aus Fenster	89	25	356
Schlangenbisse	109	15	727
West-Nil-Virus	2240	282	789
Feuerwerk	59	4	1475
Unfall in Vergnügungspark	101	4	2525
Angriff eines Hais	276	0,5	55200

Wie wir sehen, ist die Ungleichbehandlung der Risiken in den amerikanischen Medien kein bisschen kleiner als bei uns. Zwar ist die reine Anzahl an Panikmeldungen deutlich geringer, wie ich weiter unten durch Auszählen ausgewählter Tageszeitungen noch zeigen werde, aber die Berichte sind genauso wie hierzulande von den wahren Gefahren abgekoppelt; Todesfälle durch Feuerwerke, Achterbahnen oder Schlangenbisse erzeugen hundert-, ja tausendmal mehr Kommentare als andere Risiken, die weit gefährlicher sind.

Nun ist vielleicht noch einzusehen, dass ein Opfer eines Schlangenbisses oder einer Haiattacke, eben weil das so selten ist, mehr Aufmerksamkeit beansprucht und auch beanspruchen darf als das Opfer einer Lebensmittelvergiftung. Aber warum es fünfmal medienträchtiger ist, durch ein Boot statt durch ein Fahrrad umzukommen, verstehe ich nicht ganz.

Als nächste Gemeinsamkeit vieler Meldungen fällt auf: Es ist fast immer nur von der Existenz einer Gefahr die Rede. Die Umweltorganisation Global 2000 findet in fünf von zehn getesteten Babyschnullern das krebserregende Bisphenol A. Plastiküberzüge von Autolenkrädern emittieren krebserregende polyzyklische aromatische Kohlenwasserstoffe. In friesischer Schafsleber werden Dioxin und PCB gefunden. Acht von 17 Kindersocken enthalten potenziell gesundheitsschädliche Weichmacher. In 500 Färbemitteln befinden sich stark gesundheitsgefährdende Substanzen. In Fleischersatz stecken Spuren einer gentechnisch veränderten Soja-Suppe usw.

Nun lässt sich wohl noch nachvollziehen, dass eine Schlagzeile keinen Platz für Grenzwerte und Mengen hat. Aber oft schweigt sich auch der eigentliche Text über die Größe der Gefahr aus. Und wenn er sie erwähnt, dann zeigt sich meist der ganze, durch die Fakten kaum zu rechtfertigende Alarmismus einer Titelzeile. So ködert etwa die *Welt* unsere Aufmerksamkeit mit der Meldung »Über 80 Schadstoffe im Essen eines Zehnjährigen«. Sie bezieht sich dabei auf eine Studie der französischen Verbraucherorganisation Generation Future, wonach im täglichen Essen eines zehnjährigen Kindes 80 teils krebserregende Substanzen enthalten seien. Das ist zwar richtig, aber irrelevant, wie die *Welt* auch selbst weiter unten im Text wahrheitsgemäß zugeben muss: »Zwar seien die gesetzlichen Grenzwerte für jede einzelne der Substanzen in fast allen Fällen nicht überschritten worden, doch zeige die Studie, wie stark der Verbraucher einem Schadstoffcocktail ausgesetzt sei.« Von den gefundenen Substanzen waren 42 vermutlich oder wahrscheinlich krebserregend, außerdem sollen 37 Substanzen das Hormonsystem beeinträchtigen.

Na klar, wenn man sie literweise isst und trinkt.

Eher selten sind Artikel wie der über den PCB-Alarm auf dem Dortmunder TU-Campus, meiner eigenen Arbeitsstelle, der über erhöhte Blutwerte beim Uni-Personal berichtete. Die Meldung ist erschienen in der *Westdeutschen Allgemeinen Zeitung* vom 4. Dezember 2010 und beginnt wie üblich: »Langjährige Uni-Mitarbeiter haben erhöhte PCB-Werte im Blut.« Da fragt man sich natürlich: Um wie viel erhöht? Ist das gefährlich? Sind Grenzwerte überschritten?... Genau das erfährt man nämlich meist nicht. In diesem Artikel zeigt die *WAZ* jedoch, wie man dieses Thema seriös behandeln kann (wenn man denn will): »Messungen der Raumluft in den Geschossbauten IV und V ergaben hohe Giftkonzentrationen mit einem Spitzenwert über 2800 ng PCB pro m^3. Weniger als 300 ng pro m^3 gelten als langfristig tolerierbar, 900 ng pro m^3 als grenzwertig für Schwangere. Ab 3000 ng pro m^3 müssen Räume sofort geräumt und saniert werden.« Genau diese Informationen sind es, die man sich wünscht und sehr oft nicht erhält. Wie auch den Hinweis darauf, dass die Blutwerte der Beschäftigten erhöht seien, aber nur bei Personen, die länger als 50 Jahre und länger als 30 Stunden/Woche in den Gebäuden gearbeitet hätten, und das auch nur so geringfügig, dass die Gesundheit nicht gefährdet sei. Wäre dies der Standard in der deutschen Medienberichterstattung über Gefahr und Risiko, hätte dieses Buch nicht geschrieben werden müssen.

Die nächste Gemeinsamkeit sehr vieler Gefahrenmeldungen ist der Konjunktiv: Das und das könnte Krebs erzeugen, die Männer impotent, die Frauen dicker machen oder gar Haarausfall bewirken – könnte, könnte, könnte. Ginkgo-Tees könnten Allergien hervorrufen, Wassertropfen aus Duschköpfen könnten Keime in die Lungen empfindlicher Menschen übertragen, durch Nanopartikel könnte es zu ernsthaften Gesundheitsgefahren kommen, Schadstoffe in der Luft könnten bei kleinen Kindern eine

Mittelohrentzündung begünstigen, Billigrollstühle könnten umkippen und den Patienten unter sich begraben usw.

Als am 7. Dezember 1835 die erste dampfgetriebene deutsche Eisenbahn ihren Betrieb begann, gab es lautstarke Proteste besorgter Bürger, die Dampfkessel könnten explodieren, Bauern fürchteten, das Vieh auf ihren Weiden könnte durch die vorüberrasenden Züge unfruchtbar werden, und Ärzte gaben zu bedenken, die Passagiere könnten bei den bislang unerhörten Reisegeschwindigkeiten von sage und schreibe 35 km/h in gefährliche Ohnmachten verfallen. Und so zieht sich das »könnte« wie eine Naturkonstante durch die Geschichte der menschlichen Bedenkenträgerei. Während ich diese Zeilen an meinem Schreibtisch an der TU Dortmund schreibe, könnte über mir ein Jumbo auf dem Weg nach Düsseldorf alle Triebwerke verlieren und dieses Buch zu einem frühzeitigen Ende bringen. Das ist mindestens so wahrscheinlich wie ein GAU beim Kernkraftwerk in Biblis, wo ich einmal auf der Weihnachtsfeier einen Festvortrag gehalten habe. Trotzdem machen sich aber viele Anwohner von Biblis große Sorgen, vor allem nachdem sie in Japan gesehen haben, was ein Tsunami alles anrichtet, die meisten Menschen in den Einflugschneisen deutscher Verkehrsflughäfen dagegen nicht.

Dann liest man immer wieder: Das Risiko für x ist um 50 Prozent gestiegen, hat sich verdoppelt, verdreifacht usw.: »Schon bei einem Einsatz der Sprays nur einmal pro Woche sei das Risiko für Atemwegsbeschwerden um das Anderthalbfache erhöht.« Dergleichen Nachrichten haben einen Informationswert von nahe null, diese Änderungen in einem Risiko sind für sich allein völlig uninteressant. Wenn ohne den regelmäßigen Verzehr von fetter Currywurst zwei von 100 000 Menschen jährlich an Darmkrebs sterben, mit Verzehr dagegen drei, so steigt das Risiko durch die Currywurst um 50 Prozent. Panik! Wenn durch Currywurst der Anteil von Darmkrebstoten von 1000 pro 100 000 auf 1500 pro 100 000 steigt, dann ist auch das eine Erhöhung des Risikos um 50 Prozent. Wieder Panik. Aber jetzt zu Recht. Es ist das absolute Risiko, das zählt, die in den Medien so lustvoll zelebrierten relativen Risiken sind für die Abschätzung von Gefahren völlig irrelevant.

Und ganz besonders ärgert mich als Statistiker das routinemäßige Gleichsetzen von Korrelation und Kausalität. Korrelation (genauer: positive Korrelation) bedeutet: Zwei Variable bewegen sich systematisch in die gleiche Richtung. Wenn die eine steigt, steigt auch die andere, wenn die eine fällt, fällt auch die andere. Ein schönes Beispiel ist das Verhältnis von Körpergröße und Gewicht. Große Menschen wiegen im Allgemeinen mehr als kleine; nicht unbedingt in jedem Einzelfall, aber im Großen und Ganzen schon. Man nennt das auch »positive Korrelation«. Ein weiteres Beispiel, das dem Erfinder des Korrelationskoeffizienten, dem englischen Statistiker Francis Galton (der dafür zu Sir Francis Galton geadelt wurde), als Ausgangspunkt seiner Überlegung diente, ist die Körpergröße von Vätern und Söhnen: Große Väter haben im Allgemeinen große Söhne, kleine Väter haben im Allgemeinen kleine Söhne. Auch hier ist die Körpergröße von Vater und Sohn positiv korreliert.

Es gibt allerdings auch die negative Korrelation: Wenn die eine Variable steigt, dann fällt die andere, und wenn die eine Variable fällt, dann steigt die andere. Das kommt im wahren Leben seltener vor als die positive Korrelation, aber auch hier gibt es Beispiele. Etwa die Zahl der Tore, die ein Bundesliga-Fußballverein in einer Saison geschossen und sich eingefangen hat. Hier ist die Zahl der geschossenen und der eingefangenen Tore im Allgemeinen negativ korreliert. Je mehr man schießt, desto weniger fängt man sich selbst ein. In der Saison 2010/2011 zum Beispiel hat mein Lieblingsverein Borussia Dortmund in 34 Ligaspielen 67 Tore geschossen und 22 Tore eingefangen und wurde damit Meister. Der Tabellenletzte St. Pauli dagegen hatte nur 35 Tore geschossen, aber 68 eingefangen und ist damit abgestiegen. Der Tabellenvorletzte Eintracht Frankfurt hatte 31 Tore geschossen und 49 eingefangen, der Drittletzte Mönchengladbach 48 und 65 – je weniger man selbst schießt, desto besser trifft die Konkurrenz.

Andere Negativkorrelationen bestehen zwischen dem Preis eines Gutes und dem mengenmäßigen Verkauf: Je billiger, desto mehr wird abgesetzt, je teuerer, desto weniger.

Sehr oft wird nun eine Korrelation als Indiz für eine Kausalbeziehung angesehen. Das kann durchaus zutreffen, muss aber nicht. Bei Preisen und verkauften Mengen trifft es zu: Der reduzierte Preis ist die Ursache für die erhöhte Absatzmenge. Aber genauso oft hat eine Korrelation mit Kausalität überhaupt nichts zu tun. So gibt es zum Beispiel bei Männern eine hohe negative Korrelation zwischen dem Einkommen und der Zahl der Haare auf dem Kopf: je weniger Haare, desto mehr Geld.

Soll ich nun zum Friseur gehen und mir eine Glatze scheren lassen? Das wird mein Einkommen wohl kaum berühren, eher sogar reduzieren, weil nun alle denken, der Krämer spinnt. Diese negative Korrelation kommt dadurch zustande, dass bei Männern mit wachsendem Alter das Einkommen steigt und die Haare ausfallen. Mit anderen Worten, eine dritte Variable im Hintergrund, das Lebensalter, wirkt kausal auf Einkommen und Haare ein, zwischen den beiden Ausgangsvariablen selbst ist dagegen keinerlei Kausalbezug vorhanden. So gibt es in Deutschland etwa auch eine perfekte positive Korrelation zwischen den Belegungszahlen der bundesdeutschen Trinkerheilanstalten und den Apfelsinenimporten aus Portugal: je mehr Apfelsinen, desto mehr Säufer. Aber doch nicht, weil Apfelsinen uns zu Säufern machen, sondern weil seit dem Zweiten Weltkrieg sowohl die Apfelsinenimporte aus Portugal als auch die Belegungszahlen der bundesdeutschen Trinkerheilanstalt aus unabhängigen Gründen beide angestiegen sind. Und wie man sich leicht klarmachen kann, haben zwei Zeitreihen mit positivem Trend auch immer eine hohe positive Korrelation.

Wenn ich also in der Liste der obigen Meldungen lese: »Dicke Freunde machen dick«, so sagt das zunächst einmal nur: »Dicke Menschen haben dicke

Freunde, dünne Menschen haben dünne Freunde.« Bin ich jetzt dick, weil ich dicke Freunde habe, oder habe ich dicke Freunde, weil ich mich zu dicken Menschen hingezogen fühle? »Die Autoren wollten wissen, ob es Zusammenhänge zwischen der Gewichtszunahme einer Person mit der Gewichtsentwicklung ihrer Freunde, Geschwister oder des Ehepartners gibt«, ist in der Meldung zu lesen. »Der Studie zufolge ist der Einfluss der besten Freunde höher [57 Prozent] als der von Geschwistern oder Ehepartnern. Wird der eigene Bruder oder die Schwester übergewichtig, erhöht sich das eigene Risiko um rund 40 Prozent. Schwestern beeinflussen sich dabei mehr als Brüder. Wird ein Ehepartner übergewichtig, hat der andere ein um 37 Prozent erhöhtes Risiko, ebenfalls übergewichtig zu werden.«

Ja, warum denn wohl? Doch nicht, weil das Übergewicht des einen das Übergewicht des anderen kausal bedingt, sondern weil beide oft das Gleiche essen! Derartige Fehlinterpretationen von Korrelationen aller Art grassieren selbst in angesehenen Fachzeitschriften und vergiften einen großen Teil der epidemiologischen Literatur.

Die obige Alarmliste ist ausschließlich deutschen Printmedien entnommen. Ist das in anderen Ländern anders?

Ja, es ist in anderen Ländern anders. Auch die *New York Times* und der *Corriere de la Sera* haben Probleme mit der Größe und der Medienrelevanz einer Gefahr. Aber die schiere Menge an Angstmeldungen ist geringer und die Platzierung längst nicht so prominent. Nicht ohne Grund hatte ich für dieses Buch zunächst den Untertitel »Hysterie als Standortnachteil« vorgesehen, und zwar als Standortnachteil für die Bundesrepublik. Dazu habe ich einmal für die Jahre 2000 bis 2010 den redaktionellen Gehalt ausgewählter nationaler und internationaler Tageszeitungen nach Panikmeldungen durchsucht. Für die deutschen Zeitungen stand mir dafür die Genios-Datenbank mit allen Volltexten dieser Jahre, für die meisten ausländischen Zeitungen das Archiv der Online-Netzausgaben zur Verfügung. Wie sich aber für die deutschen Zeitungen durch einen Vergleich von Genios und Online leicht überprüfen lässt, macht das für die reinen Mengen an Angstberichten keinen Unterschied.

Die nächste Tabelle zeigt, wie oft in den elf Jahren zwischen Januar 2000 und Dezember 2010 im redaktionellen Teil ausgewählter deutscher und internationaler Tageszeitungen gewisse Angstvokabeln wie »BSE« oder »dioxinbelastet« vorkommen. Dabei habe ich bei »dioxinbelastet« auch nach »Dioxin«, »Dioxinbelastung«, »Dioxinvergiftung« »dioxinverseucht« usw. gesucht. Dito bei Asbest: »Asbestbelastung«, »asbestbelastet« usw. Und analog auf Französisch, Spanisch, Englisch oder Italienisch: »asbestos-related«, »asbestos hazard«, »risk/danger/contamination of asbestos«. Nur die Suchwörter »BSE« und »Schweinegrippe« gingen ohne weitere Zusätze in die Recherche ein.

Die meisten der durchsuchten Zeitungen sind allgemein bekannt und bedürfen keiner Vorstellung. Die *Gazeta Wyborcza,* auf Deutsch »Wahlzeitung«, ist die größte überregionale polnische Tageszeitung mit einer Auflage von 500 000 und vier Millionen Lesern; sie erscheint in Warschau und wurde 1989 als Organ der Solidarnosc-Bewegung gegründet. Und die *GZT* ist eine russische Internetzeitung mit Redaktionssitz in Moskau; sie erscheint erst seit 2001.

Hier das Ergebnis:

Häufigkeit ausgewählter Angstvokabeln in deutschen und internationalen Tageszeitungen 2000–2010

	asbest-verseucht	BSE	dioxin-belastet	Schweine-grippe	Summe
Süddeutsche Zeitung	484	2611	303	823	4221
Frankfurter Rundschau	584	2320	230	730	3864
Corriere de la Sera	710	2174	380	558	3822
FAZ	317	1985	115	439	2856
Guardian	461	1356	121	336	2274
Times	569	521	89	830	2009
Le Monde	949	527	290	231	1997
El Pais	354	369	302	342	1367
Gazeta Wyborcza	103	751	264	179	1297
La Repubblica	262	522	118	275	1177
GZT	52	110	116	746	1024
Le Figaro	210	322	86	396	1014

Das Ergebnis ist schon verblüffend, und das in vielfacher Hinsicht. So ist etwa in Frankreich und Russland das Interesse an Asbest und Schweinegrippe sozusagen komplementär: In dem einen Land interessiert vor allem das eine, in dem anderen das andere. Und in dem Land – Großbritannien –, das am schwersten von der BSE-Krise geschüttelt wurde, kümmern sich die Medien weniger darum als in dem Land, wo bislang kein einziger Mensch daran gestorben ist.

Am verblüffendsten, wenn auch für mich nicht unerwartet, ist aber die Panikanfälligkeit speziell der deutschen Tageszeitungen: Die *Süddeutsche Zeitung* und die *Frankfurter Rundschau* publizieren drei- bis viermal mehr Angstmeldungen als *El Pais* in Spanien, *Le Figaro* in Frankreich oder *La Repubblica* in Italien.

Jetzt könnte man natürlich einwenden: Das ist ja unfair, dann wird doch eine Meldung wie »Halleluja! Ein Jahr lang kein Dioxin in deutschen Lebensmitteln!« als Panikmeldung mitgezählt. Ich habe deshalb für die beiden Spitzenreiter, die *Süddeutsche Zeitung* und die *Frankfurter Rundschau,* jedes Jahr zufällig eine Angstmeldung zu den Themen Asbest und Dioxin ausgewählt und von Anfang bis Ende durchgelesen, ob es wirklich um Panikmache geht. Die erste zufällig ausgewählte Meldung zu Dioxin aus der *Frankfurter Rundschau* ist vom 25. Mai 2000 und hat die Titelzeile »Wieder verseuchtes Futter in Belgien entdeckt«. Man sorgt sich also nicht nur um die deutschen Leser. »Die verseuchten Produkte seien mit 99-prozentiger Wahrscheinlichkeit nicht ins Ausland exportiert worden, sagte eine Sprecherin der EU-Kommission in Brüssel.«

Die nächste Zufallsmeldung ist vom 10. Juli 2001, Titel: »Der Dioxinunfall von Seveso vor 25 Jahren war der Anfang einer Reihe von Skandalen.« Dann werden nochmals alle Vorfälle um Dioxin der letzten 25 Jahre aufgerollt. Dann eine Meldung vom 4. Juni 2002, tatsächlich einmal eine – wenn auch die einzige in meiner ganzen Zufallssammlung – ohne Angstgehalt: »Dioxinbelastung in zehn Jahren mehr als halbiert.« Allerdings war diese Meldung aber auch, als wäre diese Chronistenpflicht der Redaktion eher unangenehm, die vom Umfang her kleinste von allen.

Auf die gewohnte Weise weiter geht es dann am 12. August 2003: »Drei Jahrzehnte nach dem Krieg ist in Regionen Vietnams die Dioxinbelastung fast genauso hoch wie in den Tagen des Einsatzes des Entlaubungsmittels ›Agent Orange‹ durch die US-Armee.« Am 5. November 2004 geht es dann um Dioxin in Kartoffeln und um die Tonerde, die man in Wasserbädern als billiges Trennmittel benutzt, um Kartoffelknollen, bevor sie zu Pommes frites verarbeitet werden, nach Größe zu sortieren. »Das wäre an sich nicht schlimm, wüsste man nicht längst, dass Tonerde mit Dioxin verseucht und folglich der Produktionsabfall – vulgo: die Kartoffelschale – giftig sein kann.« Am 29. Januar 2005 kommt dann ein Artikel mit dem Titel »Henkersmahlzeit: Das Problem bei den Eiern frei laufender Hühner sind die Dioxinrückstände im Boden, die die Hühner beim Scharren und Picken aufnehmen.«

Aber siehe da, einige Zeilen tiefer: »Schauergeschichten über Essen und Trinken ziehen immer, denn davon ist wirklich jeder betroffen. Und damit lässt sich prima Angst schüren.«

Der 7. Juli 2006 sieht einen Bericht über den Prozess gegen Seveso-Manager, und am 10. Dezember 2008 sind zur Abwechslung mal die Iren dran: »Hessische Lebensmittelhändler haben vorsorglich rund 40 Tonnen Schweinefleisch aus Irland vom Markt genommen. Bislang ist unklar, ob es dioxinverseucht ist.« Der Zufallsartikel aus dem Jahr 2009, vom 12. August, blickt wieder auf den Vietnamkrieg – »Noch heute sind dort ganze Landstriche mit Dioxin verseucht« –, und meine letzte Zufallsmeldung zu Dioxin, vom 5. Mai 2010, kehrt wieder in die Landwirtschaft zurück: »Nach Dioxinfunden in Futtermitteln sind auch in Hessen zwei Bio-Hühnerfarmen gesperrt worden.«

Mit einer Ausnahme kam Dioxin also als Angstmacher daher. Und zum Angstmacher Asbest habe ich keine einzige beruhigende Meldung in meiner Stichprobe gefunden. Wir können also davon ausgehen, dass die oben abgedruckten Zahlen die Mengen wie auch die Proportionen von Angstmachernachrichten annähernd richtig wiedergeben. Und da sind bestimmte deutsche Blätter eben weitaus eifriger als die internationale Konkurrenz.

In gewisser Weise sind diese Zahlen sogar noch untertrieben. Sie geben nämlich nur die reine Anzahl, nicht die Platzierung und den redaktionellen Umfang der Angstberichte an. Die sind nämlich in der *Süddeutschen Zeitung* und in der *Frankfurter Rund-*

schau nicht nur häufiger, sondern auch öfter auf der Titelseite. Ich schreibe diese Zeilen während eines Kurzurlaubs in Frankreich – *Le Monde* und *Le Figaro* machen heute mit den Aufständen in Libyen und Syrien auf, die *SZ* und die *FR* mit dem Atomdesaster in Japan. Und das ist kein Zufall. Bringen Sie doch mal aus dem nächsten Auslandsurlaub einige Zeitungen mit und vergleichen Sie, was bei diesen und was bei Ihrer eigenen lokalen Tagezeitung an den jeweils gleichen Tagen auf der ersten Seite steht. Ich gehe jede Wette ein, der Panikanteil ist in der deutschen Zeitung höher.

Jetzt könnte man als Nächstes einwenden: Eine Zeitung mit einem größeren redaktionellen Umfang hat auch das Recht, mehr über Pannen und Panik zu berichten. Ich habe also auch die Anzahl und den Umfang der Angstartikel zum gesamten redaktionellen Umfang der verschiedenen Zeitungen in Beziehung gesetzt – auch hier sind die deutschen Zeitungen weiter Spitze, ja der Vorsprung nimmt sogar noch zu. Gesamtsieger ist jetzt aber die *Frankfurter Rundschau* knapp vor der *SZ*.

Nimmt man dann auch noch das Fernsehen hinzu, muss man sich über nichts mehr wundern. Während ich diese Zeilen schreibe, schlägt das aktuelle Trauerspiel zu Japan alle Rekorde der Schamlosigkeit. Da sind in einem befreundeten Land Zehntausende Menschen durch Erdbeben und Flutwellen umgekommen, ganze Landstriche liegen in Trümmern, Kinder suchen ihre Eltern, Männer ihre Frauen, doch anstatt innezuhalten, die Toten zu betrauern und dem japanischen Volk in den schwersten Stunden seit dem Zweiten Weltkrieg beizustehen, diskutierten vermeintliche Experten in der ARD, ob wir Deutsche noch bedenkenlos Fischstäbchen essen können.

Ich muss gestehen, da habe ich mich für die deutschen Medien geschämt. »Nirgends sonst wird so rücksichtslos und falsch über das Atomunglück in Japan geredet wie hier«, entrüstet sich auch Reinhard Zöllner, Ordinarius für Japanologie an der Universität Bonn, auf dem Höhepunkt der Krise in einem mehr als lesenwerten Aufsatz in der Berliner *Welt*. »Wir haben die Freundschaft der Japaner in ihrer größten Krise nach dem Zweiten Weltkrieg bitter enttäuscht. Es stimmt: In vielen Ländern reagierten die Medien und die Menschen verstört, schockiert, ungläubig auf die Ereignisse in Japan. Aber Hysterie, Unprofessionalität und vor allem Gefühl- und Taktlosigkeit bis zum Zynismus: das war das ganz besondere Markenzeichen der deutschen Reaktion.«

»Die deutsche Haltung zu Erdbeben, Tsunami und Atomkatastrophe war eine Aneinanderreihung von peinlichen Desastern. Es war, als ginge für die Deutschen eine Welt unter. Weniger, weil man Angst um Landsleute hatte (die hatte man auch, wie Außenminister Guido Westerwelle gleich in seinen ersten Stellungnahmen taktvoll betonte), sondern weil Theologieprofessor Jürgen Manemann schon am 12. März die Schicksalsfrage aufwarf: ›Bleiben wir weiterhin apokalypseblind?‹ Nein, das wollten die Deutschen sich keineswegs vorwerfen lassen.«

»Die Angst ist heute ein Meister aus Deutschland«, schließt Zöllner seine Analyse. »Wer solche Freunde hat, braucht keinen Super-GAU.«

Ich habe während der letzten Atomkrise in Japan zwischen deutschen Nachrichtensendungen und der BBC und CNN hin- und hergeschaltet – ein Unterschied wie Tag und Nacht. Während englische und amerikanische Reporter und Kommentatoren das taten, was gute Reporter und Kommentatoren tun – berichten und kommentieren, ansonsten aber persönliche Meinungen und Gefühle für sich behalten, war den deutschen Journalisten, vor allem denen an der Heimatfront, der Schrecken ins Gesicht geschrieben. Sie schienen geradezu nach neuen Horrormeldungen zu lechzen und enttäuscht zu sein, wenn keine kamen. Besonders die Desinformation durch die ARD nahm zuweilen kriminelle Formen an. Bei großen Weltereignissen schalte ich seit diesen Tagen grundsätzlich sofort auf BBC und CNN.

Wie wir die Fakten also auch drehen und wenden: Im Angstmachen sind die deutschen Medien wirklich Spitzenreiter. Und diese Tendenz, die Gefahren und Risiken des modernen Lebens herauszustellen, spiegelt sich in einer überproportionalen Bereitschaft des Publikums, dann auch tatsächlich Angst zu haben. Wo war auf dem Höhepunkt der BSE-Krise der Rückgang des Rindfleischkonsums am höchsten? In dem Land, in Deutschland, das am wenigsten betroffen war. Wo verzichtet man beim kleinsten Dioxinverdacht sofort auf seine Frühstückseier? Wo wurde nach den Milzbrandattacken in den USA bei Puderzucker auf Paketen nach der Feuerwehr gerufen? Wo löst eine tote Saatkrähe als Erstes eine Vogelgrippepanik aus? Wo kann eine Zeitschrift wie *Öko-Test* mit Trivialmeldungen über die Existenz von Giften immer wieder neue Leser finden, die dafür auch noch freiwillig Geld bezahlen? Wo gibt es die meisten Umweltkranken, und in welchen Land außer Deutschland gibt es Mahnwachen nach jedem größeren Unfall in einem Kernkraftwerk?

Laut Google Trends wurde in keiner anderen Nation des Westens nach dem letzten Atomdesaster in Japan so häufig und intensiv über die Apokalypse gesprochen wie bei uns, »ein geradezu apokalyptisches Ausmaß« sollte es nach Meinung von Bundeskanzlerin Angela Merkel haben, »durchaus ein angebrachter Begriff«, so auch EU-Energiekommissar Günther Oettinger. Und die Evangelische Kirche in Deutschland (aber nur in Deutschland) entblödete sich nicht, sogar ein passendes Gebet mit dem Titel »Apokalypse Japan« auf den Markt zu werfen; sie verkaufte das Geschehen in Japan als »ein apokalyptisches Zeichen im biblischen Sinn«.

Das Wort »Apokalypse« ist im Japanischen übrigens unbekannt. »Sehr zum Erstaunen der deutschen Öffentlichkeit wollen sich die Japaner auch nach gut zwei Wochen noch nicht damit abfinden, dass die Sonne, bildlich gesprochen, für sie untergegangen sein soll«, kommentierte der Bonner Japanologieprofessor Reinhard Zöllner in der Berliner *Welt*.

Mit dieser Hysteriebereitschaft geben die Deutschen dem Rest der Erde Rätsel auf. Oder ist eine Meldung wie die folgende in *Le Monde* oder im *Figaro* vorstellbar? »Die steigende Zahl der Schweinegrippefälle beschäftigt auch die Kirchen. Am Donnerstag veröffentlichte die Deutsche Bischofskonferenz in Bonn erstmalig allgemeine Handlungsempfehlungen für den Infektionsschutz in Gottesdiensten. Dennoch herrscht Verunsicherung. Abendmahl, Weihwasser, Mundkommunion, Friedensgruß – wie gefährlich sind diese Riten in Zeiten der Schweinegrippe? Jens Peter Iven, Pressesprecher der Evangelischen Kirche im Rheinland, verzeichnet eine steigende Zahl von Anfragen: ›Meistens ging es um die Vorkehrungen beim gemeinsamen Abendmahl.‹ In den meisten Gemeinden einigte man sich schon recht bald auf das Abendmahl ›Intinctio‹: Dabei wird nicht mehr wie üblich aus einem gemeinsamen Kelch getrunken, sondern die Abendmahlsoblate wird nur in den Kelch eingetaucht. Die ›Intinctio‹ ist unbedenklicher als das traditionelle Abendmahl, bestätigt eine Sprecherin des nordrhein-westfälischen Gesundheitsministeriums. ›Und theologisch gesehen ist auch das Abendmahl Intinctio ein vollwertiges Abendmahl‹, versichert Pfarrer Ernst Schmidt aus der Gemeinde Mettmann.«

Ich jedenfalls kann mir eine solche Meldung in einer französischen Zeitung nicht vorstellen. Allenfalls am 1. April.

Was ist nur mit den Deutschen los? Dieser Haufen aufgeregter Hühner provoziert jenseits der Landesgrenzen – ja, was ist das Gegenteil von Respekt? Meine Schwiegertochter ist Japanerin, ich habe auf dem Höhepunkt der letzten Atomkrise mit ihrem Vater in Tokio telefoniert – keinerlei Anzeichen von Panik, dafür hat man schließlich ja geübt. Und völliges Unverständnis angesichts des Gegackers beim ehemaligen Weltkriegsverbündeten. Solche Desaster kommen eben immer wieder vor; das große Erdbeben 1923 kostete allein in Tokio über 100 000 Menschenleben. Dann wird aufgeräumt, und das Leben beginnt von Neuem.

Und in Deutschland werden Mahnwachen geübt. Japaner haben dafür nur Verachtung übrig. Ich jedenfalls werde bei meinem nächsten Besuch in Tokio vermeiden, als Deutscher erkannt zu werden.

Die Erfolgsautorin Sabine Bode sieht diese gesteigerte Tendenz zur Angst als eine Spätfolge des Zweiten Weltkriegs. »Die Jahrgänge von 1928 bis 1945 spielen, so wie ich es sehe, eine Schlüsselrolle bei einer kollektiven Auffälligkeit, der das Ausland den Namen ›German Angst‹ gab. Es spricht viel für die Annahme, dass ihre unbewussten Ängste an Nachgeborene weitergegeben wurden.« So schreibt sie in ihrem Buch *Die deutsche Krankheit – German Angst*. »Aber ein Gefühl, über das kaum je gesprochen wurde und das die meisten Deutschen im Kampf ums Überleben vielleicht auch gar nicht wahrnehmen konnten, dürfte in der Bevölkerung weitverbreitet gewesen sein – Angst. Angst vor Hunger und Elend: Werden meine Kinder genug zu essen haben? Wie kommen wir an ein festes Dach über dem Kopf, an Kohlen, an Medikamente? Angst vor der Ungewissheit des Todes von Angehörigen und Freunden: Wird Vater heimkommen? Wird er die Kriegsgefangenschaft überleben? Millionen Menschen wurden noch vermisst. Unzählige starben noch in Gefangenenlagern. Angst vor einer Rückkehr der Terrorherrschaft: Ist das Dritte Reich tatsächlich am Ende? Die Davongekommenen waren zutiefst misstrauisch – und sie sollten es noch lange bleiben. Angst vor Vergeltungsmaßnahmen: Würden sich die Opfer rächen? Die Täter und die Nutznießer der Gewaltherrschaft schliefen schlecht. Und tief unter allem lag die Angst vor dem Nichts, weil nichts, aber auch gar nichts mehr sicher war.«

Andere Beobachter gehen noch weiter zurück, zum Dreißigjährigen Krieg, der bisher größten Katastrophe auf deutschen Boden; jeder dritte Bewohner des Landes zwischen Rhein und Oder ist damals durch Gewalt gestorben. Der Schweizer Psychoanalytiker Carl Gustav Jung geht deshalb davon aus, dass Völker durch besondere historische Erfahrungen ein kollektives Unterbewusstsein und damit auch eine besondere Mentalität entwickeln. In Deutschland wäre dieses kollektive Unterbewusstsein dann von einer ständigen Angst geprägt. Und die Medien wären nur passive Mitläufer, die nichts anderes tun, als dem Geschmack des Publikums zu folgen? Die Deutschen erwarten Angst, also bekommen sie auch Angst? Und zeugen Kinder, die im Alter von zehn Jahren bei einem Gedichtwettbewerb Texte wie die folgenden verfassen.

So schreibt Max Hilligsberg aus der Klasse 4b der Johannesschule in Arnsberg:

Was ist eigentlich los? Flaschen auf der Straße.
Alles ist voll Müll und Dreck.
Öl ist ausgelaufen. Menschen werden krank.

Alles ist voll Müll und Dreck.
Menschen tragen einen Mundschutz.
Alles ist voll Müll und Dreck.

Auch Elana Carrieri aus der Klasse 4b St. Michael weiß aus ihrem reichen Erfahrungsschatz Folgendes zu berichten:

Die Sonne scheint heiß auf unserer Haut,
das hat man ihr gar nicht zugetraut.
Doch schuld daran ist das Ozon,
das befindet sich im Himmel seit Jahren schon.

Wir fangen Wale aus dem Meer,
auch Fische mögen alle sehr.
Nur bei uns nicht, aus der Ruhr,
denn hier hinterlässt PFT seine Spur.

PFT steht dabei für bestimmte organische oberflächenaktive Verbindungen, bei denen die Wasserstoffatome am Kohlenstoffgerüst vollständig durch Fluoratome ersetzt worden sind. Diese Verbindungen werden wegen ihrer vielfach geschätzten physikalisch-chemischen Eigenschaften heute industriell hergestellt und in einer Vielzahl von Produkten verwendet. Sie sollen aber krebserregend sein.

Da darf man sich schon fragen: Woher weiß die kleine Elena das so genau? Von den Eltern? Von den Lehrern? Fest steht jedenfalls, das Angsthaben fängt schon in den Kinderschuhen an.

Oder machen die Medien doch die Angst? Und ohne die deutschen Medien gäbe es die ganze Malaise in diesem Ausmaß nicht? Für diese alternative Vermutung spricht der von dem großen Friedensforscher Johan Galtung einmal so genannte typische »teutonische intellektuelle Stil«, die Art und Weise, wie deutsche Intellektuelle – und dazu zählen sich unsere Medienmacher mit verbiesterter Entschlossenheit – Welt und Umwelt zu erklären suchen. Galtung unterscheidet zwischen einem typisch japanischen, französischen, angelsächsischen und eben auch teutonischen intellektuellen Stil. Den Franzosen gehe es nach Galtung vor allem um Eleganz und Klarheit, sie lassen auch gern einmal fünf gerade sein, wenn das der Schönheit eines Arguments nutzt. Der Japaner achtet in erster Linie auf die Verankerung in der Tradition: Wie haben die großen Meister das gesehen, wie fügen sich meine eigenen Ansichten in das existierende Gedankengebäude ein? Die Angelsachsen sind Pragmatiker und Problemlöser, sie packen Dinge vom Ende her an, das heißt von dem Problem, das es zu lösen gilt, und lösen es dann, und dann kommt das nächste Problem. Und wenn die dabei verwendeten Theorien sich widersprechen, dann stört das einen Angelsachsen kaum.

»In einer solch glücklichen Lage ist der rein teutonische Intellektuelle nicht«, schreibt Galtung. Er ist der Erbauer großer gedanklicher Pyramiden, und »er trägt das Risiko, womöglich mit ansehen zu müssen, wie seine Pyramide in Stücke fällt. Deshalb ist es auch kein Wunder, dass er seine Arbeit mit einer gewissen inneren Nervosität in Angriff nimmt, die sich in Muskelverspannung ausdrückt und einem Gesicht, aus dem die letzte Spur von Humor und Distanz gewichen ist. Keine Anekdote, keine Analogie, keine Euphorie und kein spielerisches Jonglieren mit Bedeutungen – nichts vermag das Desaster zu verschleiern, das eine teutonische Pyramide treffen kann; und stürzt sie ein, kann mit ihr der intellektuelle Einsatz eines ganzen Lebens zerfallen.«

Das könnte einiges erklären. Denn ein weiterer unangenehmer Nebeneffekt dieses Pyramidenbauens ist die bigotte Selbstgefälligkeit vieler deutscher Intellektueller, mit der sie ihre Sicht der Dinge für die einzig wahre halten. Und diese auch mit Zähnen und Klauen verteidigen: »Hier stehe ich, ich kann nicht anders« (Luther). Und hat ein solcher intellektueller Medienmacher erst einmal die Chemie, die grüne Gentechnik oder die Kernkraft als Wurzel alles Bösen ausgemacht, hält er es für seine Menschenpflicht, nicht zu ruhen, bis das Unheil ausgerottet ist. Zum Beispiel war Luther auch ein großer Hexenjäger. »Staunend nahmen die Nachbarn den fast religiösen Eifer wahr, der die deutsche Ökologiebewegung von Beginn an beseelte. ›Le waldsterben‹ ging, wie ›le blitzkrieg‹ und ›l'ersatz‹, als Fremdwort ins Französische ein. Schrille Töne, Ausdruck apokalyptischer Ängste, mischten sich immer wieder in den Chor der Besorgten, die in den Wäldern kranke Bäume mit weißen Farbkreuzen markierten« *(Der Spiegel)*.

Verstärkt wird dieser intellektuelle deutsche Sonderweg möglicherweise noch durch die Nachwirkungen der Romantik mit all ihrem Hang zur Technikfeindlichkeit und zur »Verrätselung der Welt«

(Zöllner), die besonders in Deutschland bis heute überlebt. Und die von Max Weber so genannte »Entzauberung der Welt« hätte hier anders als anderswo noch nicht in vollem Ausmaß stattgefunden? Kein anderes westliches Land sei so technikfeindlich und fortschrittspessimistisch wie Deutschland, konstatiert das amerikanische Nachrichtenmagazin *Newsweek*. »Nirgendwo sonst auf der Welt sind Atomkraft, Gentechnik und Stammzellenforschung so geächtet, Chemieangst und Mobilfunkfurcht so verbreitet«, schreibt Michael Miersch in *Cicero*. »Eine CSU-Agrarministerin tut im Jahr 2009 alles, um die Pflanzengentechnik abzuwürgen. Vier Universitäten haben resigniert und die Forschung auf diesem Gebiet aufgegeben. 80 Prozent der Gentechnikforscher, heißt es beim Max-Planck-Institut in Potsdam, sind bereits ausgewandert oder wollen es tun. Wichtige Grundlagen der Pflanzengentechnik wurden einst in deutschen Labors entwickelt. Doch Fortschritt war gestern. Eine mächtige Koalition aus Ökoaktivisten, Pfarrern, Politikern und Journalisten hat es geschafft, dass die Deutschen neue Technologien nicht mehr als Chance, sondern nur noch als Risiko betrachten.«

Ganz gleich jedoch, wer zuerst da war – die Henne oder das Ei –, fest steht, dass wir in Deutschland weit hysterischer und anfälliger für Panik sind als viele andere; aus welchen Gründen auch immer machen wir als Zuschauer wie auch als Akteure eines großen Angsttheaters ganz besonders eifrig mit. Und im Folgenden soll es vor allem darum gehen: Wer schreibt das Drehbuch dieses Stücks, wer verteilt die Rollen, schneidert die Kostüme, plant die Bühne, wer führt hier Regie? Und ganz besonders von Bedeutung: Wie bringt man die vielen unbezahlten Mitmacher dazu, diese im Wesentlichen immer gleiche Tragikomödie Jahr für Jahr von Neuem lustvoll mitzuspielen?

Mit dieser Frage fange ich im nächsten Kapitel einmal an.

Literatur:

David L. Altheide: *Creating reality: How TV news distort events*, Beverly Hills 1976 (Sage)

Peter Bobrowski und Hans Rickman: *Comet/Asteroid Impacts and Human Society*, New York 2007 (Springer)

Sabine Bode: *Die deutsche Krankheit – German Angst*, 2. Auflage, München 2010 (Piper)

J. Galtung: »Struktur, Kultur und intellektueller Stil. Ein vergleichender Essay über sachsonische, teutonische, gallische und nipponische Wissenschaft«. In: Alois Wierlacher (Hrsg.): *Das Fremde und das Eigene: Prolegomena zu einer interkulturellen Germanistik*, München 1985, S. 151–196 (Iudicium-Verlag)

Annika Lohstroh und Michael Thiel: *Deutschland, einig Jammerland*, Gütersloh 2011 (Gütersloher Verlagshaus)

Manfred Lindinger. »Erste Kollisionen in der Urknallmaschine«, *Frankfurter Allgemeine Zeitung*, 25.11.2009

Michael Miersch: »Deutschland fehlt eine Fortschrittspartei«, *Cicero*, August 2009

Richard Posner: *Catastrophe: Risk and Response*, London 2004 (Oxford University Press)

D. Ropeik: »Never bitten, twice shy: the real dangers of the summer«, *New York Times*, 9.8.2003

Reinhard Zöllner: »Apokalypse jetzt! Wir Deutschen sollten uns schämen«, *Die Welt*, 28.3.2011

2 Wie funktioniert die Panikmechanik?

»Werden Rentner zuletzt geimpft?«

Schlagzeile auf der S. 1 von Bild
auf dem Höhepunkt der Schweinegrippepanik 2009

Die wichtigsten Zutaten zur Erzeugung irrationaler Angst haben wir im ersten Kapitel schon gesehen. Erstens: Vor allem die Existenz einer Gefahr betonen. In Hammelfleisch ist Dioxin, im Mineralwasser der Firma X ist E605, Skandal: Arsen in Kindertaschentüchern usw. Dabei Grenzwerte und Wahrscheinlichkeiten möglichst unterschlagen oder weit hinten im Text verstecken. Speziell dem Grenzwertthema wendet sich das nächste Kapitel noch ausführlich zu. Zweitens: Verwende freigebig das Zaubermittel Konjunktiv. Auch wenn noch nie ein Schaden vorgekommen ist, weise mahnend darauf hin, dass einer vorkommen könnte. Damit hat man immer recht. Schon Majestix wusste: Der Himmel könnte ihm auf den Kopf fallen. Genmais könnte die Erde mit einer grünen Schleimschicht überziehen. Ein Jumbo, oder der Halley'sche Komet, könnte auf das Kraftwerk Biblis stürzen. Beim Verzehr von 50 Kohlrouladen täglich könnten Frauen schlechter schwanger werden usw. Der Phantasie sind hier ganz offensichtlich keine Grenzen gesetzt.

Bei den alten Juden waren nur Panikpropheten

gute Propheten. Und das Schöne ist: Sie stehen am Ende stets als Rechthaber da. So wie der Mann, der die Straße entlanggeht und alle zehn Schritte in die Hände klatscht. Da hält ihn ein Passant auf:

»Hören Sie doch mit dem Händeklatschen auf, was soll das denn?!«

»Nein, das ist wichtig, ich verjage damit die Kamele!«

»So ein Unsinn – wo sind denn hier Kamele?«

»Ja eben!«

Und dann hat auch noch die Einheit, in der man etwas Gutes oder Schlechtes misst, obwohl für die eigentliche Botschaft unbedeutend, einen gewissen Einfluss auf den Adressaten. Jeder weiß zum Beispiel, was ein Pfund Butter ist. Das reicht bei einer kleinen Familie für ungefähr eine Woche. Aber ein Pfund ist auch das Gleiche wie 0,0005 Tonnen, und das ist so gut wie nichts. Viele Nullen vor der ersten echten Ziffer sagen: »Hier ist nichts vorhanden.« Da ist es fast schon unerheblich, ob drei, fünf oder 17 Nullen hinter dem Komma folgen, klein ist klein.

Umgekehrt machen aber auch viele Ziffern vor dem Komma kleine Dinge groß. Ein Pfund sind 500 000 Mikrogramm, und das erscheint den meisten als erheblich mehr als 0,0005 Tonnen, mit 500 000 ist man schon ein halber Millionär. Und dann erst ein Nano- oder gar ein Pikogramm! Ein Pikogramm ist ein Billionstel Gramm. Ein Pfund Butter sind 500 Billionen Pikogramm, 10 000 Mal mehr, als Bill Gates Dollar hat. Aber nur vier Stück davon in Gestalt von Dioxin im Frühstücksei, und du bist im Fernsehen!

Auch bei der Belastung durch radioaktive Strahlung hat man eine große Auswahl, wie die denn zu messen ist. Die übliche Maßeinheit ist hier das »Sievert«, benannt nach dem schwedischen Mediziner und Physiker Rolf Sievert, einem frühen Pionier des Strahlenschutzes. Aber in Sievert gemessen sind die Strahlendosen weltweit derart klein, dass man sie nicht sieht. Deshalb gibt man sie üblicherweise in Millisievert an, abgekürzt mSv, einem Tausendstel von einem Sievert, und dann macht die Strahlung schon eher etwas her. So gemessen beträgt etwa die Belastung des deutschen Durchschnittsbürgers allein aus natürlichen Quellen derzeit rund 2,4 Millisievert pro Jahr. Sie setzt sich zusammen aus Strahlung aus dem Weltraum (0,3 Millisievert), aus dem Boden (0,4 Millisievert) oder aus der Nahrung (0,3 Millisievert) plus – und das ist der mit Abstand größte Teil – aus der Belastung durch das radioaktive Gas Radon (1,4 Millisievert), das bei natürlichen Zerfallsprozessen im Boden entsteht und in vielen Gegenden der Bundesrepublik ganz ungehindert aus dem Boden tritt. Betroffen sind vor allem Mittelgebirgsregionen in Sachsen, Thüringen und Bayern.

In anderen Ländern ist diese natürliche Belastung zum Teil sogar noch höher. In Finnland liegt die mittlere Jahresdosis je Einwohner allein wegen Radon aus dem Boden bei 7,5 Millisievert, in Spanien bei 5,3 Millisievert. Größere Populationen in Brasilien und im indischen Bundesstaat Kerala erhalten sogar Dosen von über 15 Millisievert pro Jahr. Auch das ist immer noch weit unterhalb jeder Gefahrengrenze, aber unter diesen Zahlen kann man sich zumindest etwas vorstellen.

Gefährlich wird die Strahlung irgendwo zwischen 100 und 1000 mSv. Werden etwa mehr als 30 Prozent des Körpers an einem Tag mit mehr als 1000 Millisievert bestrahlt, kommt es zu einer akuten Strahlenkrankheit mit Erbrechen, Übelkeit, Blutungen und Infektionen; unbehandelt führt das in der Regel in 20 bis 60 Tagen zum Tod. Diese Grenze wurde bei den Aufräumarbeiten in Tschernobyl und Fukushima bei vielen Arbeitern überschritten. 5000 Millisievert schädigen vornehmlich die Darminnenzellen, es kommt zu Fieber, Durchfall, Erbrechen, Flüssigkeitsverlust und, falls unbehandelt, Tod. Bei einer Dosis von 20 000 Millisievert stirbt man schon nach 20 Stunden, bei über 100 000 Millisievert sofort. Das war die Belastung der Menschen im Zentrum der Hölle von Hiroshima, sie wären auch ohne Schock und Hitze gleich gestorben. 500 Meter weiter wurden immer noch 40 000 Millisievert Belastung geschätzt, in zwei Kilometern Entfernung aber nur noch 70. Das erklärt, warum die Atombomben über Hiroshima und Nagasaki 240 000 Menschen sofort umbrachten, während in den Jahrzehnten danach unter den 100 000 Überlebenden die im Vergleich dazu relativ geringe Zahl von 450 Menschen *mehr* an Krebs verstarben, als statistisch zu erwarten gewesen wäre.

Die tatsächliche Strahlung misst man in Becquerel. Das ist die mittlere Anzahl an Atomen eines radioaktiven Stoffs, die pro Sekunde zerfallen. Üblicherweise zählt man die pro Liter oder Kilogramm; 1 Liter Milch hat normalerweise 1 Becquerel. Anders als Sievert bezieht sich das Becquerel damit auf den Strahlenemittenten; es nimmt auch keine Rücksicht auf die sehr unterschiedliche Gefährlichkeit der emittierten Strahlen. Aber es hat einen großen Vorteil für die Panikmacher – die Messwerte sind größer.

Skandalöse 13 000 Becquerel pro Quadratzentimeter soll in den 90er-Jahren ein Castor abgesondert haben. Erlaubt sind 4. Wie dieser Grenzwert zu begründen ist, weiß niemand so recht, denn selbst diese 13 000 hätten in einem Meter Abstand einen begleitenden Polizisten einer Belastung von nur 0,000 007 Millisievert pro Stunde ausgesetzt, ein Zehntel dessen, was er ohnehin über die natürliche Strahlenbelastung mitbekommt, ob er nun neben einem Castor herläuft oder in der Südsee nach Korallen taucht. Auf jeden Fall wurde der Grenzwert um ein Vielfaches überschritten und hat die Angst vor Atomtransporten, wie es wohl auch von den Verbreitern dieser Meldung beabsichtigt war, kräftig weiter angeheizt.

Das ist dann die letzte Methode, den Menschen Angst zu machen: Senke Grenzwerte so lange ab, bis die tatsächlichen Messungen von was auch immer – Strahlung, Dioxin in Eiern, PCB im Nagellack – darüber liegen. So lässt sich sogar mit Becquerel noch Geld verdienen. Bei mehr als 600 Becquerel pro Kilo Wildschweinfleisch zum Beispiel bekommen deutsche Jäger vom Steuerzahler 4,09 Euro Entschädigung, das Fleisch wird dann entsorgt. Diese Grenze ist aber völlig willkürlich und zieht nur dem Steuerzahler das Geld aus der Tasche (im Jahr 2009 mehr als eine halbe Million Euro). In Schweden etwa wird Wildfleisch erst ab 1500 Becquerel aus dem Verkehr gezogen. Und selbst dann ist kaum Gefahr für die Gesundheit zu befürchten. Nach Auskunft des deutschen Bundesamtes für Strahlenschutz kann man ein 400-Gramm-Steak von einem mit 2000 Becquerel pro Kilo belasteten Wildschwein verspeisen »und bekommt dann dieselbe Strahlendosis ab wie bei einem Urlaubsflug von Frankfurt nach Gran Canaria« *(Die Zeit)*.

Trotzdem wird vor allem in Bayern fleißig nach Becquerel in Wildbret gesucht; 99 Messstationen gibt es schon. Das nächste Kapitel nimmt sich dieses Grenzwertkriegs nochmals genauer an.

Zuvor beleuchte ich noch kurz das Angstmachen als Umsatzverstärker, wie es in vielen Gewerben heute weit verbreitet ist. Immer wieder fallen auch ansonsten seriöse Medien darauf herein. So hat etwa die *Frankfurter Allgemeine Zeitung* im April 2008 anlässlich der Messe »Light and Building« in Frankfurt a.M. vor billigen Elektroprodukten aus Fernost gewarnt bzw. die Warnung interessierter Kreise kommentarlos an die Verbraucher weitergereicht. Da ist einmal der Zentralverband der Elektrotechnik und Elektronikindustrie (ZVEI), dann der Zentralverband der Elektro- und Informationstechnischen Handwerke (ZVEH) sowie der VDI, der Verein deutscher Ingenieure. Alle drei hatten eine Verpflichtung verabschiedet, in Zukunft gemeinsam gefälschte und unsichere Produkte zu bekämpfen.

Die mögen in der Tat gefälscht oder gefährlich sein – auf jeden Fall verderben sie den deutschen Anbietern das Geschäft. So sollen Billigprodukte aus Fernost bereits 10 Prozent des Welthandels ausmachen. In Afrika, so sagen die deutschen Anbieter, sei sogar inzwischen jedes zweite Elektrogerät kein Original. »Für die Industrie entstehen durch die Plagiate jährlich hohe Verluste.« Deshalb rät auch Walter Tschischka, der Präsident des ZVEH, dringend vom Kauf asiatischer Billigsteckdosen ab: »Ich empfehle jedem, solch ein Ding mal aufzuschrauben: Da erkennt sogar der Laie, dass das Pfusch ist.« Bei 1,99-Euro-Angeboten könne man nun mal keine Qualität erwarten. »Ein wirklich hochwertiger Stecker kostet mindestens 5 Euro.«

Wie aber bringt man die Menschen dazu, »einen wirklich hochwertigen Stecker« auch zu kaufen? Man macht ihnen Angst.

Auch die Anbieter von Alarmanlagen oder Sicherheitszäunen kennen das Problem. Diese Anti-Kriminellen-Anlagen sind leider in einigen Ecken unseres schönen Landes heute durchaus angezeigt, in den meisten zum Glück aber nicht. Wie bringt man also eine gut situierte Industriellenwitwe in einem Wohngebiet, in dem seit 30 Jahren nicht mehr eingebrochen wurde, trotzdem dazu, eine teure Alarmanlage einzubauen?

Bitte setzen Sie hier Ihre Antwort ein: ....

Dabei will ich den Anbietern durchaus keine bösen Absichten unterstellen. Die meisten glauben sicher fest, sie täten den Käufern etwas Gutes. Nicht nur die Angsthasen rationalisieren gern ihr Verhalten (dazu später mehr), auch die Angstmacher können das.

Eine weitere Panikregel heißt: Erwähne vor allem das relative und wenn möglich nicht das absolute Risiko. Kaffeetrinken erhöht das Risiko von Fehlgeburten um 10 Prozent, eine Ehescheidung das Risiko von Brustkrebs bei Frauen um 20 Prozent, ein Mobilfunkmast das Risiko für Alzheimer um den Faktor 2 usw. Bevor die Masten gebaut wurden, waren zwei Senioren in den städtischen Altersheimen an Alzheimer erkrankt, danach waren es vier. So presst man auch noch den kargsten Fakten ein kleines Mini-Skandälchen ab. Melde also nie: »Im Bundesdurchschnitt bringt sich jedes Jahr einer von 1000 Menschen um, in der Einflugschneise von Flughäfen dagegen zwei«, sondern: »Fluglärm treibt Menschen in den Tod! Selbstmordrate um 100 Prozent erhöht!«

Nehmen wir eine der Meldungen aus der Liste in Kapitel 1: Asthma durch Raumspray. »Deutsche Lungenärzte warnen vor Haushaltsreinigern in Sprayform. Bei einem Einsatz der Sprays nur einmal pro Woche sei das Risiko für Atemwegsbeschwerden und asthmatische Symptome um das Anderthalbfache erhöht.« Ja was heißt denn das? Das Anderthalbfache von 10, 100, 1000, 10 000, 100 000 oder einer Million? Ohne die Kenntnis dieser absoluten Risiken ist die Meldung ohne jeden Wert.

Mit dieser Methode, nämlich nur das relative Risiko zu melden, hatten die Medien in den 90er-Jahren einmal eine Massenpanik bei Frauen ausgelöst, die Antibabypillen der sogenannten dritten Generation verwendet hatten. Diese enthalten weniger Östrogen, dafür mehr andere weibliche Geschlechtshormone und sind ärmer an Nebenwirkungen. Im Oktober 1995 verbreitete das englische Committee on the Safety of Medicine eine Warnung, dergleichen Pillen erhöhten das Risiko einer Thrombose um 100 Prozent.

Die Meldung »löste eine Schreckenswelle aus, die über den Kanal ins leicht erregbare Deutschland schwappte« *(Focus)*. Rund 200 000 Warnbriefe wurden an Ärzte, Apotheker und Gesundheitsämter ausgesandt, »Grund genug für viele Frauen, ihre Mikropillen panikartig abzusetzen. So wie die Berlinerin Anja Desch, 40: ›Ich will so lange aussetzen, bis erwiesen ist, dass ich mit der Verhütung nicht meine Gesundheit ruiniere.‹«

Ein Jahr später stieg die Zahl der Abtreibungen weltweit an, allein in England kam es zu 26 000 zusätzlichen Schwangerschaften, rund 14 000 ungewollte Babys wurden abgetrieben. Wenn das kein sozialpolitisches Desaster ist, was denn dann?

Was war geschehen? Bei Pillen der zweiten Generation erleiden drei von 20 000 Frauen eine Thrombose, bei Pillen der dritten Generation sind es sechs, bei Frauen, die überhaupt keine Pille nehmen, sind es zwei. Mit anderen Worten, durch die ansonsten viel sichereren und verträglicheren Pillen der dritten Generation waren pro 20 000 Frauen drei zusätzliche Thrombosefälle zu erwarten. Aber dieses Risiko wurde durch die Vorteile der neuen Pillen mehr als aufgewogen.

Bleibt nur noch zu melden, dass bei den 14 000 zusätzlichen Abtreibungen allein in England ein gutes Dutzend Frauen umgekommen sind.

Der gleiche Unfug mit relativen Risiken grassiert auch dann, wenn der *Vorteil* irgendeiner Maßnahme herausgestrichen werden soll. So überschätzen zum Beispiel Frauen den Nutzen von Brustkrebsvorsorge und Männer den Nutzen von Prostatauntersuchungen ganz gewaltig. Mein Berliner Kollege Gerd Gigerenzer hat einmal 10 000 Frauen gefragt, was eine 20-prozentige Reduktion des Brustkrebsrisikos durch Früherkennung eigentlich bedeute. Ein Viertel aller befragten Frauen meinte, dass dann von 1000 Frauen 200 vor Brustkrebs errettet werden. In Wahrheit sterben ohne Vorsorgeuntersuchung fünf von 1000 Frauen an Brustkrebs, mit Vorsorgeuntersuchung vier. Mit anderen Worten, eine von 1000 Frauen hat einen Nutzen davon, aber sehr viel mehr, nämlich alle mit falsch positiver Diagnose, einen Schaden. Aus dem Grund raten viele Statistiker von Routine-Vorsorgeuntersuchungen für alle Frauen ab.

Oder nehmen wir die Wohltaten des Aspirin. Jeder Leser dieser Zeilen weiß vermutlich dieses Wundermittel zu schätzen, es ist das erfolgreichste und in größten Mengen produzierte Arzneimittel aller Zeiten. Und jetzt soll es, wenn man jüngsten Zeitungsberichten glauben darf, sogar noch Krebs verhindern: Englische Ärzte hatten jahrzehntelang zwei Patientengruppen verfolgt. Die eine nahm täglich je ein Aspirin, die andere verzichtete darauf. Und siehe da: In der Aspirin-Gruppe starben 34 Prozent weniger an Krebs.

Diese 34 Prozent wurden von den Medien als sensationelle Neuigkeit verkauft und haben die Bayer AG in Leverkusen sicher sehr erfreut. Sieht man sich dagegen die Zahlen näher an, so sind in der Aspirin-Gruppe 1,4 Prozent der Teilnehmer an Krebs gestorben, in der Kontrollgruppe 2,1 Prozent. Das absolute Risiko sinkt damit nur um 0,7 Prozent, rund 150 Patienten müssten über mehrere Jahrzehnte täglich Aspirin zu sich nehmen, damit bei einem davon ein Krebstod verhindert wird. Der positive Effekt von Aspirin ist damit klinisch völlig irrelevant.

Ein wichtiger Panikverstärker fehlt noch – unser Herdentrieb. Das Wort ist negativ belegt, bedeutet aber im Grunde etwas Gutes. Denn ohne diesen Herdentrieb gäbe es uns nicht mehr. Als unsere Vorfahren vor einigen Millionen Jahren die Urwälder Afrikas verließen und sich in der Savanne eine neue Heimat suchten, war der Zusammenhalt der Gruppe für das Überleben ganz zentral. Individualisten und Eigenbrötler hatten keine Überlebenschance; aus dem Grund ist in unserem Erbgut das Abweichen von der Mehrheitsmeinung überhaupt nicht vorgesehen.

Heutzutage nennt man das auch die Intelligenz des Schwarms. Ein Fisch, eine Ameise sieht, riecht, hört weniger als 30 Fische oder 30 Ameisen, erst recht viel weniger als 3000 Fische oder 3000 Ameisen. Und das gilt für Menschenaffen ebenso. Wenn alle in der Gruppe denken, da hinten im Fluss, da schwimmt ein Krokodil, dann glaubst du das besser auch. Selbst wenn deine Augen dir sagen: Das ist doch nur ein Stück faules Holz.

Dieses Vertrauen auf das Urteil der anderen, dieses Orientieren an der Mehrheit ist fest in unseren Genen verdrahtet, wir können sozusagen nicht anders, als uns danach auszurichten. Oder anders ausgedrückt: Umgang mit Risiko ist zum großen Teil auch ein soziales Phänomen. Aus der sozialen Netzwerkforschung etwa ist bekannt, dass Phänomene wie Übergewicht oder Alkoholismus ansteckend sind und sich in sozialen Netzen, über die Familie, über Nachbarn, über Freunde, über Freunde von Freunden usw. ausbreiten. Lehnt etwa ein Partner in einer Zweierbeziehung die grüne Gentechnik oder die zivile Nutzung der Kernkraft ab, so macht es der andere mit großer Wahrscheinlichkeit ebenso – je enger Menschen zusammenleben, desto einförmiger scheinen ihre Einstellungen zu Gefahr und Risiko zu sein.

Und das ist zugleich der wichtigste, durch die Evolution auf uns gekommene Grund, warum die eine oder andere Angst so oft in Massenhysterie ausartet. War das nicht frappierend, wie nach Weihnachten 2010 einer wie der andere vom Fernsehen befragte Passant oder Studiogast betroffen zugab – oder sollte ich besser sagen: stolz verkündete? –, wegen des Dioxins keine Eier mehr zu essen, und der Moderator oder der Reporter nickten zustimmend dazu? Abweichler von dieser Betroffenheitsorgie waren zumindest in den Medien nicht präsent. Diese Leute hatten wie Tausende Generationen von Menschenaffen vor ihnen erfolgreich ihre Gehirnzellen blockiert, um sich einer im Fernsehen, unter Freunden, im Kirchenchor oder am Stammtisch etablierten Mehrheitsmeinung anzuschließen.

Aus den 50er-Jahren des letzten Jahrhunderts kennen wir die berühmten Studien von Psychologen in den USA, die hatten zum Beispiel ihren Studenten Holzklötze oder Bleistifte zum Abschätzen vorgelegt. Welcher Stift ist der längste? In jedem Fall stach ein Objekt klar heraus. Jetzt fragt man die Studenten der Reihe nach, alle hören die Antwort ihrer Vorgänger mit, und alle bis auf den letzten sind vorab instruiert: Gib das zweitgrößte Objekt als größtes an.

Was sagt der Student, der als Letzter drankommt? Alle seine Kommilitonen bezeugen: Stift A ist der längste. Der Student überlegt (bzw. er überlegt gar nicht, sondern ist nur passives Opfer des folgenden Programms in seinem Kopf): Hier sind haufenweise Leute, genauso intelligent wie ich, die können doch nicht alle unrecht haben, und obwohl seine Augen ganz klar sehen: Stift B ist länger, sagt auch er: Stift A. Wenn alle A für größer halten, dann tut er das ebenfalls.

Und tatsächlich: Die meisten Probanden taten genau das: Gegen jeden Augenschein, gegen alle Regeln der Vernunft bekannten sie: Stift A ist größer.

Und was das eigentlich Beängstigende ist: Sie glaubten auch daran! Denn im Ex-post-Rationalisieren von irrationalem Verhalten sind wir geradezu Weltmeister. Der bekannte Neurowissenschaftler Michael Gazzaniga hat das einmal anhand von Patienten, deren linke und rechte Hirnhälfte getrennt worden waren (das passiert zuweilen bei Epilepsiepatienten), empirisch nachgewiesen. Die linke Hälfte ist für das verstandgesteuerte Handeln zuständig, die rechte eher für Gefühle. Gazzaniga sagte zu einem solchen Patienten: »Stehe auf und gehe« (Erinnerungen an das Neue Testament sind erlaubt). Und der Patient stand auf und ging. Dann fragte ihn Gazzaniga: »Warum bist du gerade aufgestanden?«

»Ich will mir eine Cola holen.«

Oder so ähnlich. Gazzaniga bekam immer eine Antwort. Unsere linke Gehirnhälfte ist enorm erfolgreich, sich Erklärungen für das Tun der rechten Hälfte auszudenken. Und der Besitzer des Gehirns glaubt natürlich dessen linker Hälfte jedes Wort.

An diese Experimente fühle ich mich erinnert, wenn wieder einmal einer meiner besten Freunde mir erklärt, warum Genmais (oder die Kernkraft oder künstliche Düngemittel oder Fluor im Trinkwasser) Teufelsdinge sind. Aus Gründen, die später noch einmal näher betrachtet werden, hat er oder sie beschlossen, dieser Technik hinfort zu misstrauen. Oder sie sogar zu hassen.

Und Hass ist eines unserer stärksten Gefühle, und damit auch eines, das am lautesten nach einer Rechtfertigung verlangt. Und wenn unsere rechte Gehirnhälfte diese Rechtfertigung braucht, dann kriegt sie die von der linken auch geliefert.

Eine große Hilfe dabei ist, was Psychologen als »Wahrnehmungsverzerrung« kennen. Wenn wir erst einmal beschlossen haben, gewisse Dinge gut oder schlecht zu finden, registriert unsere Wahrnehmung, ob wir wollen oder nicht, hinfort vor allem Informationen, die diese Einstellung verstärken. Wenn ich mich also einmal entschlossen habe, künstliche Farbstoffe in Lebensmitteln ekelhaft zu finden, fällt mir ab da jeder Artikel in der *Bild*-Zeitung sofort ins Auge, in dem von der möglicherweise krebserregenden Wirkung solcher Zusätze berichtet wird. Ein Konkurrenzbericht des Inhalts, alles nur Gerede, schafft es oft noch nicht einmal über unsere Wahrnehmungsschwelle (geschweige denn, dass wir die Nachricht abwägen und prüfen oder gar unser Verhalten ändern).

»Selbst Wissenschaftler, auch wenn sie sich dies selbst nicht eingestehen, bewerten neue Informationen nicht objektiv«, schreibt der Risikoforscher Michael Siegrist. »Forschungsresultaten, die mit den Lieblingshypothesen übereinstimmen, wird automatisch eine höhere Qualität attestiert als Arbeiten, die in Widerspruch zu diesen Überzeugungen stehen. Häufig erkennen wir in den Daten, was wir sehen wollen. Wir sollten also nicht überrascht sein, wenn sich die Bevölkerung durch neue Informationen nicht von ihren Überzeugungen abbringen lässt.«

Etwa durch die erfolgreiche Bewältigung eines Zwischenfalls in einem Kernkraftwerk: »Gegner und Befürworter kommen, aufgrund identischer Informationen, zu konträren Schlussfolgerungen. Befürworter schätzten die Wahrscheinlichkeit einer künftigen Katastrophe als tiefer ein, nachdem sie einen Bericht über einen Zwischenfall gelesen hatten. Die Sicherheitsmaßnahmen hatten schließlich funktioniert, folglich wurden Risiken als tiefer eingeschätzt.

Die Konfidenz in das Sicherheitssystem wurde durch die erfolgreiche Bewältigung des Zwischenfalls noch verstärkt. Bei den Gegnern der Technologie führte der Bericht über den Zwischenfall dazu, dass ein künftiger ernsthafter Unfall als noch wahrscheinlicher eingestuft wurde. Diese Personen konzentrierten sich in erster Linie auf die Tatsache, dass es überhaupt zu einem Zwischenfall kommen konnte. Beide Seiten konnten also durch eine entsprechende Interpretation der Information erfolgreich verhindern, dass kognitive Dissonanzen entstanden.«

Und der nackte Affe hasst kognitive Dissonanzen. Seine Impulse sagen: Biege die Wahrnehmung zurecht, folge der Gruppe, achte auf die anderen, gehe mit der Mehrheit, da hat der Verstand, hat die Vernunft ganz schweres Spiel. Und dieser Sieg des Bauches über den Verstand ist die mit großem Abstand wichtigste Quelle irrationaler Panik überhaupt. Deshalb geht das fünfte Kapitel auf diesen Gesichtspunkt unserer Angstmechanik ganz ausführlich ein.

Zuvor aber sehen wir uns noch einen weiteren Grund für viele moderne Ängste etwas näher an.

Literatur:

Dan Gardner: *Risk*, London 2008 (Virgin Books)

G. Gigerenzer, W. Gaismaier, E. Kurz-Milke, L. Schwartz, S. Woloshin: »Glaub keiner Statistik, die du nicht verstanden hast«, *Gehirn und Geist* 10/2009, S. 34–39

Michael Siegrist: *Die Bedeutung von Vertrauen bei der Wahrnehmung und Bewertung von Risiken,* Stuttgart 2001 (Akademie für Technikfolgenabschätzung)

3 Der geheime Grenzwertkrieg

»Das Aufspüren kleinster Schadstoffmengen hat zur Folge, dass überall alles gefunden wird.« *Der Spiegel*

Grenzwerte wie die im letzten Kapitel zitierten 600 Becquerel pro Kilo Rindfleisch sind in erster Linie ein Produkt der Politik; es wird hin- und herverhandelt, gibst du mir dies, dann kriegst du das; die einschlägigen Diskussionen kommen einem wie auf dem Basar vor, die Wissenschaft und erst recht der gesunde Menschenverstand reden hier erst an zweiter Stelle mit. Oder wie sonst ist zu erklären, dass während der Dioxinpanik Anfang 2010 Millionen von Frühstückseiern aus dem Verkehr gezogen wurden, weil sie angeblich mit mehr als 3 Billionstel Gramm (3 Pikogramm) an Dioxin belastet waren (bei den meisten stimmte das noch nicht einmal), während zur gleichen Zeit völlig legal in großen Mengen deutsche Flussaale und Ostseefische auf den Märkten angeboten, gekauft und dann zu Hause auch gegessen wurden, die eine mehr als zehnfach so hohe Dosis Dioxin pro Kilogramm enthielten?

Auch viele regionale oder trägerspezifische Grenzwertunterschiede sind nur politisch zu erklären. Wird etwa in einer Kölner Schule eine Raumluftkonzentration polychlorierter Biphenyle von 8 $\mu g/m^3$ gemessen, müssen die Behörden bauordnungsrechtlich einschreiten und die Schule wegen konkreter Gesundheitsgefahr sanieren. »Steht diese Schule dagegen in München, so sind dort Sanierungsmaßnahmen zur Abwehr einer möglichen Gefahr von Leben und Gesundheit nicht angezeigt« (Risikokommission). Und warum sollen zur Abwehr von Krebsgefahr durch Acrylamid für Backwaren tausendfach höhere Richtwerte gelten als für das Trinkwasser? Dann wieder wurden aufgrund des Seveso-Unfalls die Grenzwerte für Dioxin selektiv sehr niedrig, nahe der Erfassungsgrenze der Analytik, festgelegt; sie betragen derzeit bei Müllverbrennungs- und -verwertungsanlagen 1 Nanogramm (1 Milliardstel Gramm) pro Kilogramm im Boden und 0,1 Nanogramm in der Abluft, mit der Konsequenz, dass inzwischen eine Müllverbrennungsanlage sauberer ist als ein Dieselmotor oder eine Kohleheizung.

All diese Unterschiede sind rational nicht zu begründen, diese Grenzwerte sind ganz offensichtlich keine Verstandes-, sondern eine Verhandlungssache. Opponieren etwa Mobilfunkgegner in einer Stadt besonders heftig, werden die Vorschriften für Sendemasten dort verschärft. Aber eben nur dort. Und die Fronten bei diesen Verhandlungen sind klar. Die Anbieter bzw. Risikoverursacher hätten die Grenzwerte gern möglichst hoch; das reduziert die Kosten. Die das Risiko ertragen müssen, hätten die Grenzwerte gern möglichst klein. Am besten Grenzwerte von null. Wer Grenzwerte festlege, argumentiert der Oberguru der Null-Risiko-Fraktion, Ulrich Beck, toleriere die Vergiftung unterhalb der Grenzwerte, Grenzwerte seien Persilscheine dafür, so Beck, die

Menschheit ohne Strafe zu vergiften. Den Grenzwertfestsetzern ginge es darum, das zulässige Maß an Vergiftung zu definieren, was bedeute, Vergiftung grundsätzlich zuzulassen. »Würde man sich auf den nicht völlig abwegigen Grundsatz einigen, überhaupt nicht zu vergiften, gäbe es keine Probleme.«

Was also fordert der Bund für Umwelt und Naturschutz (BUND), als man in Babyfertignahrung Pestizide findet? »In Zukunft muss gelten: Babynahrung hat frei von jeglichen Pestiziden zu sein.« Was fordern Umweltschützer, nachdem in Sporthemden gewisser Firmen das giftige Schwermetall Tributylzinn (TBT) nachgewiesen wurde? Ein totales Produktionsverbot. Was verkünden die Grünen auf einer Bundeshauptversammlung: »Grüne Chemiepolitik zielt also darauf, ... dass Produktionsziele der chemischen Industrie, die an sich lebensfeindlich sind, ersatzlos aufgegeben werden müssen.«

Ersatzlos aufgeben, total verbieten, völlig frei von Pestiziden. Das klingt gut und bringt Wählerstimmen. Aber ist es überhaupt grundsätzlich durchzusetzen?

In den USA hat man es einmal versucht. Der sogenannte Delaney-Zusatz (Delaney Clause oder Delaney Amendment) von 1958, eine Ergänzung des Gesetzes zur Regulierung von Nahrungs- und Arzneimitteln von 1938 (Food, Drug and Cosmetic Act), hatte festgelegt, dass amerikanische Lebensmittel keinerlei nachgewiesen krebserzeugende Zusätze enthalten dürfen. Und keinerlei heißt keinerlei. Die ersten Opfer dieser Grenzwert-Null-Strategie waren Preiselbeeranbauer, denen ruinierte ein Pestizidfund kurz vor dem Erntedankfest 1959 gründlich das Geschäft. Zu diesem Fest gehört in den USA immer ein Truthahn mit Preiselbeeren, aber obwohl Präsidentschaftskandidat Kennedy und Vizepräsident Nixon zur Unterstützung der Farmer vor laufender Kamera große Mengen an Preiselbeeren vertilgten, wollte keiner die mehr haben.

Vielleicht sogar zu Recht, denn damals waren die Nachweisgrenzen noch recht hoch. Als dann aber im Lauf der Jahre die Diagnostik immer feiner und die Menge der entdeckten Schadstoffe immer größer wurde, schwante den Volksvertretern, was sie da angerichtet hatten – bald hätten amerikanische Farmer überhaupt nichts mehr verkaufen dürfen –, und so wurde der Delaney-Zusatz im Jahr 1996 im Wesentlichen wieder abgeschafft. Und zwar deshalb, weil die reine Existenz eines Stoffs in einem Lebensmittel oder auch in unserem Körper überhaupt noch nichts besagt. Als etwa nach anderen Zuckerersatzstoffen auch Sacharin bei Ratten als in hohen Dosen krebsauslösend nachgewiesen wurde, musste es zunächst nach Delaney verboten werden. Jedoch wurde dieses Verbot nach massiven Verbraucherprotesten kurze Zeit später wieder aufgehoben – wegen des hohen Süßstoffbedarfs der Amerikaner wollte man nicht auch noch auf diesen letzten Zuckerersatz verzichten; das damit verbundene Risiko wurde als vernachlässigbar in Kauf genommen.

Zum Scheitern verurteilt war Delaney einfach deshalb, weil fast alle Stoffe – gute und böse, giftige und ungiftige – in fast allen Lebensmitteln wie auch in unserem Körper in mehr oder weniger großen Dosen immer und mit Sicherheit enthalten sind. So befindet sich im Körper eines jeden erwachsenen Mitteleuropäers – und das ist wirklich wahr und sollte bitte nicht als Gotteslästerung missverstanden werden – mit hoher Wahrscheinlichkeit zumindest ein Molekül von Jesus Christus! (Wie auch, um hier keine Religionen zu benachteiligen, von Moses oder vom Propheten Mohammed.)

Eher aber mehr. Der Schweizer Wissenschaftsjournalist Herbert Cerutti hat das in der *Neuen Zürcher Zeitung* einmal am Beispiel des letzten Atemzugs von Julius Cäsar nachgerechnet. Bevor Cäsar durch die Dolche seines Ziehsohns Brutus und der anderen Verschwörer starb, inhalierte er noch rund zwei Liter Luft, das sind ungefähr 6 mal 10^{22} Luftmoleküle (eine Zehn mit 22 Nullen dahinter). Diese Luftmoleküle hatten bis heute über 2000 Jahre Zeit, sich gleichmäßig in der aus rund 9 mal 10^{22} mal 10^{21} Luftmolekülen bestehenden Erdatmosphäre zu verteilen. Damit ist in 1,5 mal 10^{21} Luftmolekülen im Durchschnitt ein Cäsar-Atemmolekül enthalten. »Wenn wir nun normal atmen, nehmen wir pro Zug einen halben Liter Luft auf, was 1,5 mal 10^{22} Molekülen entspricht«, argumentiert Cerutti. »Mit jedem Atemzug inhalieren wir deshalb zehn Luftmoleküle, die der Imperator höchstpersönlich noch ausgehaucht hatte.«

»Der Gedanke, tagein, tagaus mit jedem Atemzug außerdem mit Kleopatra, Jesus Christus und Wilhelm Tell in Kontakt zu stehen, mag erhebend sein«, fährt Cerutti fort. »Konsequent weitergedacht, sind wir auch mit Nero, Gessler und Konsorten im intimen Luftaustausch. Bei Stalin und Hitler ist es nur eine Frage der Zeit, bis die globale Luftzirkulation auch ihren giftigen Hauch jedem braven Menschen in die Lungen treibt.«

Also: Teuflische und göttliche Stoffe gibt es in uns und um uns mehr als genug. Und peu à peu werden wir sie auch alle finden! Denn die Analysemethoden werden immer feiner. Die übliche Maßeinheit ist hier ein Milligramm pro Kilogramm (ppm). Das war zugleich noch vor 30 oder 40 Jahren der Standard, als der Delaney-Zusatz in den USA zum Gesetz geworden war: Ein Milligramm Pflanzenschutzmittel pro Kilo Preiselbeeren konnte damals nachgewiesen werden, was darunter lag, war nicht vorhanden. Aber eben nicht mangels Existenz, sondern mangels Nachweismöglichkeiten. In den 80er-Jahren konnten aber schon Schadstoffkonzentrationen von 1:1 Milliarde nachgewiesen werden, und heute sind wir bei 1:1 Trillion angekommen – ein Zuckerwürfel, aufgelöst im Starnberger See, wäre heute ohne jeden Zweifel nachzuweisen.

Und das ist noch lange nicht das Ende. In geradezu atemberaubendem Tempo gelingt es der analytischen Chemie, mit immer neuen Messmethoden (Chromatografie, Massenspektrometrie, Kernresonanz-Spektroskopie) immer geringere Mengen von Stoffen aufzuspüren, am Institut des Göttinger Nobelpreisträgers Manfred Eigen soll man inzwischen sogar einzelne Moleküle finden können. Und vor allem deshalb, weil die Analysen immer feiner werden, und *nicht*, weil wirklich alles immer mehr vergiftet würde, kommen heute an allen Ecken und Enden neue Schadstoffe ans Tageslicht. Und liefern dann Anlass für Schlagzeilen wie die folgende (aus einer Meldung von dpa): »Schadstoffe in Kinderregenjacken – alle Produkte enthielten TBT.« Im Text heißt es dann weiter: »In vielen Regenjacken für Kinder finden sich, einem Bericht der Zeitschrift *Öko-Test* zufolge, Schadstoffe. So sei in allen 16 untersuchten Jacken der Stoff Tributylzinn (TBT) gefunden worden. Schon kleinste Mengen dieses Stoffes stünden im Verdacht, das Immun- und Hormonsystem von Menschen zu beeinträchtigen.«

Diese Meldung enthält gleich zwei Panikverstärker: den Konjunktiv – der Stoff *steht im Verdacht*, dass er das Immun- und Hormonsystem beeinträchtigen *könnte* – und dann den Fokus auf der Existenz: In *allen* Jacken gab es TBT! Auch wenn in acht Jacken »TBT nur in Spuren nachgewiesen« wurde.

Diese Spuren findet man aber überall, nicht nur in Kinderregenjacken. »Das Aufspüren kleinster Schadstoffmengen hat zur Folge, dass überall alles gefunden wird« (*Der Spiegel*). Weiter unten in der dpa-Meldung werden dann auch noch für eine Jacke eine Menge von 247 Mikrogramm pro Kilogramm und eine vom TÜV Rheinland erlaubte Höchstmenge erwähnt. Aber da war bei den meisten Lesern der Verhaltensschalter im Gehirn bereits auf Panikmodus umgestellt; Kaufhäuser mussten regalweise Textilien entsorgen, bei uns in Dortmund gab es zeitweise keine BVB-Trikots zu kaufen.

Eine andere dpa-Meldung zu Schadstoffen in der Muttermilch illustriert ebenfalls sehr schön die Wirkung dieses Existenzprinzips: »Eine britische Studie sorgt für Aufregung. In Muttermilch wurden über 300 Schadstoffe nachgewiesen.« Diese Meldung wurde vielfach nachgedruckt und ist ebenfalls in mindestens zweifacher Hinsicht falsch, denn in Muttermilch sind nicht nur 300, sondern 3000, vielleicht sogar 30 000 Schadstoffe enthalten. Es gibt vermutlich keine Stoffe und auch kein Gift auf der Erde, das nicht auch in Muttermilch enthalten wäre. Man hat sie nur noch nicht gefunden. Und dann lässt uns die Meldung glauben, diese Schadstoffe seien gefährlich. Natürlich sind sie das, wenn in großen Mengen konsumiert. Aber in der Verdünnung, die man üblicherweise in der Muttermilch beobachtet, schaden sie niemandem.

Oder man nehme eine weitere dpa-Meldung mit der Schlagzeile: »Viele Früchtetees mit Giftstoffen belastet.« Schon das erste Wort der Titelzeile ist falsch. Denn nicht *viele* Früchtetees enthalten Giftstoffe. *Alle* Früchtetees enthalten Giftstoffe. Man hat sie nur noch nicht gefunden.

In diesem Fall hatte die Stiftung Warentest in 28 von 50 getesteten Früchtetees das giftige Holzschutzmittel PCP entdeckt. Das war vor allem über die Hagebutte hineingekommen, die Grundlage für fast alle Früchtetees; und zwar über Hagebuttenschalen aus Chile, die in PCP-belasteten Öfen getrocknet worden waren. Auch hier ist weiter unten in der Meldung tatsächlich von den gefundenen Mengen und von Grenzwerten die Rede, aber allzu oft genügt den Medien der Hinweis: das und das ist existent, und die Panikmeldung steht.

Damit ist die Grenzwert-Null-Ideologie quasi eine Panikmeldung-Druckmaschine: Da *alle* Gifte *überall* enthalten sind, muss man nur geduldig suchen.

Schwieriger wird dieses Geschäft, wenn Grenzwerte größer als null existieren. Auch davon lassen sich viele Panikmacher nicht abschrecken, siehe in Kapitel 1 die *Welt*: »Zwar seien die gesetzlichen Grenzwerte für jede einzelne der Substanzen in fast allen Fällen nicht überschritten worden, doch zeige die Studie, wie stark der Verbraucher einem Schadstoffcocktail ausgesetzt sei«, kommentiert sie ihre Schlagzeile: »Über 80 Schadstoffe im Essen eines Zehnjährigen«.

Die Grenzwerte wurden also nicht überschritten. Das hält die Panikmacher zwar nicht vom Panikmachen ab, erschwert jedoch das Geschäft. Weit effektiver ist deshalb das Drücken der Grenzen auf ein Niveau, ab dem irgendetwas in irgendeinem Sinn »gefährlich« ist. So liegt dann irgendwann ganz gleich welches Gift auf einmal über der Gefahrengrenze. Wenig beachtet von der Öffentlichkeit, aber desto erbitterter geführt von denen, die keine Grenzwerte tolerieren, tobt hier ein großer Grenzwertkrieg. So können etwa derzeit in einem Liter deutschen Trinkwassers ganz legal enthalten sein: je 0,0001 mg Acrylamid und Pflanzenschutzmittel, je 0,001 mg Benzol und Quecksilber und je 0,01 mg Blei, Arsen, Uran, Selen und Bromat, von den weit höheren legalen Mengen Aluminium, Eisen, Kalium,

Magnesium, Natrium und Calcium gar nicht zu reden. Besonders die erlaubte Uranbelastung von 0,01 mg = 10 Mikrogramm ist vielen besorgten Bürgern ein Dorn im Auge. »E-Mail-Aktion: Fordern Sie einen Grenzwert von 2 Mikrogramm!«, proklamiert die Aktivistengruppe foodwatch im Internet: »Auch bei Uranbelastungen deutlich unter 10 Mikrogramm pro Liter können die Nieren von Säuglingen und Kleinkindern massiv geschädigt werden. Das ist das Ergebnis einer wissenschaftlichen Analyse der Europäischen Lebensmittelsicherheitsbehörde EFSA von März 2009. foodwatch fordert deshalb einen Grenzwert von 2 Mikrogramm Uran pro Liter. Die EFSA-Analyse stützt die These, dass bei einer Belastung von diesem Wert auch Säuglinge und Kleinkinder wirksam geschützt sind.«

Ich habe mir die EFSA-Studie einmal angesehen – von den behaupteten Gefahren ist kaum etwas zu finden. Laut EFSA schwankt die Uranbelastung durch Trinkwasser zwischen 0,05 und 0,28 Mikrogramm pro Tag und Kilogramm Körpergewicht, je nachdem, wie viel man trinkt und wie viel »legales« Uran im Trinkwasser enthalten ist. Für Kinder, die relativ zum Körpergewicht mehr Wasser zu sich nehmen, sind die Werte höher, zwischen 0,18 und 1,42 Mikrogramm pro Tag und Kilogramm. Aber dieser größere Eckwert, den die EFSA tatsächlich für bedenklich hält, wird nur dann erreicht, wenn Mütter neben dem Wasser aus dem Hahn für das Fläschchen auch noch alle möglichen weiteren uranhaltigen Substanzen in der Beikost verfüttern; für den normalen Säugling ist er völlig illusorisch.

Da aber über die Trinkwasserverordnung im Parlament beschlossen wird, haben wir demnächst vielleicht einen Grenzwert von 2 Mikrogramm. Und ab der übernächsten Wahl vielleicht 1 Mikrogramm, je nachdem, wer gerade regiert.

Mit ähnlichen Scheinargumenten, das heißt Berufung auf abwegige Szenarien und untypisches Extremverhalten, greift Greenpeace die derzeitigen, ohnehin schon mehr als strengen Höchstwerte für Pflanzenschutzmittel an, die seit 1. September 2008 durch die Verordnung 396/ 2005/EG europaweit für über 200 Wirkstoffe gelten. Schon vorher waren für zahlreiche weitere Wirkstoffe Höchstmengen in Kraft. Die Verordnung 396/2005 legt fest, dass die Rückstandshöchstgehalte für jedes Pestizid auf dem niedrigsten mit einer guten Agrarpraxis vereinbaren Niveau festgesetzt werden, das soll insbesondere Kinder und Ungeborene schützen. In einer viel zitierten Studie versucht nun Greenpeace nachzuweisen, »dass zahlreiche dieser Höchstmengen auch nach Maßstäben der EU nicht sicher sind«. Rund 600 der von der EU erlassenen Höchstmengen überschritten die sogenannte Akute Referenzdosis (ARfD) für Kinder und müssten daher als potenziell gesundheitsschädigend angesehen werden. »Besonders betroffen sind Äpfel, Birnen und Trauben, bei denen fast 10 Prozent aller festgelegten zulässigen Pestizidhöchstmengen potenziell gesundheitsschädigend für Kinder sind.« Insgesamt wiesen 121 der 443 untersuchten Pestizidwirkstoffe einen oder mehrere Höchstwerte auf, die als potenziell gesundheitsschädigend betrachtet werden müssten.

Greenpeace hatte »eine Bewertung der potenziellen chronischen und akuten Gesundheitsrisiken durchgeführt, die mit dem Verzehr großer Portionen bzw. mit dem regelmäßigen Verzehr kleiner Portionen belasteter Lebensmittel einhergehen«, wobei »die Berechnungen ergaben, dass bei rund 570 der von der EU erlassenen Höchstmengen die Akute Referenzdosis (ARfD) für Kinder zum Teil massiv überschritten wird, wenn diese erlaubte Höchstmenge ausgeschöpft wird«.

Aber nur dann, wenn das Kind den ganzen Tag nur Äpfel isst. »Die erforderlichen wissenschaftlich üblichen Methoden der Expositionsabschätzung zur Ermittlung des chronischen und akuten Risikos wurden nicht angewendet«, kritisiert das Berliner Bundesinstitut für Risikobewertung (BfR). »Aus Sicht des BfR sind somit die Aussagen des Greenpeace-Berichts zu möglichen Gesundheitsrisiken wissenschaftlich nicht belastbar.«

»Die von Greenpeace gewählte Bewertungsmethodik und die in diesem Zusammenhang vorgenommenen Bewertungen von Höchstgehalten und Daten aus Überwachungsproben in Hinblick auf Mehrfachrückstände sind nicht geeignet, um Aussagen über ein mögliches Risiko für den Menschen abzuleiten. Aus den Ergebnissen ist kein unmittelbarer Handlungsbedarf, insbesondere aufgrund des Vorhandenseins von Mehrfachrückständen, ersichtlich ... Die vom BfR durchgeführte Bewertung zeigt, dass sich die von Greenpeace als kritisch in Hinblick auf ein mögliches akutes Risiko eingestuften Rückstandshöchstgehalte im Ergebnis der wissenschaftlichen Bewertung mit einer Ausnahme als unkritisch erweisen.«

Die Rückstandshöchstgehalte haben sich also als unkritisch erwiesen. Aber in der populären Presse wurde vor allem Greenpeace ausführlich zitiert. Unter der Schlagzeile »Offene Tür zum Missbrauch« gibt etwa der *Spiegel* Schützenhilfe. »Weltweit sterben pro Jahr 300 000 Menschen an Pestizidvergiftungen.«

Aber vor allem in Entwicklungsländern und durch Dosen weit oberhalb der Höchstmengen der EU (und dass weltweit über 300 Millionen Menschen jährlich *nicht* sterben müssen, weil es Pestizide gibt, verschweigt der *Spiegel* auch).

Einen weiteren höchst unfairen Grenzwertkrieg führt die internationale Umweltallianz seit Jahrzehnten gegen den bekannten Kunststoff PVC. Insbesondere könnten die in PVC verarbeiteten Weichmacher bei Kindern Krebs erzeugen. Die in Kunststoff enthaltenen Weichmacher würden etwa beim Lutschen herausgelöst. Im ersten Kapitel habe ich eine ganze Reihe einschlägiger Panikmeldungen aufgelistet. Da werden dann Badeenten zu Giftmonstern und Schnuller zu Babykillern. Wenn man dann aber die etwa von Greenpeace behaupteten Schadstoffmengen von unabhängigen Instituten kontrollieren lässt, kommen bis zu 500-fach kleinere Konzentrationen heraus, als von Greenpeace behauptet. Einzelheiten sind etwa in dem *Lexikon der Öko-Irrtümer* von Dirk Maxeiner und Michael Miersch nachzulesen.

Also: Grenzwerte werden politisch, nicht wissenschaftlich festgelegt. Man kann nur hoffen, dass die

Wissenschaft dabei nicht völlig untergeht. Mehr als einmal ist das schon passiert. Weiter oben war die Rede von TBT-»verseuchten« Kinderjacken. Der TÜV Rheinland erlaubt hier 30 Mikrogramm alias 0,03 Milligramm pro Kilogramm Gewicht der Jacke (nicht als schadenbezogener, sondern ganz einfach als technisch einhaltbarer, in dieser Höhe aber auch fast unvermeidbarer Wert). In einer Jacke hatte *Öko-Test* aber 247 Mikrogramm entdeckt. Das klingt nach viel und insbesondere auch nach sehr viel mehr als 0,247 Milligramm, ist aber immer noch völlig ungefährlich. Ich habe einmal mit einem Lebensmittelchemiker über die so erzeugte Gefahr gesprochen – er meinte, um hier eine Wirkung zu erzielen, müsste das Kind die Jacke essen.

Neben unseren selbst ernannten Umweltschützern gibt es noch weitere starke Kräfte, die hart daran arbeiten, gewisse Grenzwerte möglichst klein zu halten und damit Angst und vielfach sogar Panik zu erzeugen. Das sind die Ärzte und die Pharmaindustrie. So hat etwa die Weltgesundheitsorganisation im Jahr 2009 entschieden, dass Blutdruckwerte höher als 140/90 als Indikator einer Krankheit und damit als behandlungsbedürftig einzustufen sind. Es sollte mich sehr wundern, wären nicht auch Vertreter der Pharmaindustrie an dieser Entscheidung beteiligt gewesen. Allein mit seinem Blutdrucksenker Diovan machte der Schweizer Pharmakonzern Novartis im Jahr 2010 einen Umsatz von mehr als fünf Milliarden Euro. Bei Grenzwerten von 145/95 wäre dieser

Umsatz vielleicht nur halb so groß gewesen. Und in der Tat galt früher für den oberen Wert die Faustregel 100 + Lebensalter, das heißt ich selbst beispielsweise hätte mit meinem aktuellen oberen Blutdruckwert nicht das geringste Problem.

Auf der anderen Seite lese ich aber schon von Bestrebungen, den unteren behandlungsbedürftigen Grenzwert auf 85 abzusenken. Das wird die Kassen bei Novartis noch gewaltiger zum Klingeln bringen und aus den aktuell geschätzten 30 Millionen Bluthochdruckpatienten in Deutschland vielleicht 40 Millionen machen.

In Deutschland sind die Deutsche Hochdruckliga und die Bundesvereinigung der deutschen Apothekerverbände für die Festlegung der Grenzwerte zuständig. In gemeinsamen Verhandlungen hat man sich vorerst der Weltgesundheitsorganisation angeschlossen. Wer aber schützt uns davor, dass die beiden Interessengruppen eines Tages beschließen, dass 2+2 dann doch besser 5 ergibt, und so mit einem Federstrich ihre Klientel vergrößern?

Die gleichen monetären Interessen erkenne ich auch bei der Diagnose der Zuckerkrankheit. Derzeit soll es in Deutschland zwischen fünf und 15 Millionen Diabeteskranke geben, je nachdem, wo man die Grenze zieht. Dabei gilt ein Diabetes mellitus als gesichert, wenn der Glukosegehalt im Blut einen Wert von 200 mg/dl übersteigt. Aber warum nicht 180 oder 220? Auch hier nimmt das Heer der Behandlungsbedürftigen mit jedem Anheben der Schwelle ab und mit jedem Absenken der Schwelle zu. In den USA etwa gilt man schon ab 125 mg/dl als zuckerkrank.

Der Kasseler Statistikprofessor Hilmar Drygas, selbst an Diabetes leidend, hält das alles gleichermaßen für Unfug und geht sogar so weit, diese Dysfunktion als Rechenaufgabe und nicht als eine Krankheit zu bezeichnen: Wenn man nur das Richtige und zu den richtigen Zeiten esse, so Drygas, könnte man – horribile dictu – auf die Wohltaten der Pharmaindustrie komplett verzichten.

Dann wieder gibt es Ärzte, die ängstigen uns wegen zu viel Cholesterin im Blut. Das gilt inzwischen als Risikofaktor Nr. 1 für Arterienverkalkung und Herz-Kreislauf-Erkrankungen aller Art. Die Deutsche Lipid-Liga, an der auch die Pharmaindustrie beteiligt ist, propagiert hier einen Grenzwert von 250 mg/dl. Aber auch hier kann man natürlich fragen: Warum nicht 230 oder 270? Und auch hier erhält man dieselbe Antwort: Weil bei 270 die Ärzte und die Pharmaindustrie weniger verdienen. Daher wage ich schon jetzt die Prognose, dass wir in einigen Jahren einen Grenzwert von 230 haben werden.

In den USA ist man bereits so weit; hier gilt ein Cholesteringehalt über 200 mg/dl als grenzwertig (»borderline high«), ab 230 und ganz sicher ab 240 ist man krank.

In der angelsächsischen Literatur wird diese Krankmacherei unter dem Namen »disease mongering« diskutiert. Das australischen Autorenduo Ray Moynihan (Journalist) und David Henry (Arzt) hat diesem Thema ein ganzes Buch gewidmet. Unter anderem schildern sie darin, wie aus trauernden Witwen Opfer von Depressionen und aus schüchternen

Menschen Sozialophobe werden, oder wie der amerikanische Pharmariese Merck, der gerade ein Haarwuchsmittel erfunden hatte, hart daran arbeitete, Haarverlust bei Männern als Krankheit durchzusetzen. Damit hätte man allein in Deutschland 20 Millionen Patienten mehr. Ein weiteres Beispiel: Ein anscheinend wohlgemeintes, in Wahrheit aber von einem Arzneimittelkonzern gesponsertes medizinisches Erziehungsprogramm klärt die Australier über das sogenannte Reizdarmsyndrom auf. Das äußert sich durch Krämpfe im Bauch, Völlegefühl oder Probleme beim Stuhlgang und verschwindet meist nach einiger Zeit von selbst (bzw. wenn man dem Patienten ein Placebo gibt).

Aber wozu ein Placebo, wenn man auch richtige Arzneimittel verkaufen kann?

Den seit Langem größten kommerziellen Erfolg mit dieser Angstmacherstrategie hatten die Pharmakonzerne GlaxoSmithKline, Novartis und Roche im Herbst 2009 mit ihrem Anti-Schweinegrippe-Impfstoff, den sie in großen Mengen in Europa und Amerika verkauften. Die an der Schweinegrippepanik entscheidend mitbeteiligte Weltgesundheitsorganisation weist zwar alle Vorwürfe zurück, die Pharmaindustrie hätte dabei ihre Hand im Spiel gehabt, aber der Leiter des Gesundheitsausschusses der Parlamentsversammlung im Europarat, der deutsche SPD-Abgeordnete Wolfgang Wodarg, glaubt nicht so recht daran: »Die Firmen warteten praktisch nur auf dieses Geschäft.«

Und dann gibt es natürlich immer wieder auch andere Personen oder Firmen abseits der Ärzte und der Pharmaindustrie, die auf einer Panikflamme ihre höchst privaten Süppchen kochen und ein großes monetäres Interesse daran haben, dass diese Panikflamme nicht erlischt. So etwa die Asbestsanierer. Vor allem in den 90er-Jahren haben die sich mit völlig überzogenen Antiasbestmaßnahmen mehr als nur eine goldene Nase verdient.

Der Eingreifwert für eine Asbestsanierung ist eine Belastung von 1000 Fasern pro Kubikmeter Luft (zum Vergleich: die sogenannte MAK-Liste hält eine Belastung von 250 000 Fasern pro Kubikmeter Luft für ungefährlich). Wenn wir einem Menschen, der dieser Belastung ein Jahrzehnt lang unterliegt, ein Risiko von 1 zuordnen, dann hätte Tod durch Blitzschlag den Risikowert 3, ein tödlicher Fahrradunfall 75, ein ebensolcher Fußgängerunfall 290, ein Flugzeugabsturz 730 und der Tod durch Lungenkrebs 8800. Das Krebsrisiko von Kindern, deren Eltern rauchen, ist durch Passivrauchen etwa hundertmal höher als die Krebsgefahr durch Asbest in einem Schulgebäude. Die durch die Medien ausgelöste Asbestpanik war eine der unsinnigsten Geldvernichtungsaktionen der Nachkriegsgeschichte in Deutschland, aber auch in anderen reichen Industrienationen, und die einzigen, denen die Asbestsanierung wirklich geholfen hat, waren die Asbestsanierer selbst.

Die Zeitschrift *Science* hat für die USA errechnet, dass dort höchstens ein Mensch von zehn Millionen jährlich durch erhöhte Asbestbelastung in den Schulen stirbt. Dagegen kommen unter zehn Millionen Schülern mehr als 300 jährlich als Fußgänger durch Verkehrsunfälle um. *Science* schließt daraus, dass die durch die Asbestsanierung der Schulgebäude erzwungenen Zwangsferien weit mehr Schülern das Leben gekostet haben, als durch Asbest auch unter schlimmsten Annahmen jemals zu befürchten gewesen wäre.

Literatur:

Jörg Blech: *Die Krankheitserfinder. Wie wir zu Patienten gemacht werden,* Frankfurt a. M. 2004 (Fischer)

S. Campbell und G. Currie: »Against Beck: In defence of risk analysis«, *Philosophy of Social Sciences* 36, 2006, S. 149–172

Herbert Cerutti: »Ausgehaucht«, *NZZ Folio* 9/1998

Diehl, J. F. (2003): »Von Delaney zu de minimis – die Illusion des Nullrisikos«, *Deutsche Lebensmittel-Rundschau* 99, S. 359–365

Deutsche Forschungsgemeinschaft, Senatskommission zur Prüfung gesundheitsschädlicher Arbeitsstoffe: *MAK- und BAT-Werte-Liste: maximale Arbeitsplatzkonzentrationen und biologische Arbeitsstofftoleranzwerte*, Weinheim 1992 (Wiley-VCH)

Hilmar Drygas: »Statistical analysis of Diabetes mellitus«, *Discussiones Mathematicae, Probability and Statistics* 29 (2009), S. 69–90

European Food Safety Authority (EFSA): »Uranium in foodstuffs, in particular mineral water«, *The EFSA-Journal* 1018 (2009), S. 1–59

Greenpeace: Die unsicheren Pestizidhöchstmengen der EU, Bericht von 2008

D. Maxeiner und M. Miersch: *Lexikon der Öko-Irrtümer*, 4. Auflage, Frankfurt 1998 (Eichborn)

R. Moynihan und D. Henry: *Selling Sickness: How the World's Biggest Pharmaceutical Companies Are Turning Us All into Patients*, New York 2005 (Nation Books)
Risikokommission: *Abschlussbericht*, Bonn 2003
Umweltbundesamt: *Rund um das Trinkwasser*, Bonn 2011

4 Die Prinzessin auf der Erbse – oder: Geht es uns vielleicht zu gut?

»Fischer klagen über sauberen See.«

Hannoversche Allgemeine Zeitung

»Es war einmal ein Prinz, der wollte eine Prinzessin heiraten, aber es sollte eine wirkliche Prinzessin sein.« So beginnt das Märchen »Die Prinzessin auf der Erbse« von Hans Christian Andersen.

»Da reiste er in der ganzen Welt herum, um eine solche zu finden, aber überall war da etwas im Wege. Prinzessinnen gab es genug, aber ob es wirkliche Prinzessinnen waren, konnte er nicht herausbringen, immer war etwas, was nicht in der Ordnung war. Da kam er wieder nach Hause und war ganz traurig, denn er wollte doch gern eine wirkliche Prinzessin haben.

Eines Abends zog ein furchtbares Wetter auf; es blitzte und donnerte, der Regen stürzte herunter, es war ganz entsetzlich. Da klopfte es an das Stadttor, und der alte König ging hin, aufzumachen.

Es war eine Prinzessin, die draußen vor dem Tore stand. Aber wie sah sie vom Regen und dem bösen Wetter aus! Das Wasser lief ihr von den Haaren und Kleidern herunter und lief in die Schnäbel der Schuhe hinein und aus den Hacken wieder heraus, und sie sagte, dass sie eine wirkliche Prinzessin sei.

›Ja, das werden wir schon erfahren!‹, dachte die

alte Königin, aber sie sagte nichts, ging in die Schlafkammer hinein, nahm alle Betten ab und legte eine Erbse auf den Boden der Bettstelle. Darauf nahm sie 20 Matratzen, legte sie auf die Erbse, und dann noch 20 Eiderdaunenbetten oben auf die Matratzen.

Da sollte nun die Prinzessin die ganze Nacht liegen.

Am Morgen wurde sie gefragt, wie sie geschlafen habe.

›O, schrecklich schlecht!‹, sagte die Prinzessin. ›Ich habe meine Augen die ganze Nacht nicht geschlossen! Gott weiß, was da im Bette gewesen ist. Ich habe auf etwas Hartem gelegen, sodass ich ganz braun und blau über meinem ganzen Körper bin! Es ist ganz entsetzlich!‹

Nun sahen sie wohl, dass es eine wirkliche Prinzessin war, da sie durch die 20 Matratzen und die 20 Eiderdaunenbetten die Erbse verspürt hatte. So empfindlich konnte niemand sein außer einer wirklichen Prinzessin.

Da nahm der Prinz sie zur Frau, denn nun wusste er, dass er eine wirkliche Prinzessin besitze, und die Erbse kam auf die Kunstkammer, wo sie noch zu sehen ist, wenn sie niemand genommen hat.«

In gewisser Weise sind wir alle Prinzessinnen. Wir, das sind die glücklichen Bewohner entwickelter, reicher Industrieländer des 21. Jahrhunderts. Wir leben im Durchschnitt länger als je zuvor, die heute geborenen deutschen Kinder können mit einer beträchtlichen Wahrscheinlichkeit damit rechnen, über 100

Jahre alt zu werden. Sauberes Trinkwasser für alle ist im Überfluss vorhanden, man benutzt es sogar, um Golfplätze damit zu wässern. Die großen Seuchen wie Typhus, Cholera und Pest sind lange besiegt, die meisten lebenden Mitteleuropäer haben seit ihrer Geburt keinen Krieg mehr erlebt, und selbst die von der Arbeitslosigkeit Betroffenen verfügen heute über einen Lebensstandard, der denjenigen ihrer Großeltern um ein Vielfaches übertrifft. Da kann man es sich schon einmal leisten, wegen einigen Billionstel Gramm Dioxin im Frühstücksei eine kleine Luxusbarrikade zu besteigen.

Zum ersten Mal seit Beginn der Menschheitsgeschichte muss man sich nicht mehr, wie noch Jahre nach dem Krieg in Deutschland, um das nackte Überleben sorgen. Noch vor 60 Jahren sind Hunderttausende von Menschen in Deutschland hungers gestorben; im sogenannten Hungerwinter 1947 zählte man allein im Ruhrgebiet über 20 000 Hungertote: »Zu essen gab es oft nur drei Scheiben Brot, eine Tasse Grieß, manchmal einen Klecks Butter. Egal ob Ost oder West, Nahrungsmittel waren überall knapp. Und es war keine Besserung in Sicht. Die Keller waren leer, geerntet wurde im Herbst, und der Ertrag war nur die Hälfte der Vorkriegsmenge. Der Bombenkrieg hatte Städte zerstört, Versorgungs- und Transportwege abgeschnitten. Millionen Menschen irrten durch die vier Besatzungszonen. Im Februar lag der Kälterekord in einigen Regionen bei minus 29 Grad. Die Menschen starben an Unterernährung und Kälte« *(Die Welt)*.

»In Hamburg hausten mehr als 50 000 Menschen

in Notquartieren, davon sehr viele noch in Nissenhütten, durch deren Ritzen und Fugen der Fertigbauteile der eiskalte Wind fast ungehindert zog«, berichten Alexander Häusser und Gordian Maugg in ihrem Buch *Hungerwinter.* »Beim Heizen bildete sich an den Wellblechverkleidungen, den einfachen Fenster- und Türverglasungen Kondenswasser, das über Wände und Möbel bis auf den Fußboden floss und bei Abkühlung alles mit Glatteis überzog. Dasselbe passierte in den Wohnungen, wenn die Wasserleitungen einfroren und platzten. Jede vierte Hauswasserleitung in Hamburg war eingefroren. Zu Beginn des Jahres 1947 gab es kaum noch Zuteilungen von Heizmaterial, alles war aufgebraucht.«

»Auf den Bettdecken bildete sich Eis«, berichtet ein Zeitzeuge. »Nur in der Küche war der Herd heiß. Die Kohlezuteilung war ja mehr als dürftig. Wir hatten einen Grudeofen, der war verbreitet damals, eine Art Blechschrank in Tischhöhe mit verschiedenen Einschüben: für das Glutbett zum Kochen, zum Warmhalten und zur Lagerung des Grudekokses. Er bestand aus Rückständen der Braunkohleverarbeitung, für die es sonst keine Verwertung gab, pulvriges Zeug, das langsam brannte und ruhig glimmte. Wir haben im Wald auch Stubben, also Baumwurzeln, geholt – die machten dreimal warm: beim Ausgraben, beim Zerkleinern und schließlich beim Heizen.«

»... wir haben uns Lappen um die Füße gemacht, damit's beim Gehen draußen nicht so wehtat.«

Und dazu der Hunger. »Ich erinnere mich, dass wir Insulin für die zu behandelnden Diabetiker brauchten; das stellte eine Firma aus den Bauchspeicheldrüsen von Schweinen her«, erinnert sich ein Arzt. »Doch das Präparat, das wir geliefert bekamen, zeigte keine Wirkung. Es stellte sich heraus, dass die Mitarbeiter der Herstellerfirma in ihrer Hungersnot die Bauchspeicheldrüsen aufgegessen hatten.«

Die Arbeiter hatten die Bauchspeicheldrüsen aufgegessen!

Damals aß man alles, was Kalorien hatte und sich schlucken ließ. Heute stapeln sich in unseren Buchhandlungen die Ratgeber zum Abnehmen. Ich habe einmal bei Amazon recherchiert – derzeit sind dort 16 187 deutschsprachige Bücher zum Thema Diät im Angebot: *Die einfachste Diät der Welt: Das Plus-Minus-Prinzip* (19,99 Euro), *Wenn jede Diät versagt: Wie ich 70 Kilo abgenommen habe* (17,90 Euro), *Die ultimative New York Diät* (19,90 Euro), *Schlank im Schlaf für Berufstätige* (14,99 Euro), *BRIGITTE Ideal-Diät* (16,90 Euro), *GLYX-DIÄT – Das Kochbuch* (12,90 Euro), *Fit und schlank durch Metabolic Power* (19,95 Euro), *Die Lauf-Diät: richtig essen – richtig laufen* (14,95 Euro), *Die neue Atkins-Diät: Abnehmen ohne Hunger* (11,00 Euro), *Der Diät-Coach: Intelligent abnehmen für Individualisten* (11,53 Euro), *Schlank ohne Diät dank EFT* (9,50 Euro), *Die 50:50-Diät: Dauerhaft schlank mit dem 2-Tages-Rhythmus* (9,95 Euro) und so weiter – eines der größten Bedrängnisse vieler Menschen heutzutage scheint zu sein, wie man es vermeidet, viel zu essen.

Andere Zeiten, andere Sorgen. Aber seltsam ist es schon. Da werden die deutschen Flüsse seit Jahrzehnten sauberer, die Felder und Wälder grüner, die Jungsenioren gesünder, beim Zahnarzt tut es nicht mehr halb so weh wie früher, die Schadstoffbelastung der Atemluft, die Keime im Trinkwasser, die Nebenwirkungen der Arzneimittel gehen Jahr für Jahr zurück, aber die Klagen über ebendiese Nebenwirkungen, über Umweltverschmutzung und Chemiebelästigungen nehmen eher zu. Als ich vor 50 Jahren mit meinen Brüdern im Rhein bei Mainz das Schwimmen lernte, waren wir vermutlich weit und breit die einzigen größeren Lebewesen im Wasser. Heute fängt man da wieder Lachse. »Sogar Flusskrebse lassen sich beobachten, wie sie am Rheinstrand entlanglaufen. Selbst einige Fischarten, die unbedingt auf sauberes und vor allem sauerstoffreiches Wasser angewiesen sind, wurden im Rhein inzwischen schon wieder gesichtet, so etwa die Barbe.« Und geradezu dramatisch ist die Renaissance der Elbe. Zur guten alten Zeit der DDR, nach der sich erschreckend viele Kommunismusopfer heute gern zurücksehnen, war das die Kloake Europas, mit Belastungen an Quecksilber, Ammonium, Chloriden und Phosphaten weit jenseits dessen, was damals im Westen schon als nicht mehr tolerierbar galt. Diese Belastung ist heute auf unter ein Zehntel der DDR-Mengen gesunken.

Seit der Wiedervereinigung ebenfalls noch weiter zurückgegangen ist die Luftverschmutzung. Die jährliche menschengemachte Emission von Luftschadstoffen aller Art hat sich in Deutschland seit 1990 mehr als halbiert; bei Kohlenmonoxid von elf Millionen auf unter vier Millionen Tonnen, bei Stickoxiden von fast drei auf eine Million Tonnen, bei Schwefeldioxid von über fünf auf weit unter eine Million Tonnen, bei Feinstaub von fast zwei Millionen auf weniger als 300 000 Tonnen und so weiter. Was auch immer an Schadstoffen unsere Amtsstatistiker in Wiesbaden messen – Ammoniak, Kohlendioxid, Methan oder flüchtige organische Verbindungen aller Art –, die Belastung geht seit Jahrzehnten in die gleiche Richtung, nämlich monoton zurück.

Ebenso die Belastung unserer Gewässer. Im Bodensee sind die Phosphatwerte – der wichtigste Gradmesser für die Wasserqualität – mit 8 Mikrogramm pro Liter heute so niedrig wie zuletzt vor 50 oder 60 Jahren. Noch in den 80er-Jahren drohte der See aufgrund eines weitgehend ungeregelten Zuflusses von Wasch- und Düngemitteln umzukippen. Heute ist er so sauber, dass die Wasseralgen nicht mehr genug Nährstoffe finden, weshalb auch die davon lebenden Millionen Kleintiere vom Wasserfloh bis zum Krebs verhungern, und somit auch die Fische im Bodensee – die werden aufgrund des sauberen Wassers immer weniger, die Bodenseefischer steigen auf die Barrikaden.

Und auch die Schadstoffbelastung von Blut, Urin und Muttermilch wird von Jahr zu Jahr geringer. Noch Heinrich Heine ist, wenn man den labortechnischen Analysen einer überlieferten Haarlocke vertrauen darf, an Bleivergiftung gestorben, vermutlich durch verseuchtes Trinkwasser, das drohte vor 150 Jahren vielen Menschen links und rechts des

Rheins. Noch in den 80er-Jahren des 20. Jahrhunderts enthielt ein Liter deutsches Durchschnittsblut mehr als 80 Mikrogramm Blei – heute sind es weniger als 30. Der PCB-Gehalt pro Liter Blut ist von 40 Mikrogramm auf unter 10, der Cadmiumgehalt im Urin von 1,5 Mikrogramm auf unter 0,3 Mikrogramm gesunken, und Dioxin und DDT sind in der Muttermilch mit weniger als der Hälfte der Mengen enthalten, die noch vor 30 Jahren nachgewiesen wurden.

Aber unsere subjektive Empfindlichkeit nimmt trotzdem eher zu.

Kürzlich hat eine deutsch-französische Expertenkommission einmal versucht, diese Besserung unserer Lebensumstände in nochmals andere Zahlen zu fassen, als Reaktion auf die immer wieder aufkommende Kritik, die üblichen Wohlstandsmaße wie Bruttosozialprodukt oder Volkseinkommen zielten am wahren Wohl der Menschen vorbei. Wie die Kommission feststellen musste, geht es jedoch auch abseits von Geld und Sozialprodukt den Menschen in Deutschland und Frankreich immer besser. In beiden Ländern nimmt die Lebenserwartung in jeder Dekade weiter zu, in Deutschland etwa von 65 Jahren für Männer und 69 Jahren für Frauen im Jahr 1950 auf 77 Jahre für Männer und 82 Jahre für Frauen im Jahr 2010; diese Zahlen werden nach Einschätzung des Statistischen Bundesamtes bis 2050 auf 84 und 88 Jahre steigen. Und auch ein damit verwandter Indikator, die verlorenen Lebensjahre, die seit einigen Jahren von der OECD erfasst werden, zeigt eine monotone Verbesserung an. Danach ist in

Deutschland die Differenz zwischen 70 und dem Alter des Todes von über 5000 pro Hunderttausend Verstorbene im Jahr 1990 auf rund 3000 im Jahr 2006 gesunken.

Ganz gleich, welches Maß man nimmt – es geht uns immer besser. Ein weiterer international sehr gut vergleichbarer, da perfekt messbarer Wert ist die Belastung durch Feinstaub, definiert als Partikel mit einem Durchmesser von weniger als 10 Mikrometern (1 Mikrometer = 0,001 mm). Diese Belastung wird zum Teil mehrmals täglich an mehreren Stellen in fast allen deutschen Städten gemessen und lag 1999 bei uns im Durchschnitt bei 30 Mikrogramm pro Kubikmeter Atemluft. Zehn Jahr später betrug die Belastung weniger als 20 Mikrogramm.

Wohin man blickt, worauf man hört – in den 200 000 Jahren, seit es die Spezies Homo sapiens als eigenständige Tierart gibt, ging es uns noch nie so gut. Aber der nackte Affe hat Angst wie nie zuvor, er sorgt sich um Kinkerlitzchen aller Art, er spürt der Erbse unter 20 Eiderdaunenbetten nach. Oder wie sonst ist es zu erklären, dass heute allenthalben »Umweltmediziner« tätig werden und offensichtlich auch ein gutes Auskommen damit haben, die solche Empfindlichkeiten zu kurieren trachten. »Seit 1996 können Patienten mit möglicherweise umweltbedingten Beschwerden den Umwelt-Mess- und Beratungsdienst der KVWL [Kassenärztlichen Vereinigung Westfalen-Lippe] in Anspruch nehmen«, lese ich in einer einschlägigen Broschüre. »Nach einer speziellen umweltbezogenen Anamnese entscheidet der Arzt, ob ein Ambientmonitoring in der häuslichen Umgebung des Patienten erforderlich ist. Unter den Patienten sind Frauen in den mittleren Lebensjahren und Kinder besonders häufig. Beschwerden betreffen vor allem die Atemwege und eine erhöhte Anfälligkeit für Infekte. Vielfältige Störungen des Befindens treten vorwiegend ab den mittleren Lebensjahren hinzu. In zwei von drei untersuchten Wohnungen finden sich Expositionen. Die häufigsten Belastungen sind Schimmelpilze, Formaldehyd und Biozide.«

In der Broschüre ist auch ein konkretes Fallbeispiel – Schadstoffbelastung in einem Fertighaus, Baujahr 1971 – nachzulesen: »Ein Ehepaar (Alter Mitte 70) bewohnt seit Erstellung des Objektes 1971 ein Fertighaus in Leichtbauweise. Das Gebäude besteht aus einem Holzständerwerk, Spanplattenwänden mit aufgesetzten GK-Platten und Fußböden wie Decken aus Spanplatten. Bei einer umweltmedizinischen Untersuchung wurde ein toxischer Leberschaden bei der Ehefrau festgestellt sowie Leberwerte beim Ehemann, die auf eine toxische Belastung hindeuten. Des Weiteren wurde über Augenreizungen, Hautjucken, Schluckbeschwerden und verstopfte Nase geklagt. Beim Ortstermin wurde im Gebäude sofort beim Eintritt ein starker muffig-schimmliger Geruch festgestellt, wie er häufig in derartigen Fertighäusern vorliegt. Die Hausstaubanalyse ergab nur leicht auffällige Werte an PCP (5 mg/kg), DDT (5 mg/kg) sowie Lindan (1 mg/kg). Die Raumluftmessung auf Formaldehyd ergab mit 0,08 ppm einen Wert, der unter der Empfehlung des BGA (0,1 ppm), aber über dem Zielwert der WHO (0,05 ppm) liegt. Bei vergleichbaren Geruchsbelastungen in Fertighäusern wurden zwar regelmäßig mikrobielle Schäden in der Dämmung der Außenwände festgestellt, jedoch ergaben die Ergebnisse von MVOC-Messungen zwar auffällig erhöhte Werte, die aber stets nicht so hoch lagen, wie es aufgrund des Geruchs zu erwarten war … Eine VOC-Luftmessung in diesem Gebäude ergab, dass eine hohe Belastung mit Chloranisolen vorlag. Es konnten die Verbindungen 2,4,6-Trichloranisol (TCA) mit 5 ng/m³, 2,3,4,6-Tetrachloranisol (TeCA) mit 525 ng/m³ und Pentachloranisol (PCA) mit 71 ng/m³ nachgewiesen werden. Im Vergleich zu den Geruchsschwellwerten lagen die Konzentrationen von zwei Verbindungen deutlich im wahrnehmbaren Bereich.«

Und so weiter. Ich will die Belästigungen, denen das Ehepaar ausgesetzt war, auch gar nicht leugnen. Und höchstwahrscheinlich sind viele davon überhaupt erst durch den technischen Fortschritt der letzten Jahrzehnte entstanden. Aber manchmal drängt sich doch die Frage auf: Geht es uns vielleicht zu gut? …

Noch im 21. Jahrhundert gib es Länder, da werden neun von 100 Kindern keine fünf Jahre alt. Nach Angaben der Weltgesundheitsorganisation gehen in den 23 ärmsten Ländern der Erde immer noch zehn Prozent aller Todesfälle auf verseuchtes Wasser sowie verschmutzte Luft durch Herdfeuer im Haus zurück. Verglichen damit ist die aktuelle Empfindsamkeit gegen alles und jedes, die wir derzeit in Deutschland und in anderen entwickelten Industrienationen zelebrieren, ein reiner Luxus, den wir uns nur deshalb leisten können, weil wir uns um sauberes Trinkwasser, ein Dach über dem Kopf, eine im Winter geheizte Wohnung und eine Möglichkeit zum ungefährlichen Kochen unseres Essens nicht mehr sorgen müssen; die meisten der in unseren Medien zelebrierten Mini- und Midi-Gefahren wären unseren Vorfahren wie Verheißungen erschienen und sind es für große Teile der Weltbevölkerung heute immer noch.

Von diesen eingebildeten Umweltkranken zu unterscheiden sind Menschen mit einer Allergie. Allergien sind »echte« Krankheiten in dem Sinn, dass chemisch-physikalische Auslöser als Ursachen gefunden werden können. Aber trotzdem gehören auch sie in dieses Kapitel über die Prinzessin auf der Erbse. Denn Allergien sind ganz klar ein Wohlstandsphänomen – sie sind in reichen Ländern häufiger als in armen, und auch in einem gegebenen Land nimmt die Häufigkeit von Allergien mit dem Einkommen der Patienten zu. Damit gehören Allergien zu den wenigen Krankheiten, vor denen Armut schützt. Nach einer neueren im *Journal of Respiratory and Critical Care Medicine* abgedruckten Studie etwa ist das Asthmarisiko für Kinder in den reichsten Ländern viermal so hoch wie für Kinder in den ärmsten. Und in Deutschland fällt Neurodermitis vor allem Menschen an, deren Einkommen über dem Landesdurchschnitt liegt.

Es ist also kein Zufall, dass erst vor rund 100 Jahren, mit zunehmendem Wohlstand in Europa, Allergien in der medizinischen Fachliteratur als Krankheit aufgetreten sind. Das Wort ist griechisch und heißt »Fremdreaktion«; gemeint ist eine übertriebene Abwehr unseres Immunsystems auf bestimmte Umweltstoffe oder Nahrungsmittel wie Katzenhaare, Pollen, Hausstaub, Gänsefedern, Motten, Milben, Schimmelpilze, Tomaten, Knoblauch, Haselnüsse, Sardellen, Austern, Tintenfische usw. Die Liste der derzeit offiziell bekannten Allergene ist mehrere Hundert Einträge lang und wird jährlich umfangreicher.

Normalerweise hat unser Organismus gegen alle diese Störenfriede seine Antikörper. Und das scheint auch über den größten Teil der Menschheitsgeschichte sehr gut funktioniert zu haben. Dann, im Jahr 1906, hat der Wiener Kinderarzt Clemens von Pirquet als Erster erkannt, dass Antikörper nicht nur schützen, sondern auch Überempfindlichkeit erzeugen können. Damit sie das aber können, muss unser Körper überhaupt erst mal empfindlich werden – Prinzessin auf der Erbse –, und das wird er, indem man ihn vor allen möglichen Attacken schützt, denen unsere Vorfahren vom ersten Tag ihres Lebens an fast ständig ausgesetzt gewesen sind. Nicht ohne Grund sind Allergien bei Kindern, die auf dem Land aufwachsen, weit weniger verbreitet als bei Stadtkindern. Und immer häufiger hört man heute auch schon Ärzte sagen, dass man es mit der Hygiene nicht so hundertprozentig genau nehmen solle, das könnte auch Nebenwirkungen haben. Ich kenne eine sehr nette Familie, die hat ihre Kinder konsequent vor Keimen und Bakterien geschützt; die Mutter lief immer mit einer Sagrotansprühdose ihren Kleinen hinterher. Die beiden waren die Einzigen in meinem ganzen Bekanntenkreis, die jemals Typhus hatten.

Aber zurück zu den Klagen über Kleinigkeiten. Dieses Jammern auf hohem Niveau erscheint auf den ersten Blick verrückt und irrational, ist es aber nur zum Teil. Eine Teilerklärung dafür haben vor mehr als 150 Jahren der Arzt Ernst Heinrich Weber und der Physiker Gustav Theodor Fechner bereitgestellt (das berühmte Weber-Fechner'sche Gesetz). Und zwar hatte Weber festgestellt, dass unsere Sinne *Veränderungen* in allen möglichen Reizen erst dann registrieren, wenn diese eine vom Niveau des Reizes abhängige Schwelle überschreiten: Je kleiner der vorhandene Reiz, desto geringer die Schwelle, je größer der vorhandene Reiz, desto höher die Schwelle. Der nötige Reiz, um eine Veränderung zu bemerken, ist dabei proportional zur Stärke des vorhandenen Reizes. Beim Tastsinn, so fand Weber heraus, beträgt der erforderliche Unterschied etwa 3 Prozent des Drucks, beim Helligkeitssehen etwa 1 bis 2 Prozent der Lichtstärke, und beim Geschmack muss die Konzentration um rund 15 Prozent steigen, damit wir den Unterschied bemerken.

Und das Ganze gilt auch umgekehrt. Ein gegebener Reizunterschied ist umso eher wahrnehmbar, je niedriger der Ausgangsreiz. Für Angst und Risiko bedeutet das: Je sicherer das Leben, je sorgloser die Existenz, desto mehr stört uns die Erbse unter der 20. Matratze.

»Jeder 100. Deutsche hat kein eigenes Klo.« Mit dieser Schlagzeile vom Februar 2011 lenkt die *Bild*-Zeitung unsere Aufmerksamkeit auf einen – ihrer Meinung nach – auf mehrfache Weise zum Himmel stinkenden Skandal. Als Student habe ich in einem Altbau gewohnt, alle Parteien meiner Etage teilten sich ein Klo, und keiner fand etwas dabei. Und noch heute haben über eine Milliarde Menschen weltweit überhaupt kein Klo, geschweige ein WC.

Diese gestiegene Empfindlichkeit erklärt auch, warum im reichen Deutschland die »offizielle« Armut nicht verschwinden will, ja ganz im Gegenteil sogar noch steigt: Sie ist in den Augen unserer Armutslobby nicht nur »ungeheuerlich«, »dramatisch«, »bitter«, »drückend«, »skandalös«, »beschämend«, sie nimmt auch noch ständig zu: »In der Bundesrepublik Deutschland gibt es wieder bittere private Armut« (Heiner Geißler). »Immer mehr Menschen [geraten] in existenzielle Not« (Große Anfrage der SPD). »Von Jahr zu Jahr schwillt das Heer der Menschen an, die sich auf den Sozialämtern der Städte drängen« *(Der Spiegel)*, »Armut breitet sich aus« *(Berliner Zeitung)*, »Armut in Deutschland nimmt zu« *(Süddeutsche Zeitung)* usw. Das klingt beängstigend und macht auch vielen Menschen Angst.

Aber in Wahrheit sind diese Armutsquoten nur ein Kunstprodukt unser gestiegenen Ansprüche. Dieser Tage lese ich in der *Süddeutschen Zeitung*: »Arme Kinder sind zu dick.« Früher waren arme Kinder zu dünn. Nach den Maßstäben der Vereinten Nationen etwa gilt als arm, wer weniger als einen Dollar täglich zum Überleben zur Verfügung hat. Nach dieser

Definition ist in Deutschland niemand, weltweit aber jeder fünfte Mensch auf dieser Erde arm. In ihrem letzten Armuts- und Reichtumsbericht definiert die Bundesregierung dagegen als arm, wer weniger als 60 Prozent des durchschnittlichen Einkommens in Deutschland zur Verfügung hat. Mit anderen Worten: Je reicher wir im Durchschnitt werden, desto eher ist man mit einem gegebenen Einkommen auf einmal arm. Und selbst bei einer Verdopplung oder Verzehnfachung aller Einkommen bliebe der Anteil derer, die weniger verdienen als 60 Prozent des Durchschnitts, immer gleich. So wie der Teil eines Schiffs in einer Schleuse, der unter der Wasseroberfläche liegt, immer unverändert bleibt, ganz gleich wie hoch das Wasser in der Schleuse steigt, genauso bleibt auch die so gemessene »Armut« bei noch so hohem Wohlstand stets dieselbe, sie geht nicht zurück.

Vor allem also weil das allgemeine Bedrohungs- und Gefahrenniveau derart gesunken ist, dass selbst kleinste Änderungen dieses Niveaus auf einmal fühlbar werden, überschreiten heute auch kleinste Petitessen unsere Aufmerksamkeitsschwelle, über die man bis vor wenigen Jahrzehnten nur den Kopf geschüttelt hätte. Erinnern Sie sich noch an den gefährlichen Föhn aus Kapitel 1? »Gerade mal drei Sekunden föhnte eine Testperson beim Vergleich von 16 Haartrocknern ihre Haare mit dem Elta Germany HAT 352, als dieser mit einem lauten Knall durchschmorte.«

Diese Meldung im Jahr 1948? Undenkbar.

»Das innere Schutzgitter an der Rückseite verformte sich leicht, Finger können so in den rotierenden Ventilator gelangen.«

Wer sich über solche Gefahren Gedanken machen kann, hat offenbar das Schlimmste überstanden.

Noch in den 60er-Jahren wäre in der *FAZ* ein Artikel wie der folgende Vierspalter von 2008 mit der Schlagzeile »Wenn der Toaster Flammen schlägt« nur schwer vorzustellen gewesen. Gegenstand der Meldung waren auch hier gefährliche Elektrogeräte: »Explodierende Schutzschalter, brennende Mehrfachstecker und Diskokugeln, die unter Strom stehen: Plagiate und Billigprodukte können bei Elektroartikeln ein lebensgefährliches Risiko darstellen.«

Das können sie in der Tat. Aber auch eine höchst professionell verlegte Steckdose kann nicht verhindern, dass ein Kind zwei Finger in sie steckt.

»Doch die Liste möglicherweise gefährlicher Produkte ist deutlich länger«, fährt die *FAZ* fort: »Halogen-Lampen, bei denen Schutzglas platzt; Lichterketten ohne Feuchtigkeitsschutz; Handtrockner, die bei Sonneneinstrahlung auf den Sensor anfangen zu laufen; Adapterstecker, die Schutzkontakte in der Steckdose verbiegen, dass diese nicht mehr funktionieren. Vor allem im Internethandel stolpert der Verbraucher immer häufiger über solche Produkte.« Und »immer öfter tauchen auch in der Elektroinstallation gefährliche Billigprodukte auf«.

Da ist man ja tatsächlich froh, dass man überhaupt noch lebt!

Auch die Anbieter von Sicherheitstechnik aller

Art profitieren ganz enorm von dieser abgesenkten Reizschwelle für Risiko. Die rund 3700 Wach- und Sicherheitsunternehmen in Deutschland etwa erwirtschafteten im Jahr 2009 einen Umsatz von rund 4,4 Milliarden Euro. Und wenn sich alle zwei Jahre jeweils mehr als 1000 Firmen in Essen zur Messe »Security«, der weltweit größten ihrer Art, versammeln und dort ganz offenbar auch gute Geschäfte machen, so ist das zum Teil auch eine Folge von eingebildeten Gefahren. Für 35 Euro Eintritt konnte man sich auf der vorläufig letzten »Security« darüber informieren, wie man seinen Privatgarten »unauffällig zu einer Hochsicherheitszone umrüsten kann« (aus der Pressemitteilung der Veranstalter). Das funktioniert durch ein in einer Gartenleuchte verstecktes Sicherheitssystem: »Da es mit elektromagnetischen Wellen arbeitet, wird auch bei Dunkelheit oder schlechter Witterung jeder Eindringling entdeckt.«

Auch Videoüberwachungsanlagen haben Hochkonjunktur. »Die Kameras nehmen auf, wer klingelt oder wer sich sonst vor der Schwelle bewegt, und speichern die Bilder in einem internen oder in einem angeschlossenen Speicher … Tote Winkel, in denen sich jemand verstecken könnte, werden über Fischaugen-Objektive verhindert, deren Bilder werden dabei sofort in für die normalen Sehgewohnheiten des Betrachters angenehme Panoramabilder entzerrt.« Es gibt sogar schon Videokameras, »die die Einbruchüberwachung gleich mit übernehmen, entweder indem sie einen zusätzlichen Einbruchmelder integriert haben … oder per Funk die Signale anderer Melder empfangen. Auch der weitere Weg bleibt kabelfrei, denn die Kamera sendet Alarmmeldungen und Bilder per Mobilfunk an Notrufzentralen oder andere Empfänger.«

Natürlich gibt es zahlreiche Sicherheitstechniken – Feuerlöscher, Rauchmelder, Sicherheitsschlösser usw. –, deren Nutzen klar zutage liegt. Aber nur damit kann man die mehr als zehn Milliarden Euro Umsatz, die die deutsche Sicherheitsindustrie allein im Jahr 2009 erzielte, nicht bestreiten. Deren Produktion wächst weit schneller als die Kriminalität, wir reagieren heute allergisch auf viele Risiken, die uns zu anderen Zeiten gleichgültig gelassen hätten.

Natürlich ist es ganz normal, dass man vorsorgt, damit nichts geschieht. Man installiert einen Blitzableiter, und kein Blitz schlägt ein. Man leistet sich eine teure Alarmanlage, aber kein Einbrecher schleicht ins Haus usw. Auch hier sind die Ausgaben in gewisser Weise zum Fenster hinausgeworfen, aber sie sind als Kosten einer Versicherung zu betrachten. Irrational wird das Ganze erst, wenn die Kosten dieser Versicherung in keinem Verhältnis mehr zum möglichen Schaden stehen. Und das ist bei sehr vielen Reaktionen auf Panikattacken leider der Fall.

Während eines Sommerurlaubs in Italien hatten meine Frau und ich unser Auto in Pisa in der Nähe des Schiefen Turms geparkt. Ein Parkwächter erschien – zumindest hielten wir den Mann dafür – und drückte uns für zwei Euro einen Zettel in die Hand. Wie wir später sahen, war das eine Kaskoversicherung für den Fall, dass der Schiefe Turm auf unser Auto fällt.

Dem Mann seien die zwei Euros gegönnt. Aber wenn ganze Volkswirtschaften beginnen, gegen Trivialrisiken teuer vorzubeugen, dann haben wir ein Problem.

Die beste Zusammenfassung dieses Kapitels ist ein Text, im *Stern* 1/2004 abgedruckt und vielen Lesern sicher aus dem Internet bekannt, wo er ohne Angabe des Verfassers auf Dutzenden von Seiten nachzulesen ist. Es ist eine Hommage an alle Menschen hierzulande mit einem Geburtstag vor 1978. Nachgeborene müssen nicht weiterlesen:

»Wenn du als Kind in den 50er-, 60er- oder 70er-Jahren lebtest, ist es zurückblickend kaum zu glauben, dass wir so lange überleben konnten! Als Kinder saßen wir in Autos ohne Sicherheitsgurte und ohne Airbags. Unsere Bettchen waren angemalt in strahlenden Farben voller Blei und Cadmium. Die Fläschchen aus der Apotheke konnten wir ohne Schwierigkeiten öffnen, genauso wie die Flasche mit Bleichmittel. Türen und Schränke waren eine ständige Bedrohung für unsere Fingerchen. Auf dem Fahrrad trugen wir nie einen Helm. Wir tranken Wasser aus Wasserhähnen und nicht aus Flaschen. Wir bauten Wagen aus Seifenkisten und entdeckten während der ersten Fahrt den Hang hinunter, dass wir die Bremsen vergessen hatten. Damit kamen wir nach einigen Unfällen klar. Wir verließen morgens das Haus zum Spielen. Wir blieben den ganzen Tag weg und mussten erst zu Hause sein, wenn die Straßenlaternen angingen. Niemand wusste, wo wir waren, und wir hatten nicht mal ein Handy dabei.

Wir haben uns geschnitten, brachen Knochen und Zähne, und niemand wurde deswegen verklagt. Es waren eben Unfälle. Niemand hatte Schuld außer wir selbst. Keiner fragte nach ›Aufsichtspflicht‹. Kannst du dich noch an ›Unfälle‹ erinnern? Wir kämpften und schlugen einander manchmal bunt und blau. Damit mussten wir leben, denn es interessierte den Erwachsenen nicht. Wir aßen Kekse, Brot mit dick Butter, tranken sehr viel und wurden trotzdem nicht zu dick. Wir tranken mit unseren Freunden aus einer Flasche und niemand starb an den Folgen… Wir dachten uns Spiele aus mit Holzstöcken und Tennisbällen. Außerdem aßen wir Würmer. Und die Prophezeiungen trafen nicht ein: Die Würmer lebten nicht in unseren Magen für immer weiter, und mit den Stöcken stachen wir nicht besonders viele Augen aus. Beim Straßenfußball durfte nur mitmachen, wer gut war. Wer nicht gut war, musste lernen, mit Enttäuschungen klarzukommen. Manche Schüler waren nicht so schlau wie andere. Sie rasselten durch Prüfungen und wiederholten Klassen. Das führte nicht zu emotionalen Elternabenden oder gar zur Änderung der Leistungsbewertung.

Unsere Taten hatten manchmal Konsequenzen. Das war klar, und keiner konnte sich verstecken. Wenn einer von uns gegen das Gesetz verstoßen hat, war klar, dass die Eltern ihn nicht aus dem Schlamassel heraushauen. Im Gegenteil: Sie waren der gleichen Meinung wie die Polizei! So etwas!

Unsere Generation hat eine Fülle von innovativen

Problemlösern und Erfindern mit Risikobereitschaft hervorgebracht. Wir hatten Freiheit, Misserfolg, Erfolg und Verantwortung. Mit alldem wussten wir umzugehen.

Und du gehörst auch dazu.

Herzlichen Glückwunsch!«

Literatur:

A. Häusser und G. Maugg: *Hungerwinter: Deutschlands humanitäre Katastrophe 1946/47*, Berlin 2008 (Propyläen)

Kassenärztliche Vereinigung Westfalen-Lippe: *Leitfaden Umweltmedizin* (2007)

W. Krämer: *Armut in der Bundesrepublik – Zur Theorie und Praxis eines überforderten Begriffs*, Frankfurt 2000 (Campus)

B. Lomborg: *Apokalypse No!*, Lüneburg 2002 (zu Klampen! Verlag)

D. Maxeiner und M. Miersch: *Lexikon der Öko-Irrtümer*, Frankfurt a. M. 1998 (Eichborn)

Sachverständigenrat zur Begutachtung der gesamtwirtschaftlichen Entwicklung/Conseil d'Analyse économique: *Monitoring economic performance, quality of life and sustainability*, Wiesbaden 2011

E. Showalter: *Hysterien. Hysterische Epidemien im Zeitalter der Medien*, Berlin 1997

St. Widmann: »Der Rhein ist wieder fischreich geworden«, *Mainz: Vierteljahreshefte für Kultur, Politik, Wirtschaft, Geschichte*, Heft 3/1996, S. 11–13

5 Warum haben wir vor gewissen Gefahren Angst, vor anderen dagegen nicht?

Die 500 000-Euro-Frage bei Günther Jauch: Was ist eine Naturfaser? A: Trevira, B: Dralon, C: Lycra, D: Asbest.
Wie aus der Pistole geschossen antwortet der Kandidat: »D kann ich ausschließen, das ist schädlich, also muss es künstlich sein.«
D ist richtig, die Antwort kostete den Kandidaten 375 000 Euro

Angst ist etwas Wunderbares. Ohne sie wären wir Menschen lange ausgestorben. Rund 7000 Generationen der Spezies Homo sapiens hat die Erde bisher gesehen, von unser aller Urmutter in den Steppen Ostafrikas bis zu Bill Gates. Und ganz sicher waren auch Vorfahren dabei, die hatten keine Angst. Sie blieben, wenn der Säbelzahntiger nahte, einfach stehen. Und wurden aufgefressen. Damit haben sich ihre Gene nicht vermehrt, die Eigenschaft, keine Angst zu haben, pflanzte sich nicht fort.

Ein guter Teil der modernen, so leicht ausnutzbaren und immer wieder ausgenutzten Angstbereitschaft ist also nur ein Ausfluss der Tatsache, dass wir im Grunde immer noch – wie das Desmond Morris in seinem Weltbesteller so anschaulich beschreibt – nichts anderes als nackte Affen sind. Carl Sagan, der berühmte Astrophysiker, hat das einmal sehr schön auf den Punkt gebracht: Ein Nobelpreisträger sitzt an seinem Schreibtisch im Büro, da tritt sein

Vater durch die Tür. Und dann, so wie man sich nun mal die Klinke in die Hand gibt, der Vater des Vaters. Und dann der Vater des Vaters des Vaters usw. Nach einer Woche kommt der erste Vierfüßler herein. Und diese Vierfüßler, und die aus ihnen hervorgegangenen ersten Menschen, hatten Angst nicht ohne Grund.

Evolutionsgeschichtlich gehen die Angst und die daraus geborene Vorsicht sogar noch weiter zurück; die Angst ist im ältesten Teil unseres Gehirns, im Reptiliengehirn, zu Hause, erst sehr viel später sind daraus die anderen Abteilungen unserer Denkfabrik entstanden. Diese Gehirnvorläufer bei den Tieren sind auf Vorsicht und auf die Möglichkeit programmiert, immer das Schlimmste anzunehmen – wenn nicht, stirbt die Tierart aus (und sehr viele Tierarten wie der Riesenvogel Moa auf Neuseeland sind ja auch wegen ihres Mangels an Vorsicht ausgestorben; als die ersten Menschen kamen, ließen sie sich einer nach dem anderen von Hand fangen und verspeisen).

»Wo die Angst im Leibe steckt, da ist auch Gefahr allethalben«, schreibt Jeremias Gotthelf in *Zeitgeist und Bernergeist*. Das Gefühl der Angst ist also ein normales Warnsignal. »Es entspricht dem Gebot der Klugheit, vorbeugend über drohende Gefahren nachzudenken, ihre Abwendung zu planen und praktische Maßnahmen dagegen zu ergreifen«, ergänzt der Schweizer Wissenschaftsjournalist Robert Nef. Angst und Furcht entwickeln, mit den bekannten Reaktionen wie weglaufen, sich bewaffnen, Hilfe organisieren usw., ist mehr als nützlich, es ist überlebenswichtig.

Auch der Ekel, der viele Menschen beim Geruch oder beim Anblick gewisser Dinge wie Schlangen, Spinnen, Maden, Blut, Eiter, Gestank oder Schimmel überkommt, ist nur ein – wenn auch übertriebener und zuweilen krankhaft überhöhter – genetisch programmierter Schutz; so meiden wir verdorbene Lebensmittel, gefährliche Tiere oder Umweltgifte. Auch hier mag es Vorfahren gegeben haben, denen das alles gleichgültig war; sie haben aber gleichfalls kaum Nachkommen hinterlassen. So gesehen sind also die Alarmisten in den Redaktionen unserer Ökozeitschriften nur wohlerzogene Schimpansen, die genau das tun, was die Evolution als lebensrettend in unserem Verhalten fest verdrahtet hat.

Und über 6990 Generationen war das auch das Beste, was die Menschen tun konnten. Dann aber wurde das Wunder der Elektrizität entschlüsselt, die Materie in ihre Bausteine zerlegt, das Telefon, der Funk, das Fernsehen, das Internet erfunden, es gab auf einmal Düngemittel, Fertigpizza, Tiefkühlmarmelade, die Pharmaindustrie entstand, Atome wurden gespalten und Menschen auf den Mond geschickt. Und all die nützlichen Regeln, die uns so lange am Leben erhalten haben, sind auf einmal falsch.

Eine Gruppe Cromagnonmenschen am Fuß der Alpen konnte es sich nicht leisten, lange über Gift in Beeren oder Früchten nachzudenken. War Gift drin, das heißt wurde es einem in der Gruppe schlecht oder starb man gar daran, war dieses Nahrungsmittel ab sofort tabu. So nistete sich in unseren Genen eine Urangst vor dem Vergiftetwerden ein. Und auch schlechtes Trinkwasser rührte man nicht an. Wenn es faulig roch oder tote Fische darin herumschwammen, ging man woanders hin. Auch hier hat es sicher Vertreter der Spezies gegeben, denen das egal war, aber die haben – so wie der Säbelzahnbezwinger – nicht lange überlebt. Und so wurde in unseren Genen die Botschaft fest verdrahtet: Wenn irgendwo etwas Giftiges drin ist, Hände weg. Das sagen eine halbe Million Jahre menschlicher Erfahrung, das sagt unser Bauch.

Der aber wurde – zumindest offiziell – spätestens im Zeitalter der Aufklärung durch unsere grauen Gehirnzellen, durch den Geist als Kommandozentrale abgelöst. Nicht umsonst ist diesem Buch ein Zitat des größten Vertreters dieser Zeitenwende, des deutschen Philosophen Immanuel Kant, vorangestellt. Denn der Bauch als Entscheider war nur so lange nützlich, wie Gifte erst dann zutage traten, wenn sie in einer Schaden stiftenden Menge vorhanden waren. Sobald aber Schadstoffe auch in kleinen und kleinsten Mini-Dosen aufgefunden werden, ist dieses Verhalten kontraproduktiv und selbst wieder tödlich – im Prinzip dürften die Anhänger einer Null-Schadstoff-Ideologie heute überhaupt nichts essen und wären dann genauso tot.

Das ist eine der vielen Sackgassen der Evolution. Eine weitere hat dazu geführt, dass wir zunächst reagieren und dann erst denken. Als unsere Vorfahren jagend und sammelnd in kleinen Gruppen durch die Savanne streiften, und ein Tiger zeigte sich am Horizont, da sprang man sofort auf den nächsten

Baum. Und überlegte nicht lange, könnte das vielleicht nicht auch ein zahmes Zebra sein? Den Luxus, erst mal Fakten zu sammeln, Beobachtungen anzustellen und Theorien zu testen, konnten die Jäger und Sammler prähistorischer Zeiten sich nicht leisten; wer da erst lange überlegte, »lohnt es sich überhaupt, auf den Baum zu klettern?«, der tat dies nicht allzu oft. Und so sagt unser Bauch bis heute auch bei kleinsten Zeichen von Gefahr: Pass auf, hab Angst. In solchen Gefahrensituationen erst den Verstand zu nutzen, ist in unserer Erbmasse nicht vorgesehen.

Auch die verbreitete Überschätzung von künstlichen verglichen mit natürlichen Risiken ist ein Ausdruck dieses Bauchgefühls. Künstliche Risiken sind Menschenwerk, und wer sich gegen andere Menschen durchsetzen und seine Sippe am Leben erhalten will, hat vor Feinden auf der Hut zu sein – giftigen Pflanzen, fleischfressenden Tieren, vor allem aber anderen Menschen. Nicht umsonst ließen die Potentaten des alten Orients vorschmecken, was sie aßen. Der Ausbruch des Vesuv oder die Sintflut dagegen waren Schicksal, sie trafen Jung und Alt, Arm und Reich, Männer und Frauen gleichermaßen, sich dagegen vorzusehen oder davor Angst zu haben brachte keinen Überlebensvorteil und wurde nicht durch die Evolution belohnt; also ist auch die Angst davor in unseren Genen nicht vererbt.

Und dann sorgen natürlich auch die Medien dafür, dass uns künstliche Risiken mehr bedrücken als natürliche. Medien leben von Menschen, von Schicksalen, von Glückspilzen und vor allem auch von Sündenböcken. Sie zeigen gerne mit dem Finger: Der da war es, der ist schuld. Nur so trifft man den Aufmerksamkeitsnerv des Publikums. Bei zufälligen Missgeschicken fällt das schwer. Deswegen suchen die Medien gern nach Verantwortlichen, nach Sündenböcken, und die Natur ist nun mal ein ganz schlechter Sündenbock.

In den USA hat man mal einen Journalisten gefragt, warum seine Zeitung so ausführlich über gefährliche Müllkippen berichtet habe, aber das weit gefährlichere Radon, ein radioaktives Edelgas in den Kellern vieler Häuser in der gleichen Gegend, weitgehend ignoriere. Seine Antwort: »Weil eine Müllkippe gute Bilder liefert. Und weil irgendjemand dafür verantwortlich ist.«

Gute Bilder. Und jemand, der verantwortlich ist. So ticken nicht nur Journalisten, so tickt auch unser Bauch. Denn auch dieses Verhalten ist vielleicht durch die Evolution auf uns gekommen: Unsere Vorfahren konnten nur schlecht mit der Ungewissheit leben, wer denn eigentlich für das plötzliche Sterben aller Kühe oder für drei Missernten in Folge verantwortlich war. Eine Gemeinschaft, die darüber lange grübelte und sich in Zweifeln auflöste, war nicht überlebensfähig. War dagegen jemand zur Hand, und sei es nur der sprichwörtliche Sündenbock, der den Göttern ersatzweise als Abbitte geliefert werden konnte, konnte mit Elan die nächste Stufe der Menschheitsentwicklung in Angriff genommen werden. So gesehen sind auch die unsäglichen Hexenprozesse des Mittelalters möglicherweise nur ein Ausfluss unseres genetischen Programms.

Darüber will ich hier nicht weiter spekulieren; fest

steht, dass – aus welchen Gründen auch immer – jedes von Menschen verursachte Ungemach bei denen, die darüber zu berichten haben, mehr Sendeenergie freisetzt als natürliche Katastrophen. Und so setzt sich dann bei den Empfängern dieser Botschaften fast zwangsläufig der Eindruck fest, dass menschengemachte Gefahren die natürlichen bei Weitem übersteigen.

Ein nächster, wohl ebenfalls genetisch programmierter Faktor, der unsere Einschätzung von Risiken enorm verzerrt, ist in der Frage begründet, ob wir diese gezwungenermaßen oder freiwillig auf uns nehmen. Freiwillige Risiken werden nämlich nicht nur eher akzeptiert, sondern auch in ihrem Ausmaß fast schon grotesk unterschätzt – um einen Faktor bis zu 1000, wie man in Experimenten herausgefunden hat. Sowohl der Schaden selbst als auch die Wahrscheinlichkeit des Schadens erscheinen den meisten Menschen weitaus kleiner, als sie wirklich sind. »Wenn man anderen die Gefahren zumuten könnte, die man für sich selbst als Risiko akzeptiert, würde das Proteststürme auslösen. Wenn noch gälte: ›Liebe deinen Nächsten wie dich selbst‹, könnte dieser sich auf allerhand gefasst machen«, kommentierte der Soziologe Niklas Luhmann diese irrationale Einstellung zu freiwillig akzeptierten Gefahren aller Art.

Warum zum Beispiel fürchtet sich in Deutschland kaum jemand vor Hepatitis B? »Der Hauptauslöser von Leberkrebs wird nicht ernst genommen«, schreibt die Zeitschrift *Verbrauchernews*. Die Hepatitis B sei die häufigste Infektionskrankheit der Leber und Hauptursache für den Leberkrebs. Jedes Jahr infizieren sich über 50 000 Menschen in Deutschland, ein Viertel davon Jugendliche und junge Erwachsene, 2000 von ihnen sterben an der Infektion. Aber weil diese Infektion vor allem beim Sport und beim Geschlechtsverkehr, auch beim Piercing und Tätowieren übertragen wird, erntet dieses Risiko kaum mehr als nur ein Achselzucken.

Weitere Risiken des beliebten Piercings sind Blutergüsse, Allergien, Nervenschäden, Knorpeldefekte, Zungenlähmung, Entzündungen des Milchkanals (beim Brustwarzenpiercing), Sehschwäche (weil sich bei billigen Stücken giftige Metalle absondern, die in die Augen wandern) oder Virusinfektionen wie Hepatitis B, aber auch Aids.

Auch für eine modische Frisur nehmen viele Menschen gern Risiken in Kauf, die sie, wenn von außen auferlegt, sofort auf die Barrikaden gehen ließen. Nach einer im *International Journal of Cancer* veröffentlichten Studie soll das in Haarfärbemitteln vorkommende Arylamin, das über die Kopfhaut in den Körper gelangt, das Risiko für Blasenkrebs erhöhen. In anderen Kosmetika sind diese Zutaten deshalb verboten, nur in Haarfärbemitteln nicht, wo sie als unentbehrlich gelten. Frauen, die sich einmal im Monat die Haare färben, hätten nach einem Jahr ein doppelt so hohes Risiko, an Blasenkrebs zu erkranken; nach 15 Jahren Haarefärben stiege das Risiko sogar auf das Dreifache des »normalen« Risikos für Blasenkrebs.

Wie viele der über 30 Prozent europäischer Frauen über 18, die sich die Haare färben – und der 10 Prozent aller Männer über 40, die nach Umfragen dasselbe tun –, werden deshalb die Finger davon lassen?

Oder man stelle sich den Proteststurm vor, wenn die periodisch immer wieder modernen Damenschuhe mit hohem Absatz und dicken Plateausohlen von Staats wegen verboten würden. Derart besohlte Autofahrerinnen etwa kommen im wahrsten Sinn des Wortes öfter in die Klemme: Mit solchen Schuhen verhakt man sich leicht zwischen Gas- und Bremspedal. Außerdem führt häufiges Gehen in hochhackigen Schuhen zu Überdruck und Entzündungen im Kniegelenk, als Folge sind Kniegelenkverformungen bei Frauen doppelt so häufig wie bei Männern. Aber da freiwillig übernommen, scheint dieses Risiko die meisten Frauen nicht zu interessieren.

Nur so ist auch zu erklären, dass die regelmäßigen Horrormeldungen über »Tumor per Telefon« überhaupt nicht zu den üblichen hysterischen Reaktionen führen, die man ansonsten gewöhnt ist, wenn irgendetwas Krebs erzeugen soll. Der Mediziner Andreas Stang von der Uni-Klinik Essen hatte 148 Patienten mit dem sogenannten Uvea-Melanom – einem Augenkrebs – zu ihren Lebensumständen vor der Erkrankung befragt. Das Ergebnis: Menschen, die mehrere Stunden täglich ein Funktelefon benutzen, erkranken dreimal häufiger an diesem Krebs als andere. Wie viele Menschen werden deshalb ihr Handy in der Hosentasche lassen?

Funktelefone stören die Elektronik von Flugzeugen, von Schiffen, auch von Herzschrittmachern; sie erhöhen den Blutdruck, vervierfachen das Unfallrisiko beim Autofahren, lassen Menschen schlechter schlafen und machen außerdem noch dick: Nach Auskunft von Ernährungswissenschaftlern sparen Funktelefone jährlich rund 16 Kilometer Fußweg und tragen damit eine Mitschuld an der alarmierenden Zunahme von Übergewichtigen in modernen Industrienationen. Wären sie, statt freiwillig benutzte Verständigungshilfen, Bestandteil unserer Arbeitsplätze, würden sie sofort verboten werden.

Sie werden aber nicht verboten, aus dem gleichen Grund, warum auch Alkohol und Nikotin und Piercing nicht verboten werden: Weil freiwillige Risiken uns wenig schrecken und deshalb auch keinen politischen Druck in Richtung Verbot erzeugen. Deshalb wird auch die freiwillig gebuchte Touristenklasse im Flugzeug nicht verboten, trotz der angeblich Tausenden von Toten wegen Flugthrombosen. Auch hier das gleiche Phänomen: Hätte es diese Todesfälle in zwangsweise zu benutzenden Schulbussen gegeben, wäre am nächsten Tag der Bundesverkehrsminister zurückgetreten und sämtliche Landeskultusminister gleich dazu.

Die wohl extremsten Unterschiede in der Überbewertung unfreiwilliger verglichen mit freiwilligen Risiken gibt es bei der Gefahr durch radioaktive Strahlung. Die ist in großen Dosen durchaus gefährlich, siehe Tschernobyl oder Fukushima. Darauf komme ich in diesem Buch noch an verschiedenen Stellen ausführlich zurück. Aber warum legen sich dann jährlich über sechs Millionen Deutsche freiwillig in einen Kernspintomografen? Das ist Weltrekord. Wir Deutsche sind Weltmeister im Durchleuchten und so eifrig dabei, dass der stellvertretende Vorstandsvorsitzende der Barmer Ersatzkasse, Rolf-Ulrich Schlenker, kürzlich mit Nachdruck vor der zunehmenden Strahlenbelastung durch Kernspin- und CT-Untersuchungen warnen musste. Darauf gehört hat niemand, auch die Medien blieben stumm und ohne Resonanz. Wird dagegen nur ein Tausendstel dieser Strahlung bei einem Castor-Transport frei, gibt es eine Extrasendung in der »Tagesschau«.

Auch dieses irrationale Unterschätzen freiwilliger wie das Überschätzen auferlegter Risiken hängt womöglich mit unseren Kindertagen im Urwald zusammen: Freiwillige Risiken sind leichter abzuschätzen. Dieses Risiko ist man schon öfter eingegangen, man hat es lebend überstanden, ergo sagt uns die Erfahrung: Alles nicht so schlimm. Und diese Botschaft ist unseren Genen auf ewig eingebrannt, genauso wie die Vorsicht vor Dingen, die man noch nicht kennt, vor Gefahren, die andere einem aufzuzwingen trachten. Vermutlich gab es auch unter unseren Vorfahren genug Vertreter, die diesen Risiken mit Gleichmut gegenübertraten. Sie ließen sich vom Stammeshäuptling auf einen Streifzug in unbekanntes Gelände schicken oder kreuzten als Erste eine tiefe Furt. Diese Vertreter haben aber eher selten überlebt, und deshalb ist der Gleichmut gegenüber von außen auferlegten Risiken auch unter den heute lebenden sieben Milliarden Menschen nur sehr schwach vertreten.

Eine weitere evolutionäre Sackgasse ist das Überbetonen von Informationen wie »sehr viel«, »die meisten«, »kaum einer«, auf Kosten von exakten Zahlenangaben wie 163 oder 489. Denn mit exakten Zahlen wussten unsere Vorfahren überhaupt nichts anzufangen. Wenn sie bis drei zählen konnten, hatten die meisten die Endstufe ihrer mathematischen Entwicklung schon erreicht. Wenn aber Cromagnon A zu Cromagnon B sagt: »Fast alle unsere Kühe sind beim letzten Hochwasser ersoffen«, dann kriegt Cromagnon B einen gehörigen Schreck und ist sehr beeindruckt. Der amerikanische Psychologe Paul Slovic hat dazu einmal systematische Versuche angestellt. Unter anderem hat er verschiedene Gruppen von Studenten gebeten zu entscheiden, in welchem Umfang, auf einer Skala von 0 bis 20, sie gewisse Maßnahmen für eine Verbesserung der Flugsicherheit unterstützen würden. Bei der einen würden langfristig 180 Passagiere jährlich gerettet werden, bei der anderen 98 Prozent von 180. Bei 98 Prozent von 180 war die Unterstützung größer.

Die nackte Zahl 180 sagt den meisten Menschen nichts, sie ist zu abstrakt, wir können sie nicht fühlen. Aber das Wort »viel«, das fühlen wir. Und 98 Prozent ist so gut wie alle. Wenn wir so gut wie alle retten können, ist das doch etwas Tolles, oder?

Über die längste Zeit der Menschheitsgeschichte war es unwichtig zu wissen – und hat auch denen, die es wussten, keinen Vorteil gebracht –, ob zwölf oder 15 Wölfe um das Lager schleichen, ob man sieben, acht, neun oder zehn Kinder hat, ob es 20, 30 oder 40 Tage regnet. Grobe Informationen wie zu viel, zu wenig, mehr als gestern reichten völlig aus. Erst vor wenigen Tausend Jahren, das heißt bei Generation 6850, als man anfing, mit Nachbarstämmen Vieh zu tauschen oder Sägezähne zu verkaufen, und erst recht als die Herrscher anfingen, Steuern zu erheben oder ihre Untertanen abzuzählen, wurde es auf einmal wichtig, mit ebendiesen Zahlen vernünftig umzugehen. Aber da war der Zug der Gene schon längst in eine andere Richtung abgefahren. Und so hört noch heute bei den meisten Menschen die Vorstellung von Zahlen bei rund 1000 auf. Mit einer Million wissen nur noch wenige etwas anzufangen, und ob eine Milliarde aus 100 oder 1000 Millionen besteht, wissen oft nicht einmal die Bundeskanzler (meinte jedenfalls Helmut Schmidt über Willy Brandt). Wenn wir also hören, die öffentliche Verschuldung betrüge zurzeit in Deutschland 3,5 Billionen Euro, so hätte man genauso gut auch 350 Milliarden sagen können – der Protest, die Entrüstung und das Unverständnis wären in beiden Fällen gleich. Ja, vielleicht sogar bei 350 Milliarden, dem zehnten Teil von 3,5 Billionen, weitaus größer, denn 350 sind doch mehr als 3,5, oder?

Auch unser völlig irrationales Verhalten bei Hilfsgesuchen aller Art geht auf diese innere Genverdrahtung zurück. Wenn wir lesen »350 000 Kinder im Kongo von Cholera bedroht, Spenden bitte auf Konto XY«, so fließen ebendiese Spenden nur sehr karg. Zeigt man dagegen ein kleines Eskimobaby, darunter die Schlagzeile »Ohne Ihre Spende wird dieses Kind an Typhus sterben«, dann kann man mit den Spenden ganze Krankenhäuser neu errichten.

Denn abstrakt etwas Gutes tun oder konkret einem bestimmten Mitglied unserer Spezies beistehen, sind für den Cromagnon in uns ganz verschiedene Dinge. Für unsere Vorfahren war es lebenswichtig, zusammenzuhalten, die Stammesgenossen zu kennen und sich mündlich, von Angesicht zu Angesicht, über angenehme Dinge wie auch über Gefahren und Ängste auszutauschen. Alles, was man über die Welt wissen konnte und musste, erfuhr man abends am Lagerfeuer. Wer da gut aufpasste und mitreden konnte, der überlebte; Geschichten erzählen, Geschichten lauschen, auf Geschichten reagieren, das war genetisch wertvoll. Wer stattdessen abseits im abstrakten Denken brillierte, wurde in der Regel nicht sehr alt. Deswegen sind heute weltweit die Autisten in der Minderheit. Sie können zwar sehr viel schneller rechnen als andere, haben auch ein weit besseres Gedächtnis und sind viel geschickter im abstrakten Denken, aber im Umgang mit ihren Mitmenschen haben sie große Defizite, und deshalb hatten Menschen mit diesen Genen über 6999 Generationen einen schweren Stand.

Und dann gibt es noch eine weitere Erklärung dafür, warum wir uns beim Umgang mit Unsicherheiten und Wahrscheinlichkeiten oft so dämlich anstellen. Sie hat zwar indirekt auch etwas mit unseren Genen zu tun, ist aber eher eine Kopfsache. Und zwar die Konsequenz einer trotz aller Superleistung immer noch begrenzten Problemlösungskapazität unseres Gehirns. Vor die Aufgabe gestellt, eine neue Wohnung zu suchen, ein Auto zu kaufen, den Urlaub zu planen, die Zutaten für das Abendessen einzukaufen oder gar einen Partner für das Leben zu gewinnen, wägen wir in aller Regel nicht sachlich und emotionslos alle Alternativen ab, auch wenn viele Wissenschaften unterstellen, wir täten das. Das Paradebeispiel ist der bekannte Nutzenmaximierer, der Homo oeconomicus, in der Volkswirtschaftslehre: So verteilt etwa ein Haushalt sein begrenztes Einkommen dergestalt auf die möglichen Konsumgüter, dass sein Nutzen – also das daraus erzeugte Befriedigungsniveau – einen maximalen Wert erreicht. Und es mag auch durchaus Bereiche unseres Lebens geben, wo ein derartiges Verhalten den Realitäten hinreichend nahekommt. Nicht umsonst hat die Volkswirtschaftslehre mit daraus abgeleiteten Verhaltensgesetzen schon große Erfolge erzielt.

Der bekannte Berliner Psychologe Gerd Gigerenzer, der Direktor des dortigen Max-Planck-Instituts für Bildungsforschung, glaubt aber, dass ein anderes Verhaltensmodell den Homo sapiens und seine Reaktion auf Gefahr und Unsicherheit besser beschreibt; er nennt diese Herangehensweise »heuristisch«. Das Wort kommt aus dem Griechischen und bedeutet so etwas wie »Erkenntnishilfe« – ein Werkzeug, um im Leben einigermaßen zurechtzukommen, auch wenn es nicht in jedem Einzelfall das optimale Werkzeug ist.

Ein sehr verbreitetes unter diesen Hilfswerkzeugen ist die sogenannte Erinnerungsheuristik, oder auf gut Deutsch: Was der Bauer nicht kennt, das isst er nicht. Wenn Ratten zwischen zwei Sorten Futter wählen können, einer bisher unbekannten und einer, die sie aus dem Atem ihrer Nachbarratte kennen, die davon schon einmal gegessen hat, dann wählen sie das Futter, das sie über ihre Nachbarratte per Geruch schon kennen. Unter anderem auch deshalb sind Ratten so überlebensfähig. Sie vermeiden Futtergifte, denn die andere Ratte lebt ja noch.

Diese simple Regel lässt sich in vielen Kontexten anwenden und verweist das intensive Nachdenken auf den zweiten Platz. So berichtet etwa Gerd Gigerenzer von Experimenten, in denen er seine Studenten fragte: Welche Stadt ist größer, San Diego oder San Antonio? Von seinen amerikanischen Studenten wussten zwei Drittel die richtige Antwort – San Diego –, von seinen deutschen Studenten alle. Aber nicht, weil sie einen besseren Geografieunterricht genossen hatten oder generell intelligenter gewesen wären, sondern weil sie die Wiedererkennungsheuristik nutzten: Von San Diego hatten die meisten schon gehört, von San Antonio eher nicht (es sei denn, sie hatten den Film »The Alamo« mit John Wayne gesehen). Ergo wählt man das, was man kennt. Die amerikanischen Studenten hingegen kannten sowohl San Antonio als auch San Diego und überlegten lange hin und her, welche Stadt von beiden denn die größere sein könnte; und sehr viele überlegten dabei falsch.

Damit haben wir einen weiteren Grund identifiziert, warum viele Menschen viele Gefahren falsch einschätzen. Wenn wir etwa einen typischen Bundesbürger fragen, was er für gefährlicher hält, Mord oder Selbstmord, werden die meisten sagen: Mord.

In Wahrheit kommen in Deutschland etwa 6000 Menschen pro Jahr durch Selbstmord um, durch Mord und Todschlag dagegen weit weniger als die Hälfte. Aber man liest darüber öfter in der Zeitung. Deswegen steht diese Gefahr den Menschen viel deutlicher vor Augen und wird deshalb auch als viel wahrscheinlicher geschätzt.

Ein weiteres, von vielen Menschen immer wieder gern benutztes Werkzeug zum Abkürzen komplizierter Kosten-Nutzen-Abwägungen ist die sogenannte Affektheuristik: Tue das, was dir Spaß macht, und vermeide das, was wehtut oder unangenehme Begleiterscheinungen hat. Wer diese Regeln befolgt, kommt im Allgemeinen ganz gut durchs Leben. Vermutlich ist auch dieses Verhaltensmuster genetisch fest verdrahtet. Aber leider ist es bei der Einschätzung von Gefahren und Risiken keine große Hilfe, denn es führt dazu, dass wir die Risiken von Dingen, die uns Spaß machen – Autofahren, Sex, Rotwein trinken, fette Schweinshaxen essen usw. –, ganz systematisch unterschätzen. Auf der anderen Seite bauscht diese Affektheuristik die Risiken von allen Dingen, die uns keine Freude machen, ungebührlich auf. Dazu gehören zum Beispiel die Gefahren, die mit dem Arbeitsleben einhergehen, die Schadstoffbelastung am Arbeitsplatz, der Stress durch Überstunden, die Belastung durch Schichtarbeit. Wann immer hier eine Studie erscheint, die auf gesundheitlich bedenkliche Konsequenzen hinweist, kann sie einer großen medialen Wirkung sicher sein.

Wie Gerd Gigerenzer immer wieder betont, sind derartige simple Heuristiken nicht als solche gut oder schlecht, sondern sie sind gut oder schlecht je nach der Umgebung, in der sie zur Anwendung kommen. Und leider führen viele der Heuristiken, die uns in anderen Lebensbereichen durchaus helfen, beim Umgang mit Gefahr und Risiko leicht in die Irre.

Literatur:

S. Dohle, C. Keller und M. Siegrist (2010): »Examining the relationship between affect and implicit associations: Implications for risk perception«, *Risk Analysis 30* (7), S. 1116–1128

A. M. Finkel: »Perceiving others' perceptions of risk – still a task for sisyphus«, *Annals of the N.Y. Academy of Sciences* 1125 (2008), S. 121–137

M. L. Finucane, A. Alhakami, P. Slovic und S. M. Johnson (2000): »The affect heuristic in judgments of risks and benefits«, *Journal of Behavioral Decision Making* 13 (1), S. 1–17

Gerd Gigerenzer: *Bauchentscheidungen. Die Intelligenz des Unbewussten und die Macht der Intuition,* München 2007 (Bertelsmann)

Desmond Morris: *Der nackte Affe*, München 1968, 26. Auflage 1995 (Droemer Knaur)

R. Nef: »Wider die Technik-Phobie«, Liberales Institut 2002

P. Slovic, B. Fischhoff und S. Lichtenstein: »Rating the risks«, *Environment* 2 (1979), S. 14–20 und 36–39

6 Populäre Irrtümer über Krebs und ihre Folgen

»Professor W. v. J. erklärte mir, dass es unter diesen meinen ›außergewöhnlichen Lebensführungen‹ nur die endgültige Wahl gebe: Delirium oder Krebs.«

Peter Altenberg: *Mein Lebensabend*

Ja, ich habe Angst vor Krebs. Zu viele Menschen, die ich kannte, habe ich elend daran zugrunde gehen sehen. Und mit einer Wahrscheinlichkeit, die weit über der liegt, beim Würfeln eine Sechs zu werfen, sterbe ich selbst einmal daran.

Zu Zeiten Kaiser Wilhelms traf dieses Schicksal einen von 30 Bürgern unseres Landes. Zu Zeiten von Angela Merkel trifft es jeden Vierten. Und das mit stetig steigender Tendenz. Im Jahr 2006 (das vorläufig letzte, für das während der Entstehung dieser Zeilen offizielle Zahlen vorliegen) erkrankten insgesamt 3,2 Millionen Menschen in Europa neu an Krebs, 1,7 Millionen starben daran. Nach Schätzungen der Weltgesundheitsorganisation WHO ist Krebs bald die häufigste Todesursache weltweit überhaupt.

»Krebs ist Angst, auf diesen Satz kann man das Wabernde und Wuchernde, das Unheimliche und Unsichtbare dieser Krankheit reduzieren«, schreibt Georg Diez in der *Süddeutschen Zeitung*. »Krebs ist die Angst des Kranken, die aber auch die Umgebung erfasst. Die sich in die Beziehung zu Freunden und

Familie frisst. Die sich ausbreitet, selbst wenn die Krankheit gestoppt ist. Irgendetwas bleibt immer, Krebs ist eine Angst, die einen nie mehr verlässt. Krebs ist das Warten, auf die Werte, die der Arzt einem präsentiert, auf die Wiederkehr der Krankheit, die ständig droht. Krebs befällt nicht nur den Körper, Krebs frisst sich in den Alltag und in die Zeit.«

Kein Wunder also, dass mit Krebs so zuverlässig Panik zu erzeugen ist. Ich habe einmal bei Google das Suchwort »krebserregend« eingegeben – ich glaube fast, nach »Sex« erzeugt dieses Wort die meisten Treffer überhaupt: Ablagerungen in Kaffeebohnen, aggressive Cholesterolsenkung, Alkohol, Ameisensäure, Anilin, Aromachemikalien, Arsensäure, Asbest, Babyschnuller, Benzol, Blaugel, Blei, Buchenstaub, Cannabis, Chlor, Cobalt, Computermonitore, Deosprays, Dieselmotoremissionen, Dioxin, Duftbäume im Auto, Energiesparlampen, fernöstliche Kräutermischungen, Formaldehyd, gegrillte Mettwürstchen, Glasfasern, Handystrahlung, Holzstaub, Heizöl, HP-Viren, Kartoffelchips, keramische Mineralfasern, Klapprechner, Kohlenmonoxid, Kondome, Laserdrucker, Lebensmittelzusatzstoffe, Linkshändigkeit, Luftballons, Mineralwolle, Neurodermitissalben, Nickel, Oralsex, Ostzonen-Suppenwürfel (»Ostzonen-Suppenwürfel machen Krebs« – das war tatsächlich einmal eine Schlagzeile in der *Bild)*, Ozon, Passivrauchen, Parfum, PCB, Pommes frites, Quarz, Rapsölabgase, rohes Rindfleisch, Rohöl, scharf angebratenes Fleisch, Schichtarbeit, Schimmelpilze, Schminke, Sojabohnen, Speckstein, Stammzellen, Tabakrauch, Tätowierungen, Tupperware,

Übergewicht, zu viel UV-Strahlen, zu wenig UV-Strahlen, Venylacetat, WLAN-Anlagen, Zigarettenzusatzstoffe, Zimtsterne und Zitronensäure – es scheint heute fast nichts mehr zu geben, was wir anfassen, tun und lassen, essen oder anziehen, was nicht im Zweifelsfall auch Krebs erzeugt.

Und diese Liste ist nur ein kleiner Auszug. Wer will und Lust zum Gruseln hat, kann sich die »Liste der krebserzeugenden, erbgutverändernden oder fortpflanzungsgefährdenden Stoffe« des Instituts für Arbeitsschutz der Deutschen Gesetzlichen Unfallversicherung einmal aus dem Netz herunterladen (http://www.dguv.de/ifa/de/fac/kmr/index.jsp).

Und so geben sich die aus Krebsangst geborenen Panikreaktionen gewissermaßen die Tür in die Hand. Im Herbst 2010 musste die Firma Coca-Cola Tausende von Trinkgläsern zurückrufen, weil in deren Farbaufdrucken Rückstände von Cadmium gefunden worden waren; dieses Schwermetall ist ebenfalls als krebserregend anerkannt. Der Anteil sei zwar viel zu niedrig, um eine Gefahr für die Gesundheit darzustellen, erklärte der Konzern, aber man habe sich dennoch aus Qualitätsgründen zu der Rückrufaktion entschlossen. Schon zuvor hatte die Schnellimbisskette McDonald's mehr als 13 Millionen Gläser mit der Zeichentrickfigur Shrek zurückgerufen, weil auch diese Cadmium enthielten. Dann meldet *bild.de* einen »erhöhten bis stark erhöhten« (was auch immer das heißt) Benzol- und Furangehalt in Hipp-Kartoffelpüree mit Frühkarotten & zartem

Bio-Rind. Das in Tierversuchen als krebserregend nachgewiesene Furan entsteht bei der Verarbeitung von Lebensmitteln unter sehr großer Hitze. Oder das deutsche Verbraucherministerium warnt vor belastetem Olivenöl in Supermarktregalen und Lebensmitteln. Nach wie vor stießen Lebensmittelkontrolleure auf Oliventresteröle (»Aceite de orujo«) mit Bestandteilen von krebserregenden Substanzen, sogenannten polyzyklischen aromatischen Kohlenwasserstoffen (PAK). Auch in Öl eingelegte Lebensmittel wie Muscheln enthielten häufig derartige Stoffe. Dann findet das Bundesamt für Verbraucherschutz und Lebensmittelsicherheit (BVL) in jeder vierten Fischkonserve den krebserregenden Stoff Benzo(a)pyren und in Erfrischungsgetränken das ebenfalls krebserregende Benzol. Labors entdecken in allen möglichen Lebensmitteln große Mengen des krebserregenden Acrylamid, das beim Backen, Frittieren und Braten von stärkehaltigen Lebensmitteln entsteht. Und in England werden nach einer Warnung der Gesundheitsbehörde FSA vor Chilipulver Millionen von Lebensmittelpackungen aus den Supermarktregalen entfernt. Das aus Indien geliefert Chilipulver wurde in einer Worcestersauce verarbeitet, die wiederum Bestandteil Hunderter anderer Produkte ist, und soll einen Farbstoff enthalten, der unter Verdacht steht, Krebs auszulösen. Und so weiter.

Soll, könnte, möglicherweise, steht im Verdacht, nicht auszuschließen, dass …

Für die Medien steht der jeweilige Schuldige jedoch fest, sie haben den Grund für die Zunahme von Krebs gefunden. Und die Hamburger *Zeit* vertritt die eindeutige veröffentlichte Mehrheitsmeinung, wenn sie schreibt: »Denn Krebs, darüber gibt es kaum noch Zweifel, das ist die Luft, die wir atmen, das Wasser, das wir trinken, das sind die Chemikalien, mit denen wir hantieren, die Pillen, die wir schlucken. Krebs ist um uns und in uns. Krebs ist unser Tribut an die Industrialisierung, die Folge eines ungezügelten Wirtschaftswachstums, das auf die Qualität der Umwelt keine Rücksicht nahm.«

Die amerikanischen Sozialforscher Robert Lichter und Stanley Rothman haben einmal versucht, diese Vorliebe der Medien für künstliche Krebsursachen in Zahlen zu fassen, und dazu über mehrere Jahre die abendlichen Hauptnachrichtensendungen der großen amerikanischen TV-Netzwerke ABC, CBS und NBC, die Magazine *Time*, *Newsweek* und *US News and World Report* sowie die Titelseiten der *New York Times*, der *Washington Post* und des *Wallstreet Journals* nach Nachrichten zum Thema Krebs durchsucht. Insgesamt wurden sie 1206-mal fündig, in 498 Fällen wurden menschengemachte Chemikalien als Krebsverursacher genannt. Mit großem Abstand (219 Nennungen) folgte das Rauchen, fast genauso viele Meldungen zitierten Nahrungsmittelzusätze, Arzneimittel, ionisierende Strahlen oder Pestizide und Asbest. Mit ganz großem Abstand – jeweils unter 100 Nennungen – folgten die wahren Killer: Alkohol, ungesunde Lebensweise und Naturgifte. Und in nur neun von 1206 Fällen wurde das Alter im Zusammenhang mit Krebs erwähnt. »In den letzten zwei Jahrzehnten haben die Medien den menschengemachten krebserregenden Substanzen weit mehr Aufmerksamkeit gewidmet als allen anderen bekannten Krebserzeugern, Tabak eingeschlossen. Darüber hinaus berichten sie äußerst ausführlich über die Krebsrisiken durch Lebensmittelzusätze, Umweltverschmutzung, Pestizide, Hormonbehandlung oder Radioaktivität. Weit mehr Medienberichte waren diesen Auslösern gewidmet als etwa der Ernährung, der UV-Strahlung oder dem Asbest, die von Wissenschaftlern als weit gefährlichere Krebserzeuger eingestuft werden. Tatsächlich benannten die Medien Nahrungsmittelzusätze genauso oft als Krebserzeuger wie unvernünftiges Essen und UV-Strahlung zusammen.«

In Deutschland ist die Lage ähnlich. Leider hat mir die Zeit gefehlt, wie Lichter und Rothman die ganze Lawine an Krebsberichten der letzten Jahre und Jahrzehnte auszuzählen, aber man muss nur das Stichwort Krebs in die Suchmaschine der *Süddeutschen Zeitung* oder der *Frankfurter Rundschau* eingeben, um zu erkennen: Genauso ist das auch bei uns. Man reitet systematisch auf der Technik, der Chemie, der Industrie herum und karikiert Krebs vor allem als Folge von Profitgier und verantwortungslosem Umgang mit der Natur.

Natürlich gibt es selbst gemachte Gründe für einen frühen Tod an Krebs zuhauf. Jenseits allen Zweifels als Krebsauslöser überführt sind das Rauchen und das fette Essen. Zumindest beim Rauchen stimmen –

was selten vorkommt – die Wissenschaft, die Medien und die öffentliche Meinung in der Einschätzung der Gefahr auch überein. Auch Asbestfasern oder radioaktive Strahlen in hoher Konzentration bzw. Dosis erzeugen Krebs. Aber von diesen Grenzen sind die allermeisten krebserregenden Substanzen, mit denen die Medien ihre Leser verunsichern, meilenweit entfernt. Ob die in Pommes frites entdeckten Acrylamidkonzentrationen eine unmittelbare Gefahr für die Konsumenten bedeuten, könne man heute noch nicht beurteilen, kommentiert der Leiter eines Schweizer Labors seinen Acrylamidbefund. Und die Rückrufaktion für Chiliprodukte sei eine reine Vorsichtsmaßnahme, erklärte die Überwachungsbehörde in England, die Gefahr sei für den Verbraucher »wahrscheinlich nur gering«.

Und wenn dann später wirklich etwas beurteilt werden kann, kommt in aller Regel als Diagnose »Fehlalarm« heraus. Denn der auf Lebensmittelzusätze, sonstige Industrieprodukte oder Belastung am Arbeitsplatz zurückzuführende Anteil an Krebserkrankungen ist minimal. Die Tabelle auf Seite 148, einem Aufsatz der amerikanischen Epidemiologen Richard Doll und Richard Peto entnommen, teilt einmal alle Todesfälle durch Krebs in den USA nach den vermuteten Ursachen auf. Diese Zahlen sind zwar schon einige Jahre alt und betreffen ein anderes Land, aber ich vermute einmal, sie sehen für das aktuelle Deutschland nicht viel anders aus.

»Unsere Analyse des Ausmaßes synthetischer Gifte in Trinkwasser und synthetischer Pestizide in Nah-

Ursachen der Krebsmortalität in den USA

Ursache	**Prozent aller Todesfälle**
Ernährung	35 Prozent
Rauchen	30 Prozent
Infektionen	10 Prozent
Sexualverhalten	7 Prozent
UV-Licht und natürliche radioaktive Strahlung	5 Prozent
Beruf	4 Prozent
Luftverschmutzung	2 Prozent
Medizintechnik	1 Prozent
Industrieprodukte	< 1 Prozent
Nahrungsmittelzusätze	< 1 Prozent

rungsmitteln zeigt, dass diese im Vergleich zu natürlichen Krebserregern vernachlässigt werden können«, schreibt auch der wohl weltweit bekannteste und angesehenste Biochemiker Bruce N. Ames in *Science,* der renommiertesten aller Wissenschaftszeitschriften überhaupt. »Dieses Fazit stimmt auch mit epidemiologischen Untersuchungen überein. Zwar sollten wir bei jeder Art von Krebserregern Vorsicht walten lassen, aber wir brauchen ein Gleichgewicht zwischen einer verbreiteten Chemophobie mit ihren assoziierten hohen Kosten (und geringem Nutzen) und einem vernünftigen Management von Industriechemikalien aller Art.«

Von einem solchen Gleichgewicht sind wir aber in Amerika – und erst recht in Deutschland – noch weit entfernt. Nach Ames und Koautoren übertreffen die natürlichen, als krebserregend identifizierten Pestizide und Lebensmittelgifte in unserer Ernährung (Ethylalkohol in Bier und Wein, Sinigrin in Senf, Hydrazine in Pilzen usw.) die künstlichen Zusätze sowohl an Menge als auch an Gefährlichkeit bei Weitem. Und neuere Arbeiten zeigen, dass der auf künstliche Zusätze zurückführbare, ohnehin schon minimale Anteil aller Krebserkrankungen inzwischen nochmals weiter abgesunken ist.

Der wahre Grund für das so angstmachende Fortschreiten der Todesursache Krebs ist die Art und Weise, nämlich die unkontrollierte Vermehrung von Körperzellen, wie überhaupt ein Krebs entsteht. Von diesen Körperzellen besitzt jeder Mensch rund zehn Billionen Stück. Und die teilen sich von Zeit zu Zeit, wenn auch unterschiedlich oft. Die Zellen der Darminnenwand etwa sind so teilungsfreudig, dass sich binnen vier Tagen die gesamte Innenwand erneuert. Die Zellen des Gehirns dagegen erneuern und teilen sich fast gar nicht. Zellteilung bedeutet dabei unter anderem, dass sich die im Zellkern gespeicherte genetische Information je zur Hälfte auf die alte und die neue Zelle verteilt, wo sie dann anschließend wieder komplettiert werden muss. Bei diesem Kopieren und Ergänzen kann die DNS-Information fehlerhaft übertragen werden, das passiert ungefähr zehnmal am Tag. In der Regel setzt dann ein Reparaturmechanismus ein, der mehrere Stufen kennt und dem es egal ist, ob die Veränderung spontan, das heißt natürlich, auftritt oder von künstlicher Strahlung oder einer Chemikalie herrührt. Funktioniert er nicht, kann die Zelle immer noch Selbstmord begehen (die sogenannte Apoptose), oder aber Wächterzellen aus dem Immunsystem greifen ein und verhindern die weitere Vermehrung. Nur bei Versagen *sämtlicher* Reparatur- und Abwehrmechanismen kommt es zu einer weiteren und möglicherweise unkontrollierten Vermehrung. Aber das ist zumindest in jungen Jahren äußerst unwahrscheinlich. Eine Zelle, die sich wild teilt, muss das fast Unmögliche geschafft und sich an allen Kontrollmechanismen vorbeigemogelt haben.

Je älter der Körper, desto leichter hat es aber der Zufall, dieses fast Unmögliche zu schaffen. Damit wird es mit zunehmendem Alter immer wahrscheinlicher, dass es zu unkontrolliertem Wachstum kommt. Die Hunderttausende von Jahren, die der Homo sapiens als Jäger und Sammler in der Savanne gelebt hat, haben ihn nicht darauf vorbereitet, das unwahrscheinliche Alter von 70 oder 80 Jahren zu erreichen. Je länger ein Mensch lebt, desto mehr Zeit haben teilungsfähige Zellen, sich falsch zu teilen, und desto länger wirken natürliche und künstliche Strahlen, Gifte, Infektionen oder Parasiten auf den Körper ein. Zwar können wir bei gewissen Ernährungs- und Lebensgewohnheiten den Krebspatienten eine Mitverantwortung aufbürden, aber der grundlegende Mechanismus der Zellteilung mitsamt seinen Gefahren lässt sich nicht vermeiden. Mit anderen Worten, wer lange genug lebt, stirbt irgendwann auf jeden Fall an Krebs.

Die Frage ist nur, wann.

Dass also die Gesamtzahl der an Krebs Verstorbenen gewachsen ist und auch in Zukunft weiter wachsen wird und muss, hat den eher erfreulichen Grund, dass wir immer älter werden. In der vom Krebs besonders stark bedrohten Altersklasse der über 80-Jährigen lebten zum Beispiel 1970 in Deutschland nur zwei Millionen Menschen, 2010 dagegen über fünf Millionen, fast dreimal so viele. Und vor allem deshalb und nicht, weil Krebs als solcher so viel gefährlicher geworden wäre, sterben heute so viel mehr Menschen als seinerzeit an Krebs.

In einer gegebenen Altersklasse hat die Krebsgefahr sogar in aller Regel abgenommen! Die folgende Tabelle, aus einem Aufsatz von mir selbst und Gerd Gigerenzer, zeigt, wie viele Frauen in verschiedenen Altersklassen in den Jahren 1970 und 2001 an Krebs gestorben sind – in allen Altersklassen unter 85 ist die Krebsgefahr gesunken!

So viele von je 10 000 deutschen Frauen verschiedener Altersklassen sind an Krebs gestorben

Alter	1970	2001
0–4	7	3
5–9	6	2
10–14	4	2
15–19	6	2
20–24	8	4
25–29	12	6
30–34	21	13

Alter	1970	2001
35–39	45	25
40–44	84	51
45–49	144	98
50–54	214	161
55–59	305	240
60–64	415	321
65–69	601	468
70–74	850	656
75–79	1183	924
80–84	1644	1587

Für Männer sind die Zahlen ähnlich; hier gibt es allerdings eine Altersgruppe – meine eigene –, da ist die Krebsmortalität gestiegen. Ansonsten ist auch bei Männern die Gefahr, an Krebs zu sterben, in allen Altersklassen heute geringer als vor 40 Jahren.

Nun sind die Zahlen der Verstorbenen nicht gleich den Zahlen der Erkrankten. Zum Glück ist heute die Chance, eine Krebserkrankung zu überleben, sehr viel größer als 1970, das heißt man kann nicht grundsätzlich ausschließen, dass in gegebenen Altersklassen trotz Abnahme der Todesfälle die Erkrankungen dennoch zugenommen haben. Das halte ich aber für unwahrscheinlich. Denn geheilt heißt ja doch nur: fünf Jahre später noch am Leben. Selbst wenn wir also zugestehen, dass der Rückgang der Erkrankungen, besonders solcher in jungen Jahren, längst nicht so dramatisch ist wie der Rückgang der Todesfälle – spätestens in den höheren Jahrgängen müssten sich die zunächst geretteten Patienten wieder melden, der Krebstod wird ja nicht grundsätzlich verhindert, sondern nur um so und so viele Jahre aufgeschoben. Aber selbst in der Altersklasse 80 bis 84 ist die Krebsmortalität gesunken, und das deutet darauf hin, dass auch die Erkrankungsraten in jungen Jahren nicht gestiegen sind. »Seit 15 Jahren ist der Trend eindeutig, dass die altersentsprechende Krebshäufigkeit und -sterblichkeit in Europa wie in den USA zurückgeht«, sagt auch Nikolaus Becker, Epidemiologe am Deutschen Krebsforschungszentrum (DKFZ) in Heidelberg.

Man kann es also drehen und wenden, wie man will: Der mit großem Abstand dominante Grund für die erhöhte Gesamtsterblichkeit an Krebs ist der wachsende Anteil von Menschen in den Alterklassen 80 plus. Denn da ist Krebs sozusagen die letzte Hoffnung des Sensenmannes. Man kann daher das Argument der Panikmacher geradezu umdrehen und folgern: Je mehr Menschen in einer Region an Krebs versterben, desto länger leben sie, desto besser sind dort Ernährung, Umwelt, Medizin und Lebensqualität im Allgemeinen. Käme ich noch mal zur Welt, und Gott im Himmel ließe mich wählen wo, dann würde ich ihm sagen: »Lieber Gott, bitte gib mir doch mal das Statistische Jahrbuch der UN.« Und dann suchte ich dort das Land mit der höchsten Krebsmortalität und würde sagen: »Bitte sehr, da will ich hin.«

Derzeit sind das (in dieser Reihenfolge) Japan, Island und die Schweiz. In Japan sterben derzeit 29,9 Prozent aller Menschen an Krebs, in Island

27,9 Prozent und in der Schweiz 27,7 Prozent. In Deutschland beträgt die Krebs-Mortalitätsrate »nur« 25,1 Prozent.

Dafür sterben die Menschen in Deutschland auch drei Jahre früher. Die Lebenserwartung für beide Geschlechter zusammen beträgt in Deutschland 79,4 Jahre, in der Schweiz 81,7, in Island 81,8 und in Japan 82,6 Jahre (allein für Frauen gerechnet ist die Lebenserwartung in allen Ländern mehrere Jahre höher). Das folgende Diagramm stellt diesen Zusammenhag auch grafisch dar. Man sieht sofort: Je mehr Krebs, desto länger das Leben, je weniger Krebs, desto früher kommt der Sensenmann.

Zusammenhang zwischen Krebsmortalität und Lebenserwartung

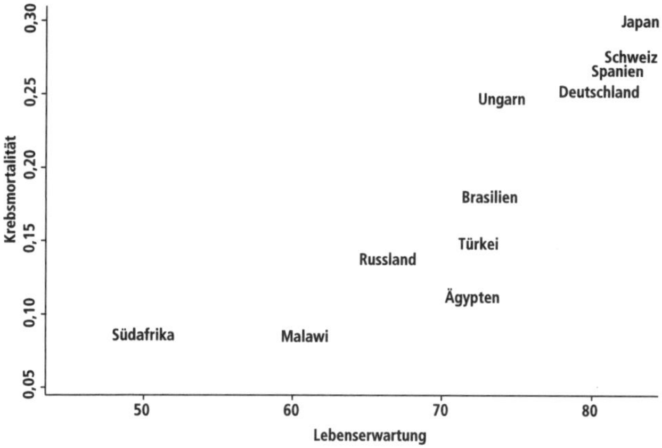

Das Problem, das diese unbedachten Wissenschaftskritiker so vehement verdrängen, ist so einfach wie unlösbar zugleich. Nämlich: Die letztendliche Sterblichkeitsrate ist immer 100 Prozent. Da können unsere Umweltschützer machen, was sie wollen. Sterben wir nicht an Krebs A, dann an Krebs B. Und sterben wir nicht an Krebs, dann an Alzheimer oder Herzinfarkt. Von den knapp über 800 000 verstorbenen Bundesbürgern jährlich sind ganze 6000 an Altersschwäche gestorben (was wir hier einmal als einen Indikator für einen Abschied ohne »offizielle« Krankheit nehmen wollen), die anderen haben ihren Tod einem Unfall, Mord und Selbstmord oder der einen oder anderen Krankheit zu verdanken.

Die einzige Frage ist: welcher Krankheit? Und je öfter hier die Antwort »Krebs« ertönt, desto ruhiger sollten eigentlich die Menschen schlafen.

Dazu stellt man sich am besten vor, dass die Risiken, die uns nach dem Leben trachten, wie Alzheimer, Krebs, Herzinfarkt, Autounfall, Mord und Totschlag usw., an einem Tisch zusammensitzen und um unser Leben würfeln. Der Würfel habe 100 Seiten, und die kleinste Zahl gewinnt. Angenommen, Krebs würfelt 49, Mord und Totschlag 25, Unfall 40, Herzinfarkt 78. Dann wird diese Person mit 25 durch Mord und Totschlag sterben. Würde sie nicht ermordet, stürbe sie mit 40 durch einen Autounfall, dann mit 49 an Krebs, andernfalls mit 78 an einem Herzinfarkt. Und wäre auch diese Todesursache beseitigt, würde unser Mustermann mit 83 an Alzheimer versterben.

Das Alter, das ein Mensch erreicht, ist also die bei diesem Spiel erreichte minimale Augenzahl. Diese minimale Augenzahl ist in Deutschland in den letzten 100 Jahren von durchschnittlich 45 zu Zeiten

Bismarcks bis auf heute 77 für Männer und 82 für Frauen angestiegen, weil eine ganze Reihe von Mitspielern wie Typhus, Tbc und Cholera, die lange Jahre dieses Würfeln zu gewinnen pflegten, inzwischen ausgeschieden sind.

Krebs hatte bis zu Anfang des 19. Jahrhunderts vor allem deshalb schlechte Chancen, weil viele seiner Konkurrenten systematisch kleinere Zahlen würfelten. Erst mit dem Ausscheiden dieser Konkurrenten konnte auch der Krebs die eine oder andere Seele für sich gewinnen; inzwischen ist er sogar auf den zweiten Platz der Tabelle aufgerückt. Vielleicht wird er irgendwann sogar mal Erster.

Vielleicht aber auch nicht. Angenommen, ein Wundermediziner fände ein Wundermittel gegen Krebs, das allen bösen Zellen sagt: Höre auf, dich zu teilen. Viele Zeitgenossen sähen darin vermutlich den Beginn einer goldenen Zukunft für sich und die Menschheit. In Wahrheit fiele nur bei unserem makabren Würfelspiel ein weiterer Spieler aus.

Die Jahre, die wir dann im Durchschnitt länger leben würden, lassen sich mit der mathematischen Theorie der konkurrierenden Risiken auf den Monat genau vorherberechnen. Diese Theorie erlaubt es, für alle Altersklassen neue Überlebenswahrscheinlichkeiten anzugeben und daraus auch eine neue Lebenserwartung abzuleiten. Und diese neue Lebenserwartung ist gerade einmal drei magere Jahre höher als zuvor; deutsche Männer würden hinfort im Durchschnitt statt mit 77 mit 80 und deutsche Frauen statt mit 82 mit 85 Jahren sterben. Aber sterben würden sie auch weiterhin, vermutlich noch häufiger als ohnehin schon an Herz-Kreislauf-Krankheiten, aber auch neue Menschheitsgeißeln wie Alzheimer oder Parkinson hätten dann endlich eine echte Chance.

Diese Sicht der Dinge wirft auch ein reichlich ernüchterndes Licht auf eine Welt, in der Krebs als Todesursache ausgeschaltet wäre. Denn dieser heute so herbeigesehnte Sieg über die Menschheitsgeißel Krebs wäre keinesfalls der Einstieg in das goldene Zeitalter der Langlebigkeit, es wäre nur eine Verschiebung der Todesursachen, ein Austauschen der einen Menschheitsgeißel gegen eine andere.

Literatur:

B. N. Ames, R. Magaw und L. S. Gold (1987): »Ranking possible carcinogenic hazards«, *Science* 263, S. 271–280

Georg Diez: »Krebs«, *Süddeutsche Zeitung Magazin* 18/2009

R. Doll und R. Peto (1981): »The causes of cancer: quantitative estimates of avoidable risks of cancer in the United States«, *Journal of the National Cancer Institute* 66, S. 1191–1308

Walter Krämer: *Wir kurieren uns zu Tode*, Berlin 1995 (Ullstein)

Robert Lichter und Stanley Rothman: *Environmental Cancer – a Political Disease*, London 1999 (Yale University Press)

Walter Krämer und Gerald Mackenthun: *Die Panikmacher*, München 2001 (Piper)

Walter Krämer und G. Gigerenzer (2005): »How to confuse with statistics«, *Statistical Science*, S. 223–230

J. Peto (2001): »Cancer epidemiology in the last century and the next decade«, *Nature* 411, S. 390–395

L. Rushton (2003): »How much does the environment contribute to cancer?«, *Occup. Environ. Medicine* 60, S. 150–156

7 Unsere irrationale Chemiephobie

»Die Chemie, Lat. die Scheidekunst, die Wissenschaft, wie man verschiedene natürliche Körper in einander auflöset, oder mit einander vereiniget, daß dadurch ein neuer Körper entstehet.«

Brockhaus Conversations-Lexikon Bd. 1., Amsterdam 1809

Kennen Sie schon das neue Umweltgift Dihydrogenmonoxid (DHMO)? Dihydrogenmonoxid, auch als Hydroxylsäure bekannt, ist ein Hauptbestandteil von saurem Regen, es fördert die Bodenerosion und den Treibhauseffekt, beschleunigt die Korrosion von Metallteilen aller Art und lässt elektrische Leitungen ausfallen. Einatmen, auch in kleinen Mengen, kann zum Tode führen. Längerer Kontakt mit seinem festen Zustand schadet dem menschlichen Gewebe, sein gasförmiger Zustand ruft oft schwere Verbrennungen hervor. Es wird regelmäßig in Krebstumoren entdeckt, und für Süchtige bedeutet der Entzug den sicheren Tod. Insgesamt gehen weltweit mehrere Tausend Todesfälle jährlich unmittelbar auf Dihydrogenmonoxid zurück.

Dennoch wird es immer noch von der Industrie in großem Maßstab als Lösungsmittel eingesetzt; als einziges Land der Erde hat bislang Neuseeland einen zaghaften Versuch zu seiner Kontrolle unternommen.

Ein Skandal?

Nun, Dihydrogenmonoxid, chemisch korrekt auch

H_2O, ist nichts anderes als Wasser. Wenn man der Internet-Folklore glauben darf, machen sich Schüler in Chemie-Leistungskursen einen Scherz daraus, Unterschriften gegen den Hausmeister zu sammeln, um dem das Spritzen der Blumen vor der Schule mit Dihydrogenmonoxid zu verbieten. Belegt ist der Fall des 14-jährigen Nathan Zohner von der Eagle Rock Junior High School im US-amerikanischen Idaho Falls; er konnte 43 seiner 50 Mitschüler zum Unterschreiben animieren. Sechs blieben unentschlossen, und nur einer sah, dass hier normales Wasser verboten werden sollte.

Ein Journalist der *Washington Post* schlug daraufhin die Wortschöpfung »Zohnerismus« für falsch interpretierte wahre Sachverhalte vor.

Die Erfinder dieses Scherzes sind unbekannt. Er kursiert seit mindestens dem Jahr 1989; damals hatten Studenten der Universität von Kalifornien zum Widerstand gegen Dihydrogenmonoxid geworben, ebenfalls mit viel Erfolg. »Der Horror muss ein Ende haben«, hatten sie auf einem Flugblatt gefordert. Seit 1994 gibt es im Internet eine Bürgerinitiative zum DHMO-Verbot, und obwohl sich dieser Scherz inzwischen herumgesprochen haben sollte, fallen immer wieder Menschen darauf herein. Im März 2004 wäre es beinahe zu einer Abstimmung im Ortsparlament der kalifornischen Stadt Aliso Viejo über den Antrag gekommen, bei allen städtischen Veranstaltungen den Einsatz von »foam containers« zu verbieten, diese enthielten das gefährliche DHMO. Und im Jahr 2007 ließ sich tatsächlich ein gestandener Politiker, der neuseeländische Parlamentsabgeordnete Jacqui Dean, von besorgten Bürgern dazu bewegen, beim Gesundheitsminister nachzufragen, was er gegen das Umweltgift DHMO zu tun gedenke.

Warum haben es Witzbolde mit diesem Scherz so leicht? Weil bei vielen Zeitgenossen offenbar das Denken aufhört, sobald auch nur der Name einer chemischen Substanz ertönt. »Die verunsicherten Deutschen sehen sich einem Dauerbombardement von chemischen Giftstoffen aus Wasser, Boden oder Luft ausgesetzt. Jeder zweite glaubt deshalb nicht mehr daran ... dass es möglich sei, gesund zu leben« *(Der Spiegel)*. Der Verstand gibt die Kontrolle ab, der Bauch übernimmt. Ich habe in Kapitel 5 gezeigt, warum das in den Genen des nackten Affen genau so vorgesehen und über einen guten Teil der Menschheitsgeschichte auch sehr nützlich gewesen ist. Aber heute ist dieser Mechanismus kontraproduktiv.

Ich nenne diese Krankheit einmal Chemophobie. Sie ist nur sehr schwer zu behandeln, und ihre Häufigkeit nimmt mit wachsender Bildung und sozialem Status der Patienten zu.

Chemophobie ist nicht das Gleiche wie eine »echte« Krankheit namens MCS = »Multiple Chemical Sensitivity« = mehrfache Chemikalien-Unverträglichkeit. Diese kann von Schläfrigkeit über innere Unruhe, Mattheit, Licht- und Geruchsempfindlichkeit, Kopfschmerzen, Augenbrennen, Schwindel und Schwitzen bis hin zu Ohnmachtsanfällen an die 20 Symptome auf einmal auslösen und quält derzeit rund 10 000 Menschen in Deutschland. Die Zahl der Chemophoben dagegen geht in die Millionen. Über 80 Prozent aller Bundesbürger, das sind 60 Millionen, sind etwa besorgt darüber, dass sich synthetische Chemikalien im menschlichen Organismus und in der Umwelt anreichern. Auf die Frage »Wenn ihr an die chemische Industrie denkt, was fällt euch als Erstes ein?« kommen nur allzu oft Antworten wie »Gefahren für die Arbeiter und Anwohner«, »Unfälle« oder »Gifte, Gase, Umweltverschmutzung«.

Mein amerikanischer Statistikerkollege W. Kip Viscusi hat einmal untersucht, wie sehr diese Chemophobie unsere Einschätzung von Risiken und öffentlichen Anstrengungen zu deren Bekämpfung verzerrt (»Synthetic Risk Bias«). Dazu hat er 51 giftige Chemikalien anhand ihres sogenannten TD50-Werts nach Gefährlichkeit sortiert. Die TD50-Dosis ist diejenige Menge des Gifts pro Kilogramm Körpergewicht, die bei täglicher Einnahme die Hälfte aller diesem Gift ausgesetzten Lebewesen sterben lässt. Das kann man natürlich nicht an Menschen ausprobieren, aber für Mäuse und Ratten liegen diese Werte vor. Für die armen Tiere nicht sehr angenehm, aber immerhin weiß man dann, welche Gifte – zumindest für Ratten und Mäuse – gefährlicher sind als andere.

Was man nun erwarten würde, ist, dass die gefährlichen Gifte am ehesten reguliert und mit Kontrollen überzogen werden: Je gefährlicher eine Substanz, desto vorsichtiger ist damit umzugehen.

Die Wirklichkeit sieht aber, wie Viscusi herausfand, anders aus. »Das überraschende Ergebnis ist, dass die Größe des Risikos nur eine kleine Rolle spielt. Ob und wie oft eine Chemikalie kontrolliert wird, hängt vor allem davon ab, ob sie synthetisch oder natürlich ist.« Denn vor allem, wenn die Chemikalie einen unverständlichen, seltsam klingenden künstlichen Namen hat, haben die Menschen Angst davor; vor allem dann wird reguliert und kontrolliert. Blausäure dagegen – welch ein schöner Name – gibt es in großen Mengen auch in der Natur, wer regt sich denn schon über so was auf?

In Europa ist es vor allem die EU-Kommission in Brüssel, die hier als Speerspitze der Unvernunft und Ressourcenverschwendung agiert. Sie war die treibende Kraft hinter der Verordnung Nr. 1907/2006 des Europäischen Parlaments und des Rates vom 18. Dezember 2006 zur Registrierung, Evaluierung und Autorisierung chemischer Stoffe (REACH), die in vielfacher Hinsicht zeigt, wie man mit chemischen Risiken nicht umgehen sollte.

Die Verordnung Nr. 1907/2006, in Kraft seit Juni 2007, zwingt Unternehmen, die mehr als eine Tonne einer chemischen Substanz pro Jahr herstellen oder importieren, diesen Stoff in einer zentralen Datenbank zu registrieren sowie einen sogenannten Sicherheitsbericht (»Chemical Safety Report«) an eine zentrale Überwachungsagentur zu übermitteln. Mögliche Risiken sind vorab zu identifizieren und wenn möglich auszuschalten. Gefährliche Substanzen werden nur noch nach Autorisierung durch die EU-Kommission zugelassen und bleiben bei Nichtzulassung für den europäischen Markt verboten. »REACH ist eine bahnbrechende Neuerung«, so die seinerzeit zuständige EU-Umweltkommissarin Margot Wallström in einer EU-Pressemitteilung vom 29. Oktober 2003. »Mit Geltungsbeginn dieser Verordnung können wir die Wohltaten der Chemie genießen, ohne uns und die Umwelt mit schädlichen Nebenwirkungen zu belasten. Wir schaffen eine Lage, in der alle nur gewinnen, die Industrie, die Arbeitnehmer, die Verbraucher und die Umwelt gleichermaßen. Die Bürger Europas erhalten endlich den Schutz, den sie zu Recht erwarten, die EU hat damit das fortschrittlichste Chemikalien-Managementsystem der Welt.«

Ähnlich auch die Kommission in einer Pressemitteilung zum Abschluss der ersten Phase der REACH-Registrierung am 1. Dezember 2010: »Der heutige Tag ist ein großer Fortschritt für die sichere Handhabung und Verwendung von Chemikalien in ganz Europa. Ein großer Teil aller in der EU produzierten und eingesetzten Chemikalien sowie die gefährlichsten Chemikalien sind jetzt bei der Europäischen Chemikalienagentur (ECHA) registriert. Der 30. November ist als Frist für die Registrierung von häufig eingesetzten Chemikalien in der REACH-Verordnung festgelegt (Verordnung für die Registrierung, Bewertung, Zulassung und Beschränkung chemischer Stoffe). Dank REACH erhält die europäische Industrie genauere Kenntnisse über die Gefahren, die von den Chemikalien, mit denen sie arbeitet, ausgehen können. Dies führt zu einem sichereren Einsatz von Chemikalien, zu größerer Wettbewerbsfähigkeit und zu einer saubereren Umwelt.«

Damit wir uns nicht missverstehen: Dass künstliche chemische Substanzen vorsichtiger zu behandeln sind als Sand und Wasser und je nach Zusammensetzung für Umwelt und menschliche Gesundheit große bis größte Gefahr bergen, steht außer jedem Zweifel. Chemikalien können Krebs und Allergien, Asthma und sonstige Gesundheitsstörungen aller Art erzeugen, von Großdesastern wie Seveso, Bhopal usw. ganz zu schweigen. Am 10. Juli 1976 war nördlich von Mailand in einer Chemiefabrik des Schweizer Roche-Konzerns bei der Produktion von TCP (Trichlorphenol) in großen Mengen Dioxin entwichen. TCP ist ein Vorprodukt für Desinfektionsmittel aller Art. In einem Reaktorkessel war wegen schlampiger Bedienung Überdruck entstanden, rund zwei Kilogramm Dioxin gelangten über ein Sicherheitsventil in die Luft und verteilten sich über ein 6 km^2 großes, dicht bevölkertes Gebiet der Gemeinden Seveso, Meda, Desio und Cesano Maderno. Zwar kam kein Mensch unmittelbar dadurch ums Leben, aber die Dörfer wurden unbewohnbar und nach anfänglichen Vertuschungsversuchen evakuiert, die Entgiftung dauerte mehrere Jahre, erst 1982 wurde die betroffene Werkshalle von der Firma Mannesmann Italiana abgerissen und entsorgt.

Weitaus dramatischer, mit mehreren Tausend Todesopfern, aber weiter weg und daher für die deutschen Medien weniger interessant, war, was im Dezember 1984 im indischen Bhopal geschah. Wiederum durch Schlamperei des Personals konnten in einem Werk des US-Chemiekonzerns Union Carbide mehrere Tonnen giftiger Zutaten für Schädlingsbekämpfungsmittel in die Atmosphäre entweichen. Auch hier war Überdruck in einem Tank der Grund.

Das war das bisher schlimmste Chemiedesaster und eine der bekanntesten Umweltkatastrophen der Geschichte. »Mindestens 15 000, vermutlich bis zu 30 000 Menschen sind in den vergangenen 25 Jahren an ihren Folgen gestorben«, schreibt die Hamburger *Zeit*. »Kein Wirtschaftsverbrechen hat je so viele Todesopfer gefordert.«

Das Beseitigen solcher Risiken ist damit ein unbestreitbar verdienstvolles Unterfangen.

Aber darum geht es der EU ganz offensichtlich nicht. Denn eine Vorschrift zum Umgang mit gefährlichen Stoffen – die sogenannte Seveso-II-Richtlinie – gibt es schon (Richtlinie 96/82/EG des Rates vom 9. Dezember 1996). Die Frage ist auch nicht: Kontrolle Ja oder Nein (natürlich Ja), sondern: »Noch *mehr* Kontrolle Ja oder Nein?« Und hier spricht die ökonomische und ökologische Vernunft ganz klar für Nein. Auch ohne den gesamten Nutzen eines Regulierungswerks infrage zu stellen, kann der *zusätzliche* Nutzen von *zusätzlichen* Restriktionen durchaus angezweifelt werden.

Unter Ökonomen ist das als der Unterschied zwischen Nutzen und *Grenz*nutzen bekannt: Wer nur 100 Euro in der Tasche hat, freut sich über jeden zusätzlichen Zehner sehr. Wer 1000 hat, schon weniger, und Bill Gates lacht nur darüber. Und es ist genau dieser abnehmende Nutzen von noch mehr Regulierung, der REACH zu einer gigantischen Verschwendung knapper Mittel werden lässt. Wie etwa der US-amerikanische Bundesrichter Stephen Breyer in seiner viel zitierten Studie zur internationalen Risikoregulierung anmerkt, kann das Streben nach absoluter Kontrolle, nach der Elimination auch der letzten Risikopromille für eine bestimmte Gefahrenquelle unter Außerachtlassung aller anderen Gefahrenquellen mehr schädliche Nebenwirkungen erzeugen, als an Nutzen zu erwarten ist: »Unsere Versuche, auch noch die letzten Meter zu schaffen, können Ausmaße annehmen, dass der Schaden den Nutzen bei Weitem überwiegt.«

Genau das scheint bei REACH der Fall zu sein: Der zusätzliche Nutzen wird von der EU-Kommission viel zu optimistisch, die Kosten und der Schaden werden viel zu niedrig eingeschätzt. Pro Registrierung und Substanz kommen auf die Produzenten Kosten von 50 000 Euro bis mehr als eine Million Euro zu, bei geschätzten rund 30 000 zu registrierenden Stoffen also letztendlich vom Verbraucher über erhöhte Preise zu zahlende Gesamtkosten von mehreren Milliarden Euro jährlich. Allein für die Firma Ciba erwarte er bis ins Jahr 2018 Kosten von 100 bis 125 Millionen Schweizer Franken, erklärte deren Medienspecher Dominik Marbet gegenüber der Nachrichtenagentur SDA. Das Projekt laufe seit eineinhalb Jahren und binde seit dem Start etwa 150 Angestellte. Und die Ludwigshafener BASF AG rechnet bis 2018 mit zusätzlichen Kosten von mehr als 500 Millionen Euro (die dann, auch wenn das die Firma nicht so deutlich sagt, entweder an uns Endverbraucher weitergegeben oder in Form von Entlassungen auf die Arbeitnehmer abgeladen werden).

Neben diesen direkten Kosten wegen der erforderlichen Studien gibt es weitere Kosten indirekter Art.

So rechnen viele Firmen mit einer spürbaren Preiserhöhung für Rohstoffe, weil die registrierungspflichtigen Hersteller ihre direkten Kosten zumindest teilweise an ihre Kunden weiterreichen.

Weitere ganz wichtige indirekte Kosten entstehen durch den Wegfall des Nutzens gefährlicher Chemikalien, der bei deren Ersatz durch weniger effiziente Mittel oder gar bei einem vollständigen Verbot dann ebenfalls entfiele. Nach deren Abschätzung sucht man in den einschlägigen Dokumenten der EU-Kommission vergebens. Ein erstes hier sich sofort aufdrängendes Beispiel ist das weltweite Verbot von gewissen Pflanzenschutzmitteln wie DDT. Bekanntlich wurde dieses aufgrund einer weltweiten, durch das Buch *Der stumme Frühling* von Rachel Carson (1962) ausgelösten Medienkampagne vom Markt genommen – mit dem Effekt, dass seither jährlich Hunderttausende, nach anderen Schätzungen sogar mehr als zwei Millionen Menschen jährlich an Infektionskrankheiten sterben, die ansonsten nicht gestorben wären.

Die folgende Tabelle zeigt beispielhaft die Anzahl von Malariafällen in Sri Lanka vor und nach dem Verbot von DDT.

Malariafälle in Sri Lanka vor und nach dem Verbot von DDT

Jahr	Anzahl Fälle
1946	2 800 000
1961 (nach Einführung von DDT)	110
1962	31

Jahr	Anzahl Fälle
1963	17
1964 (ab jetzt ist DDT verboten)	150
1965	308
1966	499
1967	3466
1968	2 500 000

Dergleichen Statistiken haben Hubert Markl, den ehemaligen Präsidenten der Deutschen Forschungsgemeinschaft, zu dem Schluss geführt, dass »die Nebenwirkungen des DDT-Verbotes... mit Sicherheit mehr Menschen das Leben gekostet [haben] als die Nebenwirkungen des DDT«.

Gleiches gilt auch für verschiedene andere Pestizide. So hat etwa das Verbot des Pflanzenschutzmittels EDB (ethylene dibromide) in den USA ein minimales Krebsrisiko verhindert, zugleich aber der Verbreitung eines weitaus schädlicheren und krebserzeugenden Pilzes Vorschub geleistet, der sich auf den bis dato mit EDB behandelten Lebensmitteln ausbreiten konnte. Oder man nehme andere durchaus gefährliche Chemikalien wie Fluor, dessen nützliche Effekte für die Zahngesundheit gleichfalls unbestritten sind, oder Chlor. Chlor ist ohne jeden Zweifel toxisch, zugleich aber eine der wirksamsten Waffen im weltweiten Kampf gegen diverse Infektionskrankheiten wie die Cholera. So wird etwa die massive Cholera-Epidemie in Südamerika Anfang der 90er-Jahre, die allein in Peru 7000 Menschen das

Leben kostete und zu weiteren 800 000 Krankheitsfällen führte, auf die Weigerung der peruanischen Regierung zurückgeführt, das peruanische Trinkwasser mit Chlor zu desinfizieren. Die Regierung hatte sich von amerikanischen Studien zur potenziell krebserzeugenden Wirkung von Chlor verunsichern lassen.

Aus den gleichen Gründen – weil die unangenehmen Nebenwirkungen eines Verbots dessen Nutzen bei Weitem übersteigen – ist auch der jahrzehntelange Kreuzzug von Umweltverbänden aller Art gegen die Chemikalie PVC verfehlt. PVC steht für Polyvinylchlorid, ein erstmals in den 30er-Jahren des letzten Jahrhunderts in großem Maßstab hergestellter Kunststoff, wie er vor allem in Fußbodenbelägen, Fensterprofilen, Rohren aller Art, Kabelisolierungen und auch Schallplatten Verwendung findet (die heißen im Englischen Vinyls). Und wenn Sie demnächst wieder mit Ihrer Kreditkarte zum Einkaufen gehen, dann ist die mit großer Wahrscheinlichkeit ebenfalls aus PVC.

PVC besteht aus Chlor und Kohlenwasserstoff und ist extrem witterungsbeständig, preiswert und langlebig. Allerdings ist Vinylchlorid, der Ausgangsstoff von PVC, als krebserregend anerkannt, und beim Verbrennen entsteht Dioxin. Obwohl diese Gefahrenquellen inzwischen gut beherrschbar sind – so kommen etwa Arbeiter heute nicht mehr mit Vinylchlorid in Berührung, und dessen Restspuren in PVC liegen um einen Faktor über 1000 unter dem der 70er-Jahre –, protestiert man dennoch munter weiter:

»PVC ist ein Umweltgift«, lese ich im Netz auf

einer Greenpeace-Seite. »Denn von der Produktion bis zur Entsorgung verursacht PVC eine Vielzahl von Umwelt- und Gesundheitsbelastungen: Diese beginnen mit der Produktion des hochgiftigen Chlorgases, die mit hohem Energieeinsatz verbunden ist. Die PVC-Vorprodukte Ethylendichlorid (EDC) und Vinylchlorid (VC) sind stark gesundheitsschädliche Chemikalien, Vinylchlorid (VC) ist sogar erwiesenermaßen krebserregend für den Menschen. Bei der Produktion von EDC und VC fallen beträchtliche Mengen hochgiftiger dioxinhaltiger Abfälle sowie große Mengen an giftigen Abwässern an. Dem daraus produzierten Roh-PVC muss eine Vielzahl von teilweise umwelt- und gesundheitsschädlichen Zusatzstoffen wie Schwermetall-Stabilisatoren (etwa Blei oder Barium), Weichmacher (Phthalate) und chlorierte oder bromierte Flammschutzmittel beigemengt werden.«

Und so weiter, die bekannte Leier. Das und das ist da, aber wie viel davon da ist, und ab wann das Ganze gefährlich wird, dazu schweigt des Sängers Mund.

Ausnahmsweise scheint aber hier einmal die Vernunft zu siegen, die PVC-Erzeugung nimmt seit Jahren zu. Inzwischen werden weltweit über 30 Millionen Tonnen jährlich hergestellt. Allein in Deutschland arbeiten rund 150 000 Beschäftigte in 5000 Unternehmen an der Produktion.

Obwohl in dem Extended Impact Assessment der EU immer wieder davon die Rede ist, dass man bei der

Würdigung von Chemikalien *alle* Effekte, die positiven und negativen Wirkungen ihres Einsatzes wie auch ihres Nichteinsatzes, berücksichtigen müsse, werden diese unerwünschten Nebenwirkungen eines Chemikalienverbots durchweg ignoriert. Auch ein Strategiepapier der Weltbank oder der WWF-Forschungsbericht, auf welchen die EU-Kommission sich immer wieder stützt, blenden dergleichen unerwünschte Nebenwirkungen in aller Regel aus. Das Weltbank-Strategiepapier zum Beispiel weist zwischen 0,6 Prozent und 2,5 Prozent des gesamten Morbiditätsgeschehens in entwickelten Industrienationen von Menschen gemachten Chemikalien zu, ohne jede Rücksicht auf denjenigen Teil eines möglichen Morbiditätsspektrums, der durch diese Chemikalien verhindert worden ist, und ohne abzuschätzen, welche neuen Krankheiten durch Verbote dieser Chemikalien zur Ausbreitung gelangen könnten. Damit befinden sich die EU-Kommission und die Weltbank, auf die die EU-Kommission sich stützt, im Widerspruch zu einer in anderen Weltbank-Dokumenten festgelegten Vorgehensweise, bei allen öffentlichen Gesundheitsmaßnahmen immer auch eine »Was-wäre-wenn-Analyse« anzustellen. Was wäre, wenn es die durch das REACH-Programm vom Markt ferngehaltenen Gefahrenstoffe tatsächlich nicht mehr gäbe? Hier ist die EU-Kommission mit ihrer Bruttoanalyse ganz offenbar auf einem Auge blind.

Und selbst diese Bruttoanalyse ist aus verschiedenen Gründen angreifbar. Sie berücksichtigt zum Beispiel nur ungenügend die in den letzten Jahren vermehrt an den epidemiologischen und statistischen

Grundlagen der Risikozuweisung für Gesundheitsstörungen aller Art vorgebrachte Kritik, einmal an den zwei aus Tierexperimenten nötigen Extrapolationen, von hoher zu niedriger Dosis und von Tier zu Mensch, wie darüber hinausgehend an der übertriebenen Betonung künstlicher Karzinogene und Umweltgifte im Vergleich zu genetischen und natürlichen Risiken überhaupt, die inzwischen in der seriösen Forschung weltweit unisono als die weitaus gefährlicheren angesehen werden. Daher ist die in dem »Extended Impact Assessment« der EU-Kommission getroffene Annahme, 1 Prozent des gesamten Krankheitsgeschehens in der EU ginge auf Chemikalien zurück, nicht konservativ, wie dort behauptet, sondern schlicht falsch.

Und selbst wenn sie korrekt wäre, könnte man immer noch nicht der EU-Kommission in ihrer Aussage folgen, ein beträchtlicher Teil dieser Krankheitslast könnte durch REACH verhindert werden. Ein einfacher Vergleich der durch REACH betroffenen Chemikalien mit den im Weltbank-Papier genannten Verursachern dieser 1 Prozent des gesamten Krankheitsgeschehens zeigt nämlich, dass es zwischen diesen nur minimale Überschneidungen gibt. Mit anderen Worten, die durch REACH bekämpften Gefahrenquellen sind nicht diejenigen, auf welche sich das Weltbank-Szenario mit seiner Abschätzung des auf künstlichen Chemikalien beruhenden Krankheitsgeschehens stützt; die immer wieder zitierten, auf Chemikalien zurückzuführenden 1 Prozent dieses Krankheitsgeschehens sind nichts als eine Schätzung aus der hohlen Hand.

Wie lässt sich nun ein möglicher Rückgang des Krankheitsgeschehens und wie lassen sich gewonnene Lebensjahre gegen andere, ebenfalls den Menschen wichtige Güter abwägen, speziell: in Geld bewerten? Allein schon die Frage klingt für viele wie ein Sakrileg. Aber die EU-Kommission hat sie selbst gestellt und gleich auch eine Antwort mitgeliefert: 50 Milliarden Euro. So viel wären, wenn man den EU-Kommissaren glauben darf, die Bürger Europas bereit, für REACH zu zahlen, wenn man sie denn fragte.

Diese Zahl, obwohl laut Eingeständnis der EU nur Ausfluss eines »illustrativen Szenarios«, soll ganz offensichtlich das REACH-Programm auch als ökonomisch sinnvoll erscheinen lassen und wird auch immer wieder von der Kommission als Pro-Argument herausgestellt. Sie basiert auf den Annahmen, dass

(i) 1 Prozent des gesamten Krankheitsgeschehens in entwickelten Industrienationen, gemessen in sogenannten DALYs (»Disability Adjusted Life Years«), auf Chemieprodukte zurückzuführen ist (»agro-industrial chemicals and chemical pollution from diffuse sources«);

(ii) davon wiederum 10 Prozent durch REACH erfasst und beseitigt werden können (wobei die positiven Wirkungen zehn Jahre nach der Einführung von REACH beginnen);

(iii) zehn DALYs einem verhinderten Todesfall entsprechen und

(iv) ein verhinderter Todesfall, im Sinn eines Rückgangs der Sterbewahrscheinlichkeit binnen eines

Jahres für eine Million EU-Bürger um einen zehntausendstel Prozentpunkt, mit einer Million Euro zu bewerten ist.

Diese Annahmen ergeben 4500 verhinderte Todesfälle pro Jahr (beginnend zehn Jahre nach der Einführung von REACH) über 20 Jahre mit einem monetären Nutzen von 4500 × 1 Million = 4,5 Milliarden Euro ab Jahr Nr. 10. Durch Diskontierung mit 3 Prozent pro Jahr erhält man dann einen Barwert des monetären Nutzens von ungefähr 50 Milliarden Euro.

Dieses Szenario führt aber aus verschiedenen Gründen in die Irre. Einmal werden die durch REACH gewonnenen DALYs wegen des Ausblendens der positiven Wirkungen von Chemikalien erheblich überschätzt, dann ist es unzulässig, zehn DALYs mit einem verhinderten Todesfall gleichzusetzen, und die Bewertung eines verhinderten Todesfalls mit einer Million Euro, im Sinn eines Rückgangs der Sterbewahrscheinlichkeit für eine Million Bürger um jeweils einen zehntausendstel Prozentpunkt, stimmt mit den wahren Präferenzen der von REACH betroffenen Bürger der EU nicht überein. Denen ist nämlich eine kleine Reduktion des Risikos weit weniger wert, als die EU glaubt.

Die stützt sich mit ihrer einen Million Euro auf Untersuchungen in weitaus reicheren Ländern, etwa Kanada oder die USA, deren Bürger für die Reduktion eines gegebenen Risikos deutlich mehr Geld auszugeben bereit sind als der typische Bürger der EU. Das soll auf keinen Fall bedeuten, das Leben eines EU-Bürgers sei weniger wert; es bedeutet einzig und allein, dass auch ein typischer EU-Bürger gern Dinge hätte wie etwa ein komfortables Eigenheim, modische Kleider, luxuriöse Autos und die Mitgliedschaft in einem Golfclub, die ein typischer Bürger der USA schon lange hat. Wie etwa eine jüngere Studie über die Zahlungsbereitschaft für Trachoma-Kontrolle in Tansania ergab, ist ein typischer tansanischer Haushalt für eine Reduktion dieses Risikos auf null nur rund 100 tansanische Schillinge zu zahlen bereit. Trachoma ist eine Augenentzündung, welche zur Vernarbung der Augenlider führt, die dann die Augenoberfläche zerkratzen (Trichiasis) und zur Erblindung führen. In gewissen Gegenden von Tansania sind 8 Prozent aller Menschen über 55 Jahren davon betroffen. Bei einem Wechselkurs von aktuell 13 300 tansanischen Schillingen zu 1 Euro hat damit die Vermeidung eines statistischen Erblindungsfalls für einen Bürger Tansanias einen Wert von 0,96 Euro.

Ein typischer Bürger der USA zahlte dafür vermutlich weitaus mehr.

Gleiches gilt für die Zahlungsbereitschaft bei Vermeidung eines Todesrisikos. Das Pro-Kopf-Einkommen in der EU beträgt weniger als die Hälfte des Einkommens in den USA, damit ist aber auch die Zahlungsbereitschaft eines typischen EU-Bürgers für die Vermeidung eines Risikos um die Hälfte kleiner (für die mitlesenden Volkswirtschaftskollegen: Das gilt natürlich nur für eine Nachfrageelastizität von 1).

Der letzte Schritt in der Argumentationskette der EU-Kommission ist die Umwandlung

10 DALYs = 1 statistisches Menschenleben.

Diese Gleichsetzung entspringt der Annahme, dass ein frühzeitiger Todesfall im Durchschnitt mit zehn verlorenen qualitätsadjustierten Lebensjahren einhergeht und sei im Weiteren als gegeben unterstellt. Dennoch darf die damit ebenfalls implizierte Gleichsetzung der Zahlungsbereitschaft für die Verhinderung eines in Krankheit verbrachten Lebensjahres mit einem Zehntel der Zahlungsbereitschaft für die Verhinderung eines Todesfalles angezweifelt werden. Es gibt verschiedene Hinweise in der einschlägigen Fachliteratur, dass Erstere erheblich kleiner ist, sodass nicht zehn, sondern erheblich mehr DALYs mit einem statistischen Menschenleben gleichzusetzen sind. Die EU-Kommission überschätzt den Nutzen von REACH daher in mindestens drei Schritten ihrer Analyse:

(i) Die Zahlungsbereitschaft für ein durch REACH gerettetes statistisches Menschenleben wird um einen Faktor von mindestens zehn überschätzt.

(ii) Die Zahl der durch REACH geretteten DALYs übersteigt die Zahl der durch REACH geretteten Lebensjahre (welche die korrekte, mit statistischen Lebensjahren zu verrechnende Ausgangsgröße ist) um einen Faktor 2.

(iii) Die Zahlungsbereitschaft für die Verhinderung eines in Krankheit verbrachten Lebensjahres ist weniger als ein Zehntel der Zahlungsbereitschaft für die Verhinderung eines statistischen Todesfalles.

Insgesamt läuft dies auf eine Überschätzung des

monetären Nutzens um einen Faktor von ebenfalls mindestens 10, aber vermutlich höher hinaus. Und selbst das ist im Licht der netto durch REACH erreichbaren Gesundheitsverbesserungen noch weit übertrieben; die von der EU-Kommission immer wieder angeführten 45 000 DALYs messen allenfalls den Bruttoeffekt und lassen alle negativen Nebenwirkungen des Wegfalls gewisser Chemikalien außer Acht. Rechnet man diese gegen die Bruttoeffekte auf, bleibt von dem behaupteten Nutzen des REACH-Programms nichts mehr übrig.

Kein einziger Aspekt der Ausgangsaussage von Frau Wallström ist also wahr. Weder tritt der erhoffte gesundheitliche Nutzen ein, noch gilt der von der EU behauptete Zusammenhang zwischen den möglichen geretteten Lebensjahren und der Bereitschaft von Menschen, für diese geretteten Lebensjahre auf andere Güter zu verzichten. Dagegen gibt es zahlreiche weitere Risiken für Leben und Gesundheit, die weitaus effizienter und zu geringeren Kosten zu vermeiden sind als mithilfe des REACH-Programms.

Literatur:

G. Blume: »Die Leiden von Bhopal«, *Die Zeit* Nr. 33 (2010)

S. Breyer: *Breaking the vicious cycle*, Cambridge 1993 (Harvard University Press)

EU-Kommission: Proposal for a regulation of the European Parliament and the Council concerning the registration, evaluation, authorisation und restriction of chemicals, 7 Bände, Brüssel 2003

K. D. Frick, M. Lynch, S. West, B. Munoz und H. A. Mkocha:

»Household willingness to pay for azithromycin treatment for trachoma control in the United Republic of Tanzania«, *Bulletin of the World Health Organisation* 81 (2003), S. 101–107
D. Gyrd-Hansen: »Willingness to pay for a QUALY«, *Health Economics* 12 (2003), S. 1049–1060
J. S. Hammer: »Economic analysis of health projects«, *World Bank Policy Research Working Paper* 1611 (1996)
Walter Krämer: »Eine Evaluation des REACH-Programms der EU. Regulierung der Chemieindustrie aus der Sicht der Statistik«, in A. Wagner (Hrsg.): *Empirische Wirtschaftsforschung heute*, Festschrift für Ullrich Heilemann, Stuttgart 2009, S. 267–273 (Schäffer-Poeschel Verlag)
S. Milmo: »REACHing for a price tag«, *Chemistry & Industry*, 24.1.2011
C. J. L. Murray, A. D. Lopez und D. T. Jamison: »The global burden of disease in 1990: Summary results, sensitivity analysis and future directions«, *Bulletin of the World Health Organisation* 72 (1994), S. 496–509
Klaus Schmeh: »Dihydrogen-Monoxid: der unsichtbare Killer«, *Skeptiker* 1 (2011), S. 28 f.
W. K. Viscusi: »Carcinogen Regulation: Risk Characteristics and the Synthetic Risk Bias«, *American Economic Review* 85 (1995), S. 50–54

8 Wer vergiftet unsere Nahrungsmittel?

»Stimmt es, dass ich mich mit BSE anstecken kann, wenn ich lange auf meinem Rindsledersofa sitze?«

Ein besorgter Leser an die Rheinische Post *in Düsseldorf*

Haben Sie schon einmal einen Knollenblätterpilz gegessen? Natürlich nicht, sonst wären Sie schon lange tot. Drei Kilo grüne Kartoffeln, zwei Pfund Bittermandeln (Blausäure!) oder 100 Gramm verdorbene Dosenwurst erfüllen den gleichen Zweck: Wenn nicht zufällig ein Notarzt zum Auspumpen des Magens in der Nähe ist, sind Sie binnen weniger Minuten aller irdischen Sorgen enthoben.

Natürliche Gifte aller Art und Gefährlichkeit sind von Natur aus in Pflanzen und in pflanzlichen wie tierischen Lebensmitteln im Übermaß enthalten; kaum jemand macht sich eine Vorstellung, wie viele genau. Die in zwei Muskatnüssen enthaltenen Mengen der Gifte Myristicin – auch in Dill und Petersilie – und Elemicin zum Beispiel reichen aus, um ein Kind umzubringen. Die hochgiftige Blausäure kommt in Bittermandeln – da allerdings in abnorm hoher Konzentration – und in fast allen anderen pflanzlichen Lebensmitteln, besonders konzentriert auch in Leinsamen vor; mehr als zwei Kochlöffel täglich, und man darf den Doktor rufen. Das in Käse enthaltene Tyramin gefährdet Personen, die sogenannte MAO-Hemmer als Antidepressiva oder gegen Parkinson nehmen, mit den Folgen Bluthochdruck und Herzinfarkt. Honig enthält den Krankheitserreger Clostridium botulinum, bei Babys kann das zu einer Lähmung des Darms und einer hartnäckigen Verstopfung führen. Rohe grüne Bohnen – schon fünf bis sechs Stück – rufen schwerste hämorrhagische Gastroenteritis hervor, und auch die besten biologisch angebauten Karotten enthalten das Nervengift Carotatoxin plus eine ganze Reihe weiterer giftiger Substanzen sowie sogenannte Isoflavone, die eine östrogene Wirkung besitzen, also weibliche Sexualhormone imitieren. Äpfeln, Birnen oder Pflaumen enthalten giftige Kaffeesäure, Aprikosen, Kirschen, Pfirsiche und Pflaumen enthalten Chlorogensäure, Orangen enthalten d-Limonen (können Allergien auslösen), kalt gepresstes Olivenöl enthält Perchlorethylen. Und das stärkste Nervengift der Welt, Botulinustoxin, von dem zwei Milliardstel Gramm einen Menschen töten, wird von einem Bakterium produziert, das völlig natürlich in Fleischwaren gedeiht; weniger als ein Gramm davon würden ausreichen, ganz Deutschland zu entvölkern.

Wem das noch nicht reicht: Hier folgt eine Liste weiterer naturbelassener Lebensmittel und der Gefahren für unsere Gesundheit, die von ihnen ausgehen (aus dem Buch *Die 50 besten und 50 gefährlichsten Lebensmittel* von Sven-David Müller, Carolin Böcker und Jasmin Schwarz):

Avocados: Gefährlich für Diabetiker, die darin enthaltene Mannoheptulose hemmt die Produktion von Insulin.

Bananen: Enthalten das herzschädigende Serotonin. Besonders Gemüsebananen sind mit großer Vorsicht zu genießen.

Beerenobst: Die in Johannisbeeren, Himbeeren, Heidelbeeren und Erdbeeren enthaltene Salicylsäure kann Allergiker zu Juckreiz, Magenbeschwerden oder Asthma animieren.

Rohe Bucheckern: Enthalten den Stoff Fagin, gefährlich für Menschen mit Nierenerkrankungen, Gicht und Arthritis.

Rohe Eier: Gefahr einer Salmonellenvergiftung.

Schwarzer Holunder: Die Blätter, die unreifen Beeren und die Samen der reifen Beeren enthalten Sambunigrin, ein sogenanntes cyanogenes Glycosid. »Bei Kindern kommt es beim Genuss der giftigen Pflanzenteile zu starkem Durchfall, Magenbeschwerden und Erbrechen.«

Kaffee, Tee, Kakao: Enthalten sogenannte Methylxanthine wie Koffein und Theobromin, die bei empfindlichen Menschen den Herzrhythmus stören können. »Ebenso kommt es bei extrem hoher Aufnahme von Koffein zu einer Kontraktion der glatten Muskulatur und Skelettmuskulatur mit Zittern, Unruhe und Erbrechen.«

Rohes Mett: Überträgt Bandwürmer. »Hat man typische Symptome wie verstärktes Jucken, Entzündungen des Darms, sollte man unbedingt zum Arzt.«

Rhabarber: Enthält Oxalsäure, die zu Krämpfen und Herzlähmung führt. »Personen mit Arthritis, Gicht und Nierenkrankheiten sollten lieber auf das Gemüse verzichten.«

Saubohnen: Führen zu schweren Vergiftungen wie

hämolytischer Anämie, Milz- und Leberschwellung bei Menschen, die an einem Gendefekt namens Favismus leiden.

Sauerampfer: Enthält wie der Rhabarber Oxalsäure, die mit Eisen und Kalzium unlösliche Verbindungen eingeht. »Deshalb sollten Personen mit Gicht, Rheuma und Nieren- oder Blasensteinen auf den Genuss von Sauerampfer verzichten.«

Salbei: Enthält in seinem ätherischen Öl das toxische Thujon.

Senf: Kann wegen seines hohen Salicylsäuregehalts zu Übelkeit, Erbrechen und Nierenschäden führen.

Sojabohnen: Enthalten cyanogene Glycoside, ähnlich denen im schwarzen Holunder.

Stachelbeeren: Enthalten Glyoxylsäure. »Es kann bei übermäßigem Verzehr zu Krämpfen und Herzlähmung kommen.«

Süßkartoffeln: Können sogenannte Terpene enthalten, die Leber, Lungen und Nieren vergiften.

Schwarzer Tee: Enthält Gerbstoffe, die sich mit Eisen wie auch mit Vitamin B1 verbinden. »Vegetarier, die kein Fleisch verzehren und deshalb weniger Eisen aufnehmen, sollten daher Tee nicht während der Hauptmahlzeiten konsumieren.«

Wacholderbeeren: Enthalten die Substanzen Cadinen, Sabinen und Sabinol, welche die Schleimhäute des Magen-Darm-Trakts und die Nieren reizen »Außerdem führen sie zu Menorrhagie (starker Regelblutung). Schwangere und Personen mit Nierenproblemen sollten Wacholderbeeren deshalb unbedingt meiden.«

Wildfleisch: Ist oft massiv mit Schwermetallen belastet.

Sogar Blumen wollen uns vergiften. Wie ich dieser Tage in meiner lokalen Tageszeitung lese, enthalten Blüten und Blätter von Hortensien, eines der beliebtesten deutschen Zierstrauchgewächse, hochgiftige Blausäureverbindungen und den Stoff Isocumarin-Hydragenol, der Kontaktallergien verursacht. Deshalb warnt das Landeskriminalamt Niedersachsen eindringlich davor, die Blätter und Blüten der Pflanzen zu trocknen und als Cannabisersatz zu rauchen. Das soll öfter vorkommen, als man denkt, immer wieder dringen Cannabisfreunde in Privatgärten ein und schneiden dort die Blüten ab. Einen ersten bundesweiten Höhepunkt gab es im Herbst 2002, damals hatten es die Täter vor allem auf Vorgärten und Grünanlagen abgesehen. Seit Neuerem brechen sie auch in Häuser ein.

Viele dieser von Natur aus in Pflanzen enthaltenen Stoffe sind nicht nur giftig, sondern auch als Krebserzeuger oder Chromosomenbrecher (sogenannte Klastogene) nachgewiesen. So kann zum Beispiel das Allylisothiocyanat, ein Abbauprodukt des in Kohl enthaltenen Sinigrin, schon in einer 200 000-mal niedrigeren Konzentration – bei 0,0005 Milligramm pro Kilogramm – Chromosomenbrüche erzeugen. Und Kohl enthält bis 590 ppm (»parts per million« = Teilchen pro Million) natürlich hergestelltes Sinigrin, Rosenkohl bis zu 1500 ppm, brauner Senf sogar bis zu 72 000 ppm. Und einer der stärksten krebsfördernden Stoffe überhaupt, das Aflatoxin, wird in der Natur von einem Schimmelpilz gebildet, der auf Brot, Wurst oder Käse gedeiht.

Nach einer viel zitierten Studie des angesehenen amerikanischen Biochemikers Bruce N. Ames und Koautoren machen diese von der Natur produzierten Gifte und Pestizide in Gewicht gemessen fast 100 Prozent (genau: 99,99 Prozent) aller Pestizide in unserer Ernährung aus. »Nach unserer Berechnung sind 99,99 Prozent – nach Gewicht – aller Pestizide in amerikanischen Nahrungsmitteln solche, die von den Pflanzen selbst produziert werden, um sich gegen ihre Feinde zu verteidigen«, schreibt Ames in den *Proceedings of the National Academy of Science.* »Die natürlichen Chemikalien bestreiten den Riesenanteil aller Chemikalien in unserer Ernährung und sollten deswegen als Vergleichsmaßstab dienen, wenn wir die mögliche Krebsgefährdung durch synthetische Chemikalien quantifizieren ... Pflanzen erzeugen Gifte aller Art als Schutz gegen Pilze, Insekten und andere Tiere ... Zehntausende dieser natürlichen Pestizide wurden bereits entdeckt, und jede bisher analysierte Pflanzenart enthält davon mehrere Dutzend ... Nach unserer Schätzung essen Amerikaner ungefähr 1,5 g natürliche Pestizide pro Tag, ungefähr 10 000-mal so viel, wie sie an synthetischen Pestiziden zu sich nehmen.«

Die folgenden weiteren natürlichen Gifte, neben dem schon erwähnten Sinigrin, fanden Ames und seine Koautoren allein in normalem Kohlgemüse: Cyanid, Menthol, Carvon, Phenol, Glucoiberin, Epiprogoitrin, Glucoraphanin, Glucoerysolin, Glucotropaeolin, Neoglucobrassicin, Indol-3-Carbinol, Indol-3-Methylcyamid, Goitrin und Bassicin – kein Wunder, dass normaler Bio- wie auch Standardkohl, sofern nicht von Menschen aufgegessen, in Deutschland als Sondermüll behandelt werden muss.

Mein persönlicher Favorit sind Himbeeren. Ich konnte sie von Kind an nicht leiden, und jetzt weiß ich auch warum. Natürliche Himbeeren enthalten: 34 verschiedene Aldehyde und Ketone (viele giftig), 32 verschiedene Alkohole (einige giftig), 20 verschiedene Ester (die meisten giftig), 14 verschiedene Säuren (fast alle giftig), drei Kohlenwasserstoffe und sieben Verbindungen anderer Stoffklassen, darunter das gefährliche Cumarin, das Leberschäden verursacht. Nach geltenden Gesetzen müsste daher die Produktion von Himbeeren, sollte etwa die Firma Nestlé eine Lizenz dafür verlangen, nach deutschem Lebensmittelrecht verboten werden.

Nicht nur deshalb habe ich jedenfalls vor einigen Jahren schon beschlossen, wenn möglich keine Bio-Lebensmittel mehr zu essen.

»Ein Glas frisch gemolkene Kuhmilch, der intensive, sahnig-süße bis nussige Geschmack, das cremige Gefühl – für viele Verbraucher ist das der Inbegriff von natürlichem Genuss«, lese ich in der Berliner *Welt*. Ein großes Aber folgt allerdings sogleich. »Doch genau die Natürlichkeit bringt erhebliche gesundheitliche Risiken mit sich.«

Genau die Natürlichkeit bringt erhebliche gesundheitliche Risiken mit sich! So können beim Melken

Keime aus dem Stall in die Milch gelangen, die müssen abgetötet werden. »Eine Kuh scheidet am Tag rund einen Zentner Kot aus. Dabei wird oftmals auch das Euter kontaminiert«, präzisiert ein Mann, der es wissen muss, Philipp Hammer vom Institut für Sicherheit und Qualität bei Milch und Fisch in Kiel. »Auf diesem Wege können dann Bakterien wie der Escherichia-coli-Stamm EHEC oder auch Campylobacter-Bakterien in die Milch gelangen.«

Deshalb ist »normale«, für den Verbraucher bestimmte Milch vor der Abgabe künstlich zu behandeln. Es sei denn, man kauft Rohmilch ab Hof oder Vorzugsmilch, da müssen die Naturfreunde eben mit den Risiken einer Vergiftung leben. »In Milch, die nicht wärmebehandelt wurde, sondern roh getrunken wird, können Keime überleben«, warnt auch Juliane Bräunig, eine Expertin vom Bundesinstitut für Risikobewertung (BfR). Gesunden Erwachsenen könnten diese Keime außer Durchfall in der Regel wenig anhaben, doch für Kinder und alte oder immunschwache Personen sei Rohmilch durchaus gefährlich.

Auch Schwangere sind gefährdet. »Die Krankheitserreger können Magen-Darm-Probleme, Erbrechen, Durchfall mit Fieber und Kreislaufbeschwerden, in schweren Fällen auch blutigen Durchfall und Nierenversagen verursachen«, sagt Bräunig. Das BfR empfiehlt daher allen Risikogruppen, generell auf Rohmilch ab Hof und auf Vorzugsmilch zu verzichten.

Jetzt ein kleines Gedankenexperiment: Käme die Rohmilch nicht von der Kuh, sondern aus einer Chemiefabrik – sie wäre nach wütenden Protesten von

Verbraucherschützern binnen weniger Tage vom Markt verschwunden.

In Deutschland nimmt sich die Lebensmittelchemische Gesellschaft, die größte Fachgruppe in der Gesellschaft Deutscher Chemiker, der von Ames und anderen in den USA behandelten Problematik an. Ihre mehr als 2700 Mitglieder, vor allem in der Industrie und in Behörden bei der Lebensmittelüberwachung tätig, personifizieren das deutsche Fachwissen zu Qualität und Sicherheit unserer Ernähung. Und auch der Vorsitzende der Lebensmittelchemischen Gesellschaft, Professor Dr. Thomas Henle, glaubt wie sein amerikanischer Kollege Ames, dass die durch künstliche Pestizide in der Landwirtschaft oder durch Acrylamid in Pommes frites oder Kartoffelchips erzeugten Risiken weit überschätzt werden gegenüber Gefahren durch Pflanzengifte, Bakterien oder Schimmelpilze, die von Natur aus vorhanden sind. Das stark nierenschädliche Schimmelpilzgift Ochratoxin entsteht zum Beispiel völlig natürlich in Getreide, wenn dieses schlecht gelagert wird, auch durch schlechtes Lagern bei Nüssen oder Kaffeebohnen; gegen Backen oder Kochen ist es fast immun. »In armen Ländern mit hungernder Bevölkerung«, so Henle, »können schlecht gelagerte, kaum kontrollierte oder ganz offensichtlich verdorbene Lebensmittel zu einem großen Problem für die Gesundheit der Menschen werden.«

Und gut gelagerte, penibel kontrollierte und unverdorbene Lebensmittel ebenso.

Der einschlägige Artikel von Ames, in der berühmten Fachzeitschrift *Proceedings of the National Academy of Sciences* bereits im Jahr 1990 erschienen, und auch die Expertise der deutschen Lebensmittelchemischen Gesellschaft haben in den Wissenschaften für ein gehöriges Umdenken gesorgt. Aber leider nur dort. Die Verbraucher essen weiter unbekümmert und in großen Mengen natürliche Gifte aller Art und geraten in Panik, wenn von künstlichen Pestiziden oder Zusatzstoffen die Rede ist. Nach einer Umfrage von Greenpeace aus dem Jahr 2007 wollen 71 Prozent aller Bundesbürger, dass überhaupt keine Rückstände künstlicher Pestizide in Obst und Gemüse enthalten sind, und nur 2,1 Prozent sahen in den Rückständen von Pflanzenschutzmitteln kein Problem. Und stolze 88,8 Prozent aller Bundesbürger fordern sogar, dass konventionell angebaute Waren wie etwa Tafeltrauben, bei denen wiederholt »zu hohe« Rückstände festgestellt werden, grundsätzlich nicht mehr angeboten werden dürfen.

Kein Wunder, denn auch zu den modernen Massenmedien ist die Übermacht der natürlichen über die künstlichen Pflanzengifte noch nicht durchgedrungen; hier dominieren weiterhin Meldungen wie: »Neuer Schock! So werden unsere Kartoffeln vergiftet!« So überschreibt etwa eine große Fernsehprogrammzeitschrift einen typischen reißerischen Bericht über Pestizide in der beliebten deutschen Knollennahrung. »Jede Knolle fünfmal chemisch behandelt. Wer soll das noch essen?« Und so geht es weiter. »Das hat uns gerade noch gefehlt. Die Kartoffel in Verruf – vergiftete Atmosphäre um die

Knolle, die zur begehrtesten Frucht der Deutschen wurde. Die neuen haarsträubenden Geschichten um die Pflanze, die Geschichte machte: Fünfmal Gift, bevor die Kartoffel auf den Tisch kommt!

Gift als Dünger (bis zu 180 kg pro ha)
Gift als Unkrautvernichtung
Gift zur Krautabtötung
Gift als Keimhemmmittel
Gift als Bodenaufbereiter ...

Tatsachen: 50 chemische Gifte dürfen in Deutschland beim Kartoffelanbau eingesetzt werden ... Belastend vor allem: Nitrate aus der Überdüngung (werden im Körper in krebserregendes Nitrit umgewandelt).«

So geht es weiter, die ganze Seite rauf und runter.

Unwillkürlich ist man versucht, dem Schreiber dieser Zeilen drei Pfund Bio-Kartoffeln zu verabreichen. Deren grüne Stellen enthalten, wie die anderer Kartoffeln auch, große Mengen des hochgiftigen Solanin. Dieser Stoff gehört wie Koffein und Nikotin zu der Gruppe der Alkaloide, ein halbes Gramm davon, und man isst niemals im Leben mehr Kartoffeln. Aber schon sehr viel kleinere Dosen können zu Magen-Darm-Beschwerden führen. Im Jahr 1978 ist es in England zu einer Massenvergiftung durch Solanin in den Kartoffeln einer Schulküche gekommen. Ähnliche Massenvergiftungen durch Nitrate oder künstliche Pestizide, ohne die so manche Kartoffel heute niemals auf den Teller käme, sind dagegen bislang nicht bekannt.

Trotzdem gelangen immer wieder alarmistische Pressemitteilungen wie die folgende vom 4. Februar 2010 auch in die seriösen Medien; wie leider üblich wird darin die Faktenlage umgedreht, d. h. die Gefahr durch Lebensmittel den Menschen angehängt. Eine Greenpeace-Studie hatte 1150 Pflanzenschutzmittel auf ihre Gefährlichkeit für Mensch und Umwelt überprüft und 17 Spritzmittel gefunden, die von deutschen Verbrauchern besonders häufig durch Lebensmittel aufgenommen werden. »Darunter weiterhin das BASF-Produkt Iprodion auf Kopfsalat, das trotz seiner vermutlich krebserregenden Wirkung eingesetzt wird. Oder das neurotoxisch wirksame Fungizid Cyprodinil von Syngenta, das Greenpeace in Tafeltrauben festgestellt hat. Im Vergleich zur 2008 von Greenpeace publizierten *Schwarzen Liste* hat sich die Zahl der gefährlichen Pestizide von 327 auf 451 erhöht.«

Greenpeace hat ein Fungizid in Tafeltrauben festgestellt! Gibt es eine Meldung mit noch weniger Informationsgehalt? Liebe Leute von Greenpeace: Belegt mal einen Kurs in Lebensmitteltoxikologie! Oder lest mal den Artikel von Bruce Ames. Es gibt nämlich nicht nur 451 gefährliche Pestizide in unseren Lebensmitteln, wie in eurer Liste aufgeführt, sondern Tausende davon, jedenfalls sehr viel mehr, als ihr gefunden habt. Aber tröstet euch: Irgendwann findet ihr die auch.

»Wenn wir sicherstellen wollen, dass solche Gifte in Zukunft aus unserer Nahrung verschwinden, dann müssen wir vermehrt auf Bio-Lebensmittel zurückgreifen«, lese ich zu dieser Studie im Internet.

»Diese sind zwar teurer, machen aber wenigstens nicht krank.«

Na, dann guten Appetit!

Pestizide sind »Kontaminanten«, wir essen sie – ob natürlich oder künstlich – lieber nicht (so wir sie denn verhindern können). Andere Stoffe werden aber in voller Absicht unseren Lebensmitteln beigefügt. Das sind die sogenannten Zusatzstoffe, die berühmten E-Nummern, beginnend mit E100: Curcumin. Das ist ein intensiv orange-gelber Farbstoff, der in natürlicher Form in der Gelbwurzel (*Curcuma longa)* vorkommt, daher auch sein Name, er gibt verschiedensten Produkten – Margarine, Teigwaren, Kartoffelflocken, Reis, Marmelade oder Senf – auf preiswerte Weise eine schöne gelbe Farbe. Weitere Farbstoffe, die gern Lebensmitteln zugesetzt werden, sind Chinolingelb (E104), Chlorophylle (E140) oder Pflanzenkohle (E153).

Weiter geht die Liste der Zusatzstoffe mit den Konservierungsmitteln Sorbinsäure (E200), Natriumsulfid (E221) oder Kaliumnitrit (E249), die verhindern, dass Lebensmittel vorzeitig verderben. Dann folgen Säureregulatoren wie Essigsäure (E260) oder Milchsäure (E270) sowie Antioxidationsmittel, Stabilisatoren, Gelier- und Verdickungsmittel, Feuchthaltemittel, Emulgatoren, Geschmacksverstärker wie die bekannte Glutaminsäure (E620) bis hin zu Trägerlösungsmitteln wie Benzylalkohol (E1519). Damit hört die Liste der Zusatzstoffe auf.

Die Reflexreaktion vieler Menschen – vor allem in

Deutschland – darauf ist: Pfui, das ist ja Chemie, das ist ja Gift, das will ich nicht. Und so haben Panikmacher wie Hans-Ulrich Grimm in seinem Buch *Echt künstlich* (das in jedem anderen Land der Welt ein Ladenhüter wäre) leichtes Spiel. Das Buch beginnt mit einem Beinahe-Todesfall:

»Joghurt ist ja gesund, mit gemischten Früchten erst recht. Doch die junge Frau aus dem französischen Nancy hätte den Genuss fast mit dem Leben bezahlt. Kaum hatte sie ein paar Löffel gegessen, breiteten sich kleine, rote Flecken über ihrem Körper aus, dann bekam sie kaum noch Luft, sie erstickte fast, schließlich schwollen ihr die Augenlider zu. Sie wurde sofort ins Zentralkrankenhaus eingeliefert, wo die Ärzte umgehend mit lebensrettenden Sofortmaßnahmen begannen. Sie überlebte, dank der schnellen Behandlung.

Die Ärzte fahndeten nach den Gründen für den Anfall, und sie fanden die unscheinbare Ursache. Es war der Fruchtjoghurt, der die 35-jährige Sekretärin fast umgebracht hätte. Genauer: der Farbstoff im Fruchtjoghurt. Die Sekretärin hat, wenn man das so sagen möchte, noch Glück gehabt: Solche Schockreaktionen können auch tödlich enden. Und zwar binnen einer halben Stunde. Nur wenn die Betroffenen sofort eine Adrenalinspritze bekommen, notfalls durch die Kleidung hindurch, kann ihr Leben gerettet werden.«

Der Farbstoff war E120: Karminrot. Gegen diesen Farbstoff war die Frau allergisch. Meine Frau ist auch allergisch, gegen Haselnüsse. Ich bin auch allergisch, gegen Birkenpollen. Und in seiner nächsten

Horrorgeschichte entlarvt sich Grimm tatsächlich selbst. Es geht um David Reading, den Gründer der Aufklärungsbewegung »Anaphylaxis campaign«.

»Seine Tochter Sara war, 17-jährig, im Oktober 1993 im Städtchen Ash bei London gestorben. Sie hatte in einem Schnellrestaurant eine britische Süßspeise ... gegessen, ein Fertigdessert, das winzige Spuren von Erdnüssen enthielt. Sie wurden der jungen Frau zum Verhängnis. Sie waren, wie in Restaurants üblich, nicht deklariert und daher für das Mädchen nicht zu erkennen gewesen.«

Erdnüsse werden aber nicht von der Firma BASF, sondern von der Mutter Natur gemacht. Und auch viele der von Grimm kritisierten Zusatzstoffe sind Naturprodukte. Der wohl bekannteste von allen ist E300: L-Ascorbinsäure, besser bekannt als Vitamin C. Ohne diesen Zusatzstoff wären die Herren Grimm und Reading lange tot. Und die Zusatzstoffe E174 und E175 sind sogar so begehrt, dass darüber Kriege ausgefochten werden. E174 ist Silber, E175 ist Gold, sie werden zur Verzierung von Konfekt, Pralinen und Dragees benutzt. Ein italienischer Sterne-Koch soll Gold sogar zum Bestreuen seines preisgekrönten Risottos verwendet haben, »wo es neben einer vornehmen Färbung einen dezent metallischen Geschmack erzeugt«.

Der Farbstoff aus dem Fruchtjoghurt, der beinahe die französische Sekretärin getötet hätte, war ebenfalls natürlich: E120 (Karmin), auch als Cochenille bekannt. Der Stoff färbt Süßigkeiten, Eiscremes und Fruchtsäfte und meinem Lieblingsaperitif Campari in roter Farbe ein (jetzt weiß ich auch, warum manche Menschen Campari-Allergien haben). Und deshalb, weil eben viele Zusatzstoffe auch in der Natur vorkommen, enthalten auch von Menschen unbehandelte Lebensmittel E-Stoffe aller Art, so zum Beispiel die besten Bio-Äpfel auch E296 (Apfelsäure), E420 (Sorbit) und E330 (Zitronensäure).

Und das nicht ohne Grund. Zusatzstoffe schützen Lebensmittel vor Bakterien und chemischen Veränderungen, machen sie haltbarer und lassen sie auch besser schmecken – wer sieben Milliarden Menschen ernähren will, sollte sich über jede Hilfe freuen. Sie werden in Deutschland – sofern künstlich – mehr als gründlich reguliert und kontrolliert, vor der Zulassung wird jeder penibel auf gesundheitliche Nebenwirkungen aller Art überprüft, die Zusatzstoffzulassungsverordnung vom 5. Februar 1998 ist hier mehr als strikt. Weitere Regulierungen finden sich auch in der sogenannten Aromenverordnung oder im Weinrecht; wenn also irgendein Bestandteil unseres Essens auf Herz und Nieren auf gesundheitliche Unbedenklichkeit getestet ist, dann sind es die Zusatzstoffe.

Aber seit wann hält gesundheitliche Unbedenklichkeit die Panikmacher vom Panikmachen ab? Grimm zum Beispiel meint: »Weil sie [die Zusatzstoffe] massenhaft verzehrt werden, können auch völlig natürliche Stoffe plötzlich zum Gesundheitsrisiko werden.« Auch kritisiert er, dass individuell völlig ungefährliche Stoffe gemeinsam plötzlich giftig werden könnten. Dafür gibt es zwar keinerlei Indizien, aber mit dem immer wieder verwendbaren Konjunktivtrick (könnte, könnte, könnte) ist die Wirkung trotzdem garantiert. Und dass Zusatzstoffe, massenhaft verzehrt, der Gesundheit schaden, ist auch keine große Neuigkeit. Wenn ich drei Pfund makellose Markenbutter esse, bin ich genauso krank.

Einen Stoff habe ich bisher ausgespart, der heißt Dioxin. Das ist ein Sammelbegriff für eine ganze Klasse von chemischen Substanzen, die je nach Ausgestaltung tatsächlich mehr oder weniger giftig sind. Die bekannteste und giftigste ist die Variante TCDD, die auch beim Seveso-Unfall freigesetzt wurde. Dergleichen Dioxine entstehen bei allen Arten von Verbrennungen, mal mehr, mal weniger, je nachdem, was gerade brennt. Aber ganz gleich was, immer entsteht Dioxin. Von den 75 bekannten Arten sind einige, wenn auch nicht alle, hochgiftig; schon in geringen Dosen können sie Krebs erzeugen. Und da ja die Panikindustrie generell nicht unbedingt darauf achtet, ob diese Dosis wirklich erreicht worden ist, sondern vor allem darauf, ob überhaupt Dioxin gefunden wurde, brach nach einem solchen Fund um Weihnachten 2010 in Deutschland die letzte einschlägige Panik aus.

Die Inszenierung folgte den üblichen Regeln.

Akt 1 (Vorspiel): Irgendwo, in diesem Fall auf einem westfälischen Bauernhof, werden bei Routinekontrollen »teilweise deutlich erhöhte Dioxinbelastungen festgestellt«, *Frankfurter Rundschau* vom 30.12.2010. Betroffen waren Schweinefleisch und Eier. Auch die Bedeutung von »deutlich erhöht« wird – zumindest für die Eier – angegeben: »Bei einer

Eierprobe hätten die ermittelten Werte um das Vierfache über dem zulässigen Grenzwert gelegen.« Bei Fleisch ist schon von Grenzwerten nicht mehr die Rede, nur von Existenz, das deutet schon die Richtung an. »Die Behörden sperrten drei Ställe und weiteten die Kontrollen aus. Der Fall hat möglicherweise bundesweite Dimensionen.«

Und ob! Denn jetzt kommt Akt 2 (Panik): Nach diesem vergleichsweise neutralen Auftakt, der so oder ähnlich in der gesamten deutschen Presse zu lesen war und auch in eine sachliche Diskussion des Ganzen hätte überleiten können, kommt es zu einer impliziten Übereinkunft der Medien, diesen Fall zu einem Hauptthema zu machen. Wäre etwa zeitgleich Queen Elizabeth gestorben oder im Berliner Zoo ein zweiköpfiger Pandabär geboren worden, hätte es die nun folgende Dioxinpanik so wohl nicht gegeben. Da aber republikweit immer nur ein Thema zugleich die Emotionen anzuheizen in der Lage ist, war es diesmal eben Dioxin.

Ab Anfang Januar macht jede Zeitung, jede Nachrichtensendung in Rundfunk und Fernsehen tagelang mit diesem Thema auf, vor und hinter den Kameras und Mikrofonen prostituieren sich Betroffenheitskasper aller Art, die nicht mehr wissen, wo sie ihre Frühstückseier kaufen sollen, die forcierte Berichterstattung und das dadurch gereizte Publikum schaukeln sich zu einer wahren Hysterieorgie empor, Nordrhein-Westfalens Landesregierung beantragt eine Sondersitzung aller für den Verbraucherschutz zuständigen Landesminister, republikweit brechen alle Dämme der Vernunft. Bundeslandwirtschaftsministerin Aigner gerät in Turbulenzen, Opposition und Verbraucherschützer denken über ihren Rücktritt nach.

Wenige Tage später sind mehrere Tausend Bauernhöfe in der Republik gesperrt, Hunderte von Existenzen zerstört, Dutzende gesunde Firmen in den Ruin getrieben. »Futter außerordentlich hoch belastet«, lese ich in meiner eigenen Tageszeitung am 5. Januar auf Seite 1: »Seit gestern dürfen mehr als 1000 Höfe in mehreren Bundesländern Eier, Milch und Fleisch erst wieder ausliefern, sobald sie auf eigene Kosten nachgewiesen haben, dass ihre Produkte unbedenklich sind.« Und drei Tage später, ebenfalls auf Seite 1: »Dioxinskandal trifft 3300 Schweinemäster im Land. Bereits 100 000 Eier vernichtet. Milchhöfe in der Region unter Verdacht.«

Nur als kleine Zusatzinformation: In derselben Ausgabe derselben Zeitung, einige Seiten weiter hinten und viel kleiner, war Folgendes zu lesen: »Schweinegrippe fordert drittes Opfer. Innerhalb von nur drei Wochen ist in Niedersachsen ein dritter Patient verstorben, bei dem eine Infektion mit der Schweinegrippe nachgewiesen wurde ... Seit Ende Dezember 2010 steigt die Anzahl der Nachweise von Influenzaviren in Niedersachsen deutlich an. Die Experten beim Landesgesundheitsamt finden derzeit in rund 30 Prozent aller eingesandten Rachenabstriche aus ausgewählten Arztpraxen Influenzaviren.« Man kann nur spekulieren, welche Panik daraufhin ausgebrochen wäre, wäre nicht gerade in Gestalt von Dioxin eine andere Sau durchs Dorf getrieben worden.

Hier der Stand vom 6. Januar:

Niedersachsen: Etwa 1000 Betriebe, die belastetes Futter bezogen haben sollen, auch Schweine- und Putenzüchter, sind vorsorglich gesperrt. Gegen einen Betrieb in Bösel wird ermittelt, das Werk betreibt ein Tanklager und eine Futterfett-Rührstation für den schleswig-holsteinischen Futtermittelhersteller, von dem die ganze Affäre ausgegangen war.

Schleswig-Holstein: Die Staatsanwaltschaft Itzehoe eröffnet ein Ermittlungsverfahren gegen die Leitung dieses Unternehmens. Das Landwirtschaftsministerium verbietet das Schlachten in Schweinemastbetrieben.

Nordrhein-Westfalen: 14 Geflügelhöfe und Schweinemastbetriebe sowie über 100 weitere Bauernhöfe sind gesperrt. Das Verbraucherschutzministerium veröffentlicht eine Liste mit den Nummern von möglicherweise belasteten Eiern.

Hessen: Ein osthessischer Mastbetrieb hat 320 mit belastetem Futter gefütterte Ferkel bezogen. Der Betrieb wird gesperrt.

Sachsen-Anhalt: Hier sind 27 Betriebe gesperrt; acht davon haben nach Angaben des Agrarministeriums mit Dioxin belastetes Tierfutter erhalten.

Mecklenburg-Vorpommern: Nach Angaben von Agrarminister Till Backhaus sind sechs Schweinehöfe gesperrt, da sie belastete Futtermittel erhalten hätten. Derzeit werde das Schweinefutter genauer untersucht.

Bayern: Das Landesamt für Gesundheit und Lebensmittelsicherheit meldet eine dreifache Überschreitung des zulässigen Dioxingehalts in aus Niedersachsen angekauften Eiern; die noch nicht verkauften Eier aus einer größeren Lieferung eines Oberpfälzer Großhändlers werden konfisziert, von 22 000 Eiern fehlt jede Spur.

Sachsen: Das Gesundheitsministerium verfolgt Hinweise auf dioxinbelastetes Mastgeflügel. Das Fleisch werde aus dem Verkehr gezogen.

Berlin: Vorsorgliche Kontrollen bei einem Legehennenbetrieb in Spandau.

Brandenburg: Die Behörden untersuchen eine Schlachtfirma, die möglicherweise belastete Hähnchen verarbeitet hatte. Ein Schweinezuchtbetrieb, der Futter aus einem dioxinverdächtigen Werk bezogen hat, wird vorsorglich gesperrt.

Thüringen: Ein Schweinezüchter und ein Hähnchenmäster haben dioxinbelastetes Futter bezogen, die noch lebenden Masthähnchen dürfen den Betrieb nicht verlassen.

Hamburg: Ein Futtermittelhersteller hat 140 Kunden in Norddeutschland mit dioxinverseuchten Produkten beliefert.

Rheinland-Pfalz: Auf einem Wochenmarkt in der Vorderpfalz werden Eier aus einem Betrieb entdeckt, der mit dioxinhaltigen Futtermitteln beliefert worden war.

Akt 3 (Hetzjagd auf den Sündenbock): Schon kurz nach Ausbruch der Panik war der Verursacher des »Skandals« identifiziert: Ein Futtermittelhersteller in Schleswig-Holstein hatte einem Futterfett dioxinbelastete Rückstände aus der Bio-Diesel-Produktion beigemischt und an Bauern weiterverkauft. Über das

Hühnerfutter kam das Dioxin in die Eier und über das Schweinefutter auch in Schweine.

Nachdem also der Sündenbock feststeht, darf ohne Hemmungen auf ihn eingedroschen werden; der Volkszorn bebt, der nackte Affe reagiert, wie er es aus dem Urwald kennt. Mitarbeiter der betroffenen Futtermittelfirma werden als »Mörder« beschimpft und mit den Worten »Wir machen euch fertig« bedroht.

Hier einige Stimmen aus den Netzseiten von Bayern Radio:

»Eine geldgierige, kriminelle Minderheit macht diese Systeme kaputt, und der Staat merkt wie immer erst etwas, wenn der Schaden schon eingetreten ist.«

»Diese Verbrecher schaden dem gesamten Volk ... Exempel starten [!]: Panscher im Schnellverfahren einsperren.«

»Da gibt es nur eins, und das ohne großen Prozess: Firmeninhaber in die JVA. Komplettes Vermögen einziehen und an die Geschädigten verteilen.«

»Warum traut sich hier keiner zu schreiben, dass dies ein Verbrechen an unseren Bürgern ist!!! Und dass die Politiker auf ganzer Linie versagt haben. In welchem Land leben wir denn, wo man Verbrechen dieser Art offenbar verharmlost. Unglaublich.«

»Einfach Knast!! ... 50 Jahre Haft, und nach 49 Jahren wird über Bewährung gesprochen!! Ganz einfach! Oder?«

»Wann werden solche schmutzigen Verbrechen endlich mal aufs Härteste bestraft? Das sind die Folgen einer neoliberalen, irrsinnigen Politik. Liberalisierung der Märkte: Zocken und bescheißen, mit freundlicher Unterstützung von Frau Merkel. und ihrem Gefolge. Das Volk zahlt die Zeche, wenn nicht mit Geld, mit seiner Gesundheit.«

»Diese Menschen gehören ins Gefängnis... Egal ob Dioxin im Futter oder Pilze aus Tschernobyl. Es sind Verbrecher an der Menschheit und sollte ebenso hart bestraft werden.«

»Es wird Zeit, dass sich grundlegend etwas in diesem Land ändert! Zeit für eine neue Zukunft! Merkel & Co interessiert nur ihr Status in der Welt und eine möglichst lange Regierungszeit.«

»Wir werden betrogen, abgezockt und unsere Regierung macht Gesetze nur für die Konzerne.«

»Eines Tages wird sich das Volk erheben gegen solche Verbrecher.«

Exempel statuieren, Vermögen einziehen, Schnellverfahren – haben wir das nicht schon mal gehört?

Akt 4 (Die Stunde der Politik): Auch bei den verantwortlichen Politikern setzt das Denken aus bzw., was noch schlimmer ist, man läuft, wohl wissend, dass man Unsinn redet, der Wählermehrheit hinterher, und schließt sich der verbalen Gewaltorgie gegen die Futtermittelproduzenten an. »Härteste Bestrafung und die Zerschlagung oder Enteignung der verantwortlichen Firmen« fordert der Geschäftsführer des Bauernverbandes Nordharz. »Schonungslose Aufklärung« fordert die brandenburgische Verbraucherschutzministerin Anita Tack, und »härteste Bestrafung der Verbrecher« verlangt Bernd Busemann, der Justizminister in Niedersachen, natürlich ohne eine Untersuchung abzuwarten. »Hier muss die Justiz hart durchgreifen« (Landwirtschaftsministerin Aigner), »Lebensmittelvergifter ins Gefängnis!« (der bayrische Umweltminister Markus Söder), legen CSU-Politiker nach. Indem man dem Volkszorn populistisch entgegenkommt, rechtfertigt man ihn noch.

Akt 5 (Abgesang): Alles stellt sich als heillose Übertreibung heraus. Die erlaubten Höchstwerte von 3 Billionstel Gramm Dioxin pro Gramm Fett im Ei oder 1 Billionstel Gramm (1 Pikogramm) pro Gramm Fett im Schwein zum Beispiel wurden hie und da überschritten, aber reale Gefahren für Gesundheit, Leib und Leben waren nie vorhanden. Denn diese Grenzwerte liegen, wie wir in Kapitel 3 gesehen haben, weit unterhalb jeder Gefahrengrenze. Wie man weiter von Anfang an hätte wissen können oder sollen, war während der ganzen Zeit in regulär vermarkteten Ostseefischen pro Gramm weit mehr Dioxin enthalten als in den am schlimmsten »verseuchten« Eiern. Für Lachs, Makrele und Heilbutt erlaubt die Bundesforschungsanstalt für Ernährung und Lebensmittel Werte von 2 bis 3 Billionstel Gramm pro Gramm Frischgewicht, für Aale sogar 12 Billionstel Gramm, und dieser ganz legale Grenzwert wird in der Praxis oft weit überschritten, ohne dass irgendjemand sich darüber aufregt.

Im Bundesdurchschnitt enthält ein Gramm Fisch 27 Billionstel Gramm Dioxin. Ganz allgemein darf ein fetter Fisch 40-mal mehr Dioxin enthalten als ein mageres Schweinefilet, ohne dass dies als illegal gebrandmarkt würde.

Und so wurde die Hetzjagd nach vier Wochen wieder abgeblasen.

In diesen vier Wochen der Dioxinpanik wurden in Deutschland (ich extrapoliere hier einmal die Zahlen vom Januar 2009) 32 Menschen ermordet, 296 von Autos totgefahren, 740 fielen im Haushalt von der Leiter und brachen sich das Genick (oder kamen bei anderen häuslichen Unfällen ums Leben), 46 starben an verschluckten Fischgräten und Schinkenscheiben, je 14 durch Ertrinken (im Januar!) und Erfrieren, 30 an Verbrennungen, mehrere Hundert durch Unfälle bei der Arbeit, von den jeweils über 20 000 frühzeitigen Todesfällen durch Alkohol und fettes Essen allein in den ersten vier Wochen des Jahres gar nicht erst zu reden.

Selbst die *Frankfurter Rundschau* sah sich zu folgender Klarstellung gezwungen: »Wochenlang hat der Dioxinskandal Verbraucher, Bauern und Politik in Atem gehalten. Nun zeichnet sich immer deutlicher ab, dass wohl keine Gefahr bestand. Das Bundesinstitut für Risikobewertung hat Entwarnung gegeben … Dioxin sei in allen Lebensmitteln enthalten. Die Auswertung Hunderter Ei- und Schweinefleischproben im Zuge des Skandals um dioxinverseuchtes Futtermittel habe ergeben, dass nur in wenigen Fällen die gesetzlichen Höchstgrenzen überschritten wurden.«

Ähnlich die *Süddeutsche Zeitung* am 27. Januar: »Die in Eiern und Schweinefleisch festgestellte erhöhte Konzentration des Umweltgiftes war höchstwahrscheinlich ungefährlich, wie die Wissenschaftler am Mittwoch auf der Grünen Woche mitteilten …

Bei Milchprodukten und Geflügelfleisch seien keine Überschreitungen festgestellt worden. Auch bei der gemessenen Überschreitung der Grenzwerte liege keine Gesundheitsgefahr vor… Das gelte selbst, wenn jemand ein Jahr lang täglich zwei Eier mit der höchsten festgestellten Dioxinbelastung gegessen habe. Die Konzentration des Umweltgiftes im Körperfett erhöhe sich dadurch zwar, bleibe aber weit unterhalb des kritischen Werts.«

Vorhang zu.

Mit fast identischer Handlung, aber anderen Akteuren lief das gleiche Stück auch schon acht Jahre früher, im Jahr 2002, damals unter dem Titel »Der große Nitrofenskandal«. Es begann auf einem Ökohühnerhof in Niedersachsen. Der hatte nitrofenbelastetes Getreide aus der ehemaligen DDR gekauft, dort war dieser hochgiftige Unkrautvertilger noch lange nach seinem Verbot im Westen in Gebrauch gewesen. Sehr schnell findet man auch auf weiteren Ökohöfen Nitrofen im Hühnerfutter. Der Verkauf von Fleisch und Eiern aus den betreffenden Betrieben wird gestoppt, NRW-Umweltministerin Bärbel Höhn sperrt vorsorglich zwei Ökohöfe ganz.

Das war Mitte Mai. Zwei Tage später stellen auch Ökobauern in Mecklenburg-Vorpommern ihre Auslieferungen ein. Bundesverbraucherschutzministerin Renate Künast nennt das Ganze einen »ungeheuerlichen Vorgang« und droht Sanktionen an. Niedersachsens Agrarminister Uwe Bartels (SPD) spekuliert, es könnten insgesamt mehr als 100 Betriebe betroffen sein.

Und so ging es weiter (Quelle: *FAZ*):

27. Mai: Ministerin Künast muss zugeben, dass staatliche Prüfer schon Monate vorher Nitrofen im Fleisch gefunden hatten. In Niedersachsen sind, wie vom Ministerium vorhergesagt, über 100 Betriebe betroffen, mehrere Hundert Tonnen belastetes Putenfleisch werden konfisziert. »In Brandenburg ermittelt die Staatsanwaltschaft, in Mecklenburg-Vorpommern werden drei Ökohöfe gesperrt.«

28. Mai: Auch in Nordrhein-Westfalen werden Ökohöfe gesperrt. Nach Ministerin Künast können auch traditionell bewirtschaftete Bauernhöfe betroffen sein.

29. Mai: In Niedersachsen haben über 300 000 Tiere von dem Giftfutter gefressen, neben Hühnern auch Schweine und Rinder. In Nordrhein-Westfalen steigt die Zahl der gesperrten Betriebe auf zehn. Auch in Mecklenburg-Vorpommern wird nitrofenbelastetes Tierfutter gefunden. Ministerin Künast fordert harte Strafen für die Verursacher.

30. Mai: Union und FDP fordern umgekehrt den Rücktritt der Ministerin. Bund und Länder richten Arbeitsgruppen zur Aufklärung der Lage ein.

31. Mai: Nitrofen nun auch in Ökoeiern in Sachsen-Anhalt. In Nordrhein-Westfalen findet man Nitrofen in Fleisch.

1. Juni: In Malchin in Mecklenburg-Vorpommern wird eine mit Nitrofen verseuchte Lagerhalle entdeckt, von der Ökogetreide ausgeliefert worden ist. Sachsen-Anhalt sperrt zwei Saatgutbetriebe wegen Nitrofenverdacht.

3. Juni: Der Skandal greift auch nach Sachsen über.

Mecklenburg-Vorpommern richtet eine Sonderkommission des Landeskriminalamts ein.

4. Juni: Ein norddeutscher Großbetrieb hat fast 100 Kunden in Deutschland und drei Nachbarstaaten mit nitrofenverseuchtem Fleisch beliefert. Auch in Baden-Württemberg werden nitrofenbelastete Eier entdeckt.

5. Juni: Der Agrarausschuss des Bundestags beschließt eine Änderung des Lebensmittel- und Bedarfsgegenständegesetzes. Künftig müssen Unternehmen von sich aus den Behörden sofort melden, wenn ein von ihnen in den Verkehr gebrachtes Lebensmittel nicht den amtlichen Bestimmungen entspricht.

9. Juni: Neben der ominösen Lagerhalle in Malchin gibt es keine weiteren Quellen für Nitrofen. Lieferungen anderer Herkunft sind unbedenklich. Aber auch die »verseuchten« Produkte waren nie wirklich gefährlich, Leib und Leben der Verbraucher nie gefährdet. Der Skandal ebbt ab.

10. Juni: Die EU-Kommission sieht keinen Grund für ein Verkaufsverbot, das Nachbarland Belgien setzt die vorsorglich verfügte Kontrolle deutscher Agrarprodukte wieder aus.

11. Juni: Bei der Fußball-WM in Japan/Südkorea besiegt Deutschland im letzten Gruppenspiel Kamerun mit 2:0 und wird damit Gruppensieger. Das öffentliche Interesse wendet sich vom Nitrofen dem Fußball zu. Gestorben ist niemand, erkrankt auch keiner, viel Druckertinte ist geflossen, man hat sich prächtig aufgeregt, es war ein schönes Stück.

Im Theater geht man nach einer solchen Vorstellung nach Hause und, wenn sie gut war, in sich: Was habe ich daraus gelernt?

Das geht hier nicht, denn bei diesem Volksschauspiel gibt es keine Zuschauer, nur Akteure, und die Reaktion dieser Akteure erinnert mich irgendwie an die Art und Weise, wie die Bewohner der schönen Stadt Grasse in Frankreich mit der Orgie fertig geworden sind, zu der sie sich in Patrick Süskinds Erfolgsroman *Das Parfum* durch die aufreizenden Wirkstoffe eines unerhörten Geruchsmittels hatten hinreißen lassen: »Sittsame Frauen rissen sich die Blusen auf, entblößten unter hysterischen Schreien ihre Brüste, warfen sich mit hochgezogenen Röcken auf die Erde. Männer stolperten mit irren Blicken durch das Feld von geilem aufgespreiztem Fleisch, zerrten mit zitternden Fingern ihre wie von unsichtbaren Frösten steif gefrorenen Glieder aus der Hose, fielen ächzend irgendwohin, kopulierten in unmöglichster Stellung und Paarung, Greis mit Jungfrau, Taglöhner mit Advokatengattin, Lehrbub mit Nonne, Jesuit mit Freimaurerin, alles durcheinander, wie es gerade kam.«

Wie kann man sich nach einer solchen Massenhysterie wieder in die Augen sehen?

Indem man sie verdrängt. Nach der Orgie waren die Leute von Grasse mit einem entsetzlichen Kater aufgewacht. Und sie schämten sich so sehr, dass sie beschlossen, nie wieder daran zu denken oder davon zu reden. »Wer seine Habseligkeiten und seine Angehörigen gefunden hatte, machte sich so rasch und so unauffällig wie möglich davon.«

Und so macht sich auch die veröffentliche deutsche Meinung nach einem solchen schamlosen Schauspiel immer so rasch und so unauffällig wie möglich davon. Man spricht nicht mehr darüber. Von Entschuldigungen habe ich bisher noch nichts gehört.

Literatur:

Bruce N. Ames, Margie Profet und Lois S. Gold: »Dietary pesticides (99.99 Prozent all natural)«, *Proceedings of the National Academy of Science* 87 (1990), S. 7777–7781

G. W. Gray und J. D. Graham (1995): »Regulating pesticides«, in: J. D. Graham und J. B. Wiener (eds.): *Risk vs. risk*, Cambridge (Harvard University Press), S. 173–192

Greenpeace e. V.: »Umfrage zu Pestiziden in Lebensmitteln«, Hamburg 2007

Hans-Ulrich Grimm: *Echt künstlich*. Stuttgart 2007 (Dr. Watson Books)

»Nitrofen: Chronologie eines Skandals«, *FAZ* 12.6.2002

Sven-David Müller, Carolin Böcker und Jasmin Schwarz: *Die 50 besten und 50 gefährlichsten Lebensmittel*, Hannover 2008 (Schlütersche Verlagsgesellschaft)

Udo Pollmer und Monika Niehaus: *Wer gesund lebt, ist selber schuld: Was uns Gesundheitsapostel verschweigen,* München 2010 (blv-Verlag)

9 Der große Leukämieschwindel

»Häufige Leukämie-Erkrankungen in der Nähe von Radio Vatikan.« *Frankfurter Allgemeine Zeitung*

Jedes Jahr sterben in Deutschland mehr als 7000 Menschen an Leukämie, weltweit sind es mehr als 250 000. Ein trauriges Schicksal, eine persönliche Katastrophe für alle, die davon überfallen werden. Leukämie ist ein bösartiger, erstmals im Jahr 1845 von Rudolf Virchow beschriebener Blutkrebs, benannt nach griechisch »leukos« = weiß und »haima« = Blut; der Name steht für die unkontrollierte Vermehrung von weißen Blutkörperchen (Leukozyten) und ihrer funktionsuntüchtigen Vorstufen, die durch ihr Wuchern die gesunden Zellen derart an der Arbeit hindern, dass man daran stirbt. Die Krankheit beginnt mit der Entartung einer einzigen Zelle, deren Erbgut sich schlagartig verändert. Alle Abkömmlinge dieser Zelle entarten dann ebenfalls und verbreiten sich zunächst im Knochenmark, wo sie die Blutbildung stören, können aber von dort auch die Leber, die Milz und weitere Organe befallen. Die reduzierte Blutzufuhr macht den Patienten zudem anfällig für Infektionen, es kommt zu Fieber, geschwollenen Lymphknoten, Milz- und Lebervergrößerungen und Knochenschmerzen. Unbehandelt führen akute Leukämien in wenigen Monaten zum Tod.

Heute versucht man, der Krankheit mit Chemotherapie und Knochenmarkverpflanzungen beizukommen, die Erfolgsquote liegt bei knapp 50 Prozent. Eines der prominentesten Opfer der letzten Zeit war Raissa Gorbatschowa, die Frau des letzten sowjetischen Staatspräsidenten, sie hat die Erkrankung nicht überlebt und ist nach mehreren erfolglosen Therapieversuchen im September 1999 in der Universitätsklinik Münster an Leukämie gestorben. Ein anderer prominenter Patient, der Tenor José Carreras, hat dagegen bis heute Glück gehabt.

Dennoch ist natürlich jeder vermeidbare Fall von Leukämie ein Fall zu viel. Und zugleich ein Appell an die Wissenschaft, nach den Ursachen zu suchen. Wer oder was setzt den Initialunfall in Gang? Wie kommt es zu der ursprünglichen Zellveränderung, mit der das Unheil seinen Anfang nimmt? Und damit sind wir auch schon mitten im Problem. Denn über die unmittelbaren Ursachen der Leukämie, über die Auslöser der ersten Zellentartung, weiß man bisher nicht allzu viel. Als mögliche Genmanipulatoren werden Viren, eine genetische Vorbelastung, bestimmte Chemikalien wie etwa Benzol oder extreme Dosen von ionisierender Strahlung diskutiert. So tritt etwa Leukämie bei den Überlebenden der Atombombenattacken von Hiroshima und Nagasaki häufiger auf als im Durchschnitt der japanischen Bevölkerung. Auch bei den Überlebenden von Tschernobyl ist die Leukämierate erhöht. Und vielleicht werden auch die Feuerwehrmänner von Fukushima in einigen Jahren vermehrt an Leukämie erkranken.

Damit steht für einen großen Teil der Medien und

der Öffentlichkeit der Schuldige – die Kernkraft – auch schon fest. Und wird gegen alle Regeln der Vernunft fast schon fanatisch gegen alle Gegenargumente abgeschirmt. Ein Castor-Behälter etwa kann von einer Brücke fallen, vom Blitz getroffen oder von einer Kanone beschossen werden – nicht die geringste Radioaktivität entweicht. Und dann tritt eine ansonsten vor allem als Genitalexpertin und Verfasserin der *Feuchtgebiete* bekannte Mediengröße vor die Kameras und spekuliert, wie viele Polizisten, die den Castor begleiten, demnächst wegen der Bestrahlung wohl an Leukämie versterben werden.

Dass Frau Roche das glaubt, ist nicht weiter schlimm – nicht jeder muss etwas von Physik verstehen. Aber dass dergleichen Unfug auch noch im Fernsehen gesendet wird, sollte doch bedenklich stimmen. Denn ganz offensichtlich glauben auch viele Journalisten selbst daran. Und dass sie daran glauben, ist das Ergebnis einer systematischen Desinformationskampange, die von politisch interessierten Kreisen seit Jahrzehnten betrieben und von wissenschaftlich unbedarften Medien unbesehen nachgebetet und aufgeblasen wird. Denn wenn es eine von nun wirklich *allen* Fachleuten als unbestritten angesehene Erkenntnis der weltweiten Leukämieforschung gibt, dann die, dass die im Normalbetrieb von kerntechnischen Anlagen emittierte Strahlung weit, weit unterhalb jedweder Gefahrengrenze liegt; sie wird von der Belastung durch Röntgenstrahlen oder natürliches Radon um ein Vielfaches übertroffen.

Aber seit wann helfen Kontra-Argumente gegen Glaubenssätze? Und wenn man keine Pro-Argumente hat, dann fabriziert man welche. Das fing mit den bekannten Häufungen von Leukämie bei Kindern um das Kraftwerk Krümmel an der Unterelbe an. Kinder sind anfälliger gegen Strahlenschäden als Erwachsene, wenn also kerntechnische Anlagen tatsächlich Leukämie erzeugen, müssten als erste Kinder darunter leiden. Und tatsächlich sind von 1990 bis 2009 in der Elbmarsch nahe Krümmel 19 Kinder an Leukämie erkrankt, dreimal mehr als unter »normalen« Umständen zu erwarten waren (denn auch abseits aller Kernkraftwerke erkranken Kinder an Leukämie). Für sich allein gesehen ist das kaum durch Zufall zu erklären; die Wahrscheinlichkeit, dass um ein gegebenes Kernkraftwerk eine derartige Häufung allein durch Zufall auftritt, ist so klein, dass man im Umkehrschluss behaupten darf: Der Zufall kann es nicht gewesen sein.

Aber die Wahrscheinlichkeit, dass um ein *gegebenes* Kernkraftwerk eine derartige Häufung allein durch Zufall auftritt, ist doch für die Beurteilung der Leukämiegefahr völlig irrelevant! Die Wahrscheinlichkeit, dass ein *gegebener* Lottospieler sechs Richtige erzielt, ist so gut wie null. Aber die Wahrscheinlichkeit, dass *irgendein* Lottospieler sechs Richtige erzielt, ist so gut wie eins. Was wir also brauchen, ist die Wahrscheinlichkeit, dass um *irgendein* Kernkraftwerk in *irgendeinem* Zeitraum dreimal mehr Leukämiefälle auftreten als anderswo. Derzeit gibt es Hunderte von Kernkraftwerken auf der Welt, zahlreiche neue werden gerade gebaut, auch das Desaster in

Japan hält die meisten Auftraggeber nicht von dieser preiswerten Energieerzeugung ab. Und die Wahrscheinlichkeit, dass um irgendeinen dieser Standorte dreimal mehr Leukämiefälle auftreten als anderswo, ist ähnlich der, dass *irgendein* Lottospieler sechs Richtige erzielt, das heißt fast 100 Prozent.

Das Krümmel-Cluster beweist also gar nichts. Es ist eines von insgesamt 240, die im Rahmen der sogenannten EUROCLUS-Studie bei der Erhebung von 13351 Fällen kindlicher Leukämie in insgesamt 17 Ländern gefunden worden sind. Nur bei vier der 240 identifizierten Cluster liegt ein Kernkraftwerk in der Nähe.

Aus den gleichen Gründen ist auch die Häufung von Leukämie um das geplante Endlager Asse in Niedersachsen ein Nichtindiz. Dort sind zwischen 2002 und 2009 zwölf Männer und sechs Frauen an Leukämie erkrankt; »normal« wären insgesamt sieben oder acht. Aber hat man eigentlich einmal gezählt, um wie viele Atomanlagen auf der Welt in den letzten Jahren kein einziger Fall von Leukämie gemeldet worden ist? Mit der gleichen Logik, nämlich aus einer großen Zahl von Kandidaten die zur jeweiligen These passenden herauszuziehen, könnten wir auch »beweisen«, dass die Kernkraft Schweißfüße oder Haarausfall erzeugt – mit einer Wahrscheinlichkeit nahe eins gibt es irgendwo auf der Welt ein Kernkraftwerk, in dessen Nähe Kahlköpfe oder Schweißfüße besonders häufig sind. Wer sucht, der findet. In den USA zum Beispiel findet man »signifikant« mehr Leukämie in der Nähe von katholischen Kirchen. Oder wie wäre es mit Fußballstadien oder Parteibüros der Grünen?

Der vorläufig letzte Versuch einer politisch motivierten Konstruktion von Schuldindizien ist eine von der Partei Bündnis 90/Grüne in Auftrag gegebene Studie des Bremer Epidemiologen Eberhard Greiser aus dem Jahr 2009. Darin wird zum x-ten Mal unter Missachtung fast aller Regeln der mathematischen Statistik »nachgewiesen«, dass in der Nähe von Kernkraftwerken in der Tat »signifikant« mehr Leukämiefälle bei Kindern auftreten als anderswo. Bzw. man behauptet, dieses nachzuweisen. Die wichtigsten Indizien dafür sind Tabellen wie die folgende; sie stellt für Kinder unter fünf Jahren und für insgesamt 69 Kraftwerke die in der Nähe aufgetretenen Leukämiefälle den erwarteten Fällen gegenüber, wenn dort die Leukämiehäufigkeit die gleiche wäre wie im Rest des jeweiligen Landes. Und siehe da: In der Nähe von Kernkraftwerken gibt es 158 Fälle mehr.

Tatsächliche und erwartete Fälle von Leukämie bei Kindern unter fünf Jahren

Land	Kernkraftwerke	Erwartete Fälle	Tatsächliche Fälle
Kanada	2	48	58
Frankreich	19	108	114
Deutschland	15	525	593
Großbritannien	9	44	50
USA	24	1244	1312
insgesamt	**69**	1969	2127

Die Daten für Kanada beziehen sich auf den Zeitraum 1964 bis 1980. Für Frankreich liegen Daten von 1990 bis 2001 und für England von 1969 bis 1993 vor. Hier enthält die obige Tabelle nur Fälle von myeloischer Leukämie, das sind weniger als ein Fünftel aller Fälle an kindlicher akuter Leukämie. Die Erkrankungsdaten aus den USA beziehen sich auf unterschiedlich lange Zeiträume, je nachdem, welches der verschiedenen Krebsregister zur Verfügung stand; alle enden aber im Jahre 2006. Insgesamt kommen so 69 Standorte zusammen, von denen man weiß, wie viele Kinder in deren Nähe in diesen Zeiträumen an Leukämie erkrankt sind und wie viele Erkrankungen bei Abwesenheit irgendwelcher Besonderheiten zu erwarten gewesen wären. Denn Leukämien treten auch in Landschaftsschutzgebieten, Alpentälern oder in der Gobi-Wüste auf, fern jeder Industrie, sodass nur die *zusätzlichen* Fälle zur Debatte stehen.

Diese Datensammlung verdient durchaus Respekt, ist aber leider unvollständig. Wo zum Beispiel bleiben die übrigen potenziellen Strahlenemittenten? Derzeit gibt es mehr als 1000 Nuklearanlagen auf der Welt; weniger als 80 davon gehen in die Greiser-Analyse ein (in die obige Tabelle sogar nur 69). Was ist mit den anderen? Selbst wenn man sich wie Greiser nur auf Kernkraftwerke beschränkt, also Wiederaufbereitungsanlagen, Atombombenfabriken oder Urananreicherungsanlagen usw. weglässt, bleiben immer noch über 150 Kraftwerkstandorte übrig, wo man über Leukämie und Kernkraft nicht viel weiß. Und das vermutlich deshalb, weil nichts Auffälliges geschehen ist.

In Deutschland etwa liegen die Erkrankungsraten für Kinder bis 14 Jahre in der Nähe der Kraftwerke Brokdorf, Brunsbüttel, Grohnde, Gundremmingen, Stade, Phillipsburg, Lingen und Würgassen *unter* dem Landesdurchschnitt, hier erkranken nicht mehr Kinder als anderswo an Leukämie, sondern weniger. Um Brokdorf etwa hätte man sechs Fälle erwartet, es gab aber nur vier. In Brunsbüttel hätte man sieben Fälle erwartet, es gab aber nur drei. In Grohnde hätte man acht Fälle erwartet, es gab aber nur sieben. In Stade wären 19 Fälle zu erwarten gewesen, es gab aber nur 15. In Phillipsburg waren 35 Fälle zu erwarten, es gab aber nur 31. Und in Lingen/Unterweser waren 22 Fälle zu erwarten, es gab aber nur 19. Alle diese Leukämieerkrankungen waren für die Kinder und für deren Eltern eine große Katastrophe. Aber was hatten sie mit den Kraftwerken zu tun?

Hätten die Raten dagegen merklich über den Erwartungen gelegen (was durch Zufall sehr leicht vorkommt), wäre eine Panikmeldung in der ARD schon programmiert. Deswegen ist es auch kaum vorstellbar, dass eine Leukämiehäufung in der Nähe von Kernkraftwerken in Spanien, Schweden, der Schweiz oder Japan nicht sofort in den Medien ausgeschlachtet worden wäre. All diese Länder kommen in der Greiser-Studie aber überhaupt nicht vor. Und wenn, wie etwa in den 90er-Jahren in Schweden, tatsächlich einmal eine Studie mit dem Befund »nichts aufzufinden« den Weg in die Öffentlichkeit findet, wird sie von den Medien ignoriert.

Aber bis zu einer Publikation in einem Fachjournal bringen es viele befundlose Studien zumeist nicht.

Für wissenschaftliche Fachzeitschriften sind vor allem Ergebnisse außerhalb des Erwarteten interessant; für die Bestätigung von Dingen, die man ohnehin schon weiß, hat man dort, wie auch in vielen anderen Publikationsorganen, wenig Platz (»Im Westen nichts Neues«).

In der wissenschaftlichen Fachliteratur ist diese Vorzugsbehandlung sogenannter signifikanter Studienergebnisse als »Publikationsverzerrung« bekannt (»publication bias«). In vielen Wissenschaften – der Medizin, der Biologie, der Soziologie, den Wirtschaftswissenschaften – gelten Bestätigungen etablierter Hypothesen als langweilig, nur selten lassen sich die Herausgeber renommierter Fachzeitschriften dazu überreden, darüber zu berichten. Wenn man hingegen herausfindet, dass an allen Freitagen, die auf den 13. eines Monats fallen, die Börsen weltweit eher in den Keller gehen, ist eine Veröffentlichung fast schon garantiert.

Ich selbst habe das mit meinem Mitarbeiter Ralf Runde (heute Professor für Statistik an der Universität Siegen) einmal ausprobiert. Und zwar haben wir die täglichen Durchschnittsrenditen deutscher Aktien daraufhin untersucht, ob es hier gewisse Muster gibt. Und siehe da, an allen Wochentagen, die geteilt durch sieben den Rest eins ergaben (das heißt am 1., 8., 15., 22., 29. eines Monats), war der mittlere Anstieg der Aktienkurse »signifikant« höher als normal.

Für sich allein genommen ist das durchaus interessant. Dergleichen Kalendermuster im Kapitalmarkt beschäftigen die Experten seit Jahrzehnten. Bekannt sind hier etwa der Montags-, der Monats- oder der

Jahresanfangseffekt. Letzterer besagt zum Beispiel, dass um die Jahreswende die Aktienkurse weit stärker steigen als normal, und dieser Effekt hat sich in der Tat über Jahrzehnte als sehr robust herausgestellt (in den letzten Jahren eher nicht, da wollte ich das selbst mal ausnutzen, bin aber immer wieder auf die Nase gefallen).

Habe ich also zusammen mit Ralf Runde eine sensationelle Neuigkeit entdeckt? Sind wir etwa einem weiteren Geheimnis des alten Pythagoras auf die Spur gekommen, der glaubte, dass in den natürlichen Zahlen alle Geheimnisse dieser Welt verschlüsselt seien?

Natürlich nicht. Denn Muster findet man in jedem Kaffeesatz, und unser Effekt verschwand für Daten außerhalb der Stichprobe sofort. »Signifikant« war er nur deshalb, weil wir natürlich noch viele weitere Effekte ausprobiert hatten: Den Geteilt-durch-sieben-Rest-zwei-Effekt, den Rest-drei-Effekt, den Rest-vier-Effekt, den Rest-fünf-Effekt, den Rest-sechs-Effekt, den Geteilt-durch-sechs-Rest-eins-Effekt, den Rest-zwei-Effekt, den Rest-drei-Effekt, den Rest-vier-Effekt, den Rest-fünf-Effekt und so weiter – bis zum geht nicht mehr. Und wenn man eines während des Studiums der Statistik lernt, dann dieses: Auch wenn überhaupt nichts Besonderes vorgefallen ist, wenn man lange genug sucht, findet man in jedem beliebigen Datensatz immer etwas »Signifikantes« vor.

Und so auch hier. Selbst wenn Greiser unter den bekannten Studien nicht mit böser Absicht auswählte (aber selbst das ist zu bezweifeln), sorgt allein schon die Mechanik des internationalen Wissenschaftsbetriebs dafür, dass Auffälligkeiten aller Art bevorzugt gemeldet werden und man die Abwesenheit solcher Meldungen als indirektes Indiz dafür werten darf, dass eben nichts vorgefallen ist. In Kanada etwa sind seit der Uraltstudie zum Zeitraum 1964 bis 1986, auf die Greiser sich bezieht, keine weiteren Häufungen bekannt geworden.

Der größte Fehler der Greiser-Studie wie auch vieler anderer zum Thema Leukämie und Kernkraft ist aber die teilweise oder gar völlige Missachtung weiterer Faktoren, die bekanntermaßen mit Kinderleukämie in enger Verbindung stehen. Einer zum Beispiel ist die Rasse. In den USA hat sich bei weißen Kindern eine mehr als doppelt so hohe Leukämieanfälligkeit als bei farbigen Kindern herausgestellt; am stärksten verbreitet ist die Leukämie bei Latinos, am wenigsten bei Indianern. Weitere unstreitig etablierte Risikofaktoren sind das Geschlecht (amerikanische Jungen erkranken um 30 Prozent häufiger als Mädchen) oder auch der soziale Status der Eltern – je höher, desto riskanter für die Kinder. Als Ursache wird vermutet, dass Kinder aus begüterten Verhältnissen isolierter aufwachsen und damit in frühen Jahren weniger Kontakte mit Altersgenossen und damit weniger Möglichkeiten zur Entwicklung von Antikörpern haben. In Schottland etwa beträgt die Differenz der Leukämieraten zwischen den reichsten und den ärmsten Gegenden unabhängig von Atomkraftwerken an die 50 Prozent.

Auch abnormale Bevölkerungsbewegungen scheinen die Kinderleukämie zu fördern. Nach einer englisch-chinesischen Studie etwa hat die Kinderleukämie in Hongkong nach dem jüngsten Zuzug von Millionen Neubürgern spürbar zugenommen. Und in den USA gehen die lokalen Leukämieraten sofort in die Höhe, wenn irgendwo ein neuer Luftwaffenstützpunkt eingerichtet wird. So wäre also auch bei Kraftwerken, in deren Nähe tatsächlich erhöhte Leukämieraten festgestellt worden sind, zunächst einmal zu überprüfen, ob dort auch andere Faktoren aus dem Rahmen fallen.

Besonders auffällig ist dies bei dem Atomkraftwerk San Onofre im San Diego County in Südkalifornien, mit dem die ganze Grünen-Studie steht oder fällt – hier ist der Überhang der beobachteten über die erwarteten Fälle von allen betrachteten Kraftwerken mit deutlichem Abstand am größten: Käme Leukämie bei Kindern in der Umgebung – gemeint ist damit das San Diego County – genauso häufig vor wie im Rest der USA, wären dort laut Greiser von 2001 bis 2006 insgesamt 177 Fälle zu erwarten gewesen. Tatsächlich gab es aber 281. Das sind über hundert mehr, als zu erwarten waren, da lohnt es sich, genauer hinzusehen.

Und was sieht man dann? Dass fast alle bekannten Risikofaktoren für Kinderleukämie im San Diego County höher, zum Teil sogar dramatisch höher sind als normal. In der dem Kraftwerk am nächsten gelegenen Stadt San Clemente zum Beispiel beträgt der Anteil der weniger leukämieanfälligen Afroamerikaner an der Gesamtbevölkerung weniger als 1 Prozent. Dagegen leben dort und im Rest des San Diego Countys überdurchschnittlich viele weiße oder mexikanischstämmige und damit überproportional leukämieanfällige Menschen. Außerdem ist San Diego die viertreichste Stadt der USA und die größte Marinebasis auf der ganzen Welt mit einer überdurchschnittlich hohen Zahl von Menschen, die dort jährlich hin- oder wegziehen. Und wem das alles noch nicht reicht: Das Kraftwerk liegt mehr als 200 Kilometer von den Menschen entfernt, die es angeblich mit Strahlen verseuchen soll.

San Diego County und das San-Onofre-Kernkraftwerk

Also schließen wir mal das Kraftwerk San Onofre, das nun wirklich nicht für die unbestreitbare Häufung von Leukämie in San Diego zuständig ist, von der weiteren Betrachtung aus. Und für England zählen wir, wie auch für alle anderen untersuchten Länder, *alle* Fälle von akuter Leukämie, nicht nur wie Greiser die Fälle von akuter myeloischer Leukämie. Diese Daten sind in dem Fachjournal *Radiation Protection Dosimetry* im Jahr 2008 veröffentlicht und standen grundsätzlich auch Greiser zur Verfügung. Und für Deutschland ergänzen wir den obigen Datensatz um neuere Erkenntnisse aus dem *Deutschen Ärzteblatt International* 2008 (übrigens von fast denselben Autoren, die auch die ursprünglichen Greiser-Daten geliefert hatten). Diese Daten sind nicht willkürlich ausgewählt, sondern stellen für jedes Land die aktuellsten derzeit verfügbaren Datensätze dar. Die folgende Tabelle zeigt das Ergebnis:

Tatsächliche und erwartet Fälle von Leukämie bei Kindern unter fünf Jahren, Version 2

Land	Kernkraftwerke	Erwartete Fälle	Tatsächliche Fälle
Kanada	2	48	58
Frankreich	19	108	114
Deutschland	15	624	619
Großbritannien	13	375	360
USA	23	1068	1031
Zusammen	72	2223	2182

Wie wir sehen, gibt es auf einmal in der Nähe von Kernkraftwerken nicht *mehr* Leukämiefälle, als zu erwarten waren, sondern 41 Fälle *weniger*. Was kann die ganze verkorkste Debatte zu diesem Problem besser beleuchten als die völlige Unmöglichkeit, sich etwa eine ARD-»Tagesthemen«-Sendung vorzustellen, die mit der Meldung aufmacht: Entwarnung, falscher Alarm, Kernkraft schützt vor Leukämie!

Literatur:

H.-P. Beck-Bornholdt und H.-H. Dubben: *Unausgewogene Berichterstattung in der medizinischen Wissenschaft – publication bias*, Hamburg 2004 (Institut für Allgemeinmedizin des Universitätsklinikums Hamburg-Eppendorf)

E. Greiser: Leukämie-Erkrankungen bei Kindern und Jugendlichen in der Umgebung von Kernkraftwerken in fünf Ländern, Gutachten für Bündnis 90/Grüne (2009), siehe http://www.gruene-bundestag.de/cms/archiv/dokbin/302/302113.studie_leukaemie-risiko.pdf

W. Krämer und R. Runde: »The holiday effect: yet another capital market anomaly?«, in S. Schach und G. Trenkler (Hrsg.): *Data analysis and statistical inference: Festschrift in honour of Friedhelm Eicker*, Bergisch-Gladbach 1992 (Eul-Verlag), S. 453–462

W. Krämer und G. Arminger (2011): »True believers, or numerical terrorism at the nuclear power plant«, *Jahrbücher für Nationalökonomie und Statistik*

R. D. Neth: »Kinderleukämie in der Elbmarsch: Plädoyer für eine sachliche Argumentation«, *Deutsches Ärzteblatt,* Jg. 106 (2009), Heft 30, 24. Juli 2009

L. A. G. Ries, M. A. Smith, J. G. Gurney, M. Linet, T. Tamra, J. L. Young und G. R. Bunin: Cancer Incidence and Survival among Children and Adolescents: United States SEER Program 1975–1995, National Cancer Institute 1999, Bethesda, MD

10 Wege und Irrwege der Epidemiologie

»Schnuller als IQ-Killer. Wer als Säugling am Schnuller saugt, hat als Erwachsener einen niedrigeren IQ.«

Die Nachrichtenagentur Associated Press

Viele Schlagzeilen, die ich im ersten Kapitel als Beispiele für Panikmache aufgelistet habe, gehen auf epidemiologische Studien zurück: Allergieauslöser Verkehr, Asthma durch Raumspray, Ausdauersport begünstigt Herzrhythmusstörungen, Autos lösen Allergien aus, warme Autositze schlecht für Sperma, Brustkrebs durch Flatrate-Trinken, erhöhter Blutdruck durch Fluglärm, dicke Freunde machen dick, Fernsehen schadet Kleinkindern, Fluglärm schadet dem Herz, gefährliche Überstunden, Hochspannungsleitungen erhöhen Alzheimer-Risiko, Infarktrisiko Bauchfett, jedes Jahr sterben 60 000 Menschen durch Schiffsabgase, Katzen als Allergierisiko, Marathonläufer erkranken öfter an Krebs, krebserregende Stoffe im Urin, erhöhtes Krebsrisiko bei Fleisch- und Wurstessern, Mittelohrentzündungen durch Luftschadstoffe, schlechtere Schulleistungen durch Schnarchen, Straßenverkehr erhöht das Arteriosklerose-Risiko, Zickenterror macht krank. All diese Meldungen sind Produkte der Epidemiologie; sie zeigen querschnittartig, wozu diese Wissenschaft in der Lage ist und wozu man sie missbrauchen kann.

Das Wort Epidemiologie kommt aus dem Griechischen: »demos« = Mensch/Bezirk und »logos« = Wort/Beschreibung; es meint die Ausbreitung von Krankheiten in menschlichen Teilgesellschaften aller Art und wie man sie erforscht: Haben Kinder von Akademikerfrauen öfter Keuchhusten? Leben Rotweintrinker länger als Biertrinker? Erkranken Deutsche häufiger an Magenkrebs als Eskimos? Gibt es mehr Demente oder Fußpilzkranke in der Nähe von Atomkraftwerken? ... Nicht alle diese Fragen bewegen die Menschheit, aber einige Antworten haben unser Schicksal mitgeformt. In gewisser Weise darf sich die Epidemiologie sogar als die Mutter und der Motor der seit Jahrhunderten steigenden Lebenserwartung in westlichen Industrienationen feiern. Schon im frühen 18. Jahrhundert hatte etwa der Italiener Giovanni Maria Lancisi, Leibarzt des Papstes in Rom, den Rückgang der Malaria in Italien auf bessere Hygiene und das Austrocknen von Sümpfen zurückgeführt; ohne diese Erkenntnis – und die daraufhin verbesserte Hygiene – wären weiterhin Hunderttausende Italiener jährlich an Malaria gestorben. Ein weiterer großer Erfolg, zugleich auch die Geburtsstunde der Epidemiologie im engeren Sinn, war die Entdeckung der Ursache der Cholera. Die wütete gerade im London des Jahres 1854, als der Arzt John Snow auf die Idee verfiel, den Wohnort jedes seiner Cholerapatienten auf einer Karte Londons mit einem Kreuzchen festzuhalten. Und siehe da: Die Cholerafälle häuften sich in der Nähe eines bestimmten Brunnens. Unter Polizeigewalt ließ Snow diesen Brunnen sperren, und die Cholera brach ab. Damit waren Keime in verschmutztem Trinkwasser als Verursacher erkannt.

Ein weiterer intuitiver früher Epidemiologe war der Arzt Ignaz Semmelweis. Er bemerkte – ebenfalls zur Mitte des 19. Jahrhunderts –, dass Mütter weniger oft an dem damals tödlichen Kindbettfieber starben, wenn der Arzt sich häufiger die Hände wusch. Es ist heute kaum zu glauben, aber bis zu dieser Zeit haben Mediziner das Händewaschen vor einer Operation für eine Zumutung gehalten. Und als Semmelweis, gestützt auf seine epidemiologischen Studien, ihnen sagte: »Wascht euch die Hände, macht das doch«, da hielten sie ihn für verrückt (und in der Tat ist Semmelweis im Jahr 1865 bei Wien in geistiger Umachtung verstorben). Nur wenige Kollegen nahmen damals seine These ernst, die meisten hielten Hygiene für mit den damals geltenden Theorien über Krankheitsursachen nicht vereinbar und damit für Zeitverschwendung.

Und dann natürlich der letzte große Triumph: die Entlarvung des Rauchens als Ursache von Lungenkrebs. Damit fasst man eine Vielzahl von bösartigen Geschwülsten der Lunge zusammen, die meisten an den oberen Teilen der Lungenflügel, die besser belüftet werden und den eingeatmeten krebsauslösenden Substanzen stärker ausgesetzt sind. Vor allem die Zellen der Bronchialschleimhaut sind hier gefährdet. Geringe Schäden kann unser Körper durch eigene Reparatursysteme zwar noch beheben, aber wenn die sich durch starkes Rauchen häufen, ist dieses Reparatursystem überlastet, und es kommt zu Krebs.

Noch vor wenigen Generationen war Lungenkrebs vergleichsweise unbekannt; bei Autopsien im Pathologischen Institut der Uniklinik Dresden im Jahr 1878 betraf nur ein Prozent aller Krebsfälle die Lunge. Heute ist Lungenkrebs der weltweit zweithäufigste Krebs überhaupt; mehr als eine Million Menschen sterben jedes Jahr daran. Schon im Jahr 1918 war der Anteil an Lungenkrebs an allen von den Dresdner Pathologen untersuchten Krebsfällen auf zehn und im Jahr 1927 auf 14 Prozent gestiegen. Als Ursachen vermutete man zunächst die Luftverschmutzung, das Asphaltieren der Straßen, den gestiegenen Autoverkehr, das Giftgas im Ersten Weltkrieg oder die Grippeepidemie von 1918. Aber schon damals gab es erste Stimmen – etwa den deutschen Arzt Fritz Lickint im Jahr 1929 –, die auch das Rauchen damit in Verbindung brachten. Denn um die Wende vom 19. zum 20. Jahrhundert war das Zigarettenrauchen vergleichsweise preiswert und für viele Menschen erstmals bezahlbar geworden; von 1907 bis 1935 stieg der Zigarettenkonsum im Deutschen Reich von acht auf 37 Milliarden Stück.

Auch der Erste Weltkrieg war an dieser Steigerung beteiligt – in den Schützengräben Flanderns bekämpfte man den Ekel und den Hunger oft mit einer Zigarette.

Dass diese Explosion des Zigarettenrauchens tatsächlich für die so beängstigende Zunahme an Lungenkrebs verantwortlich zu machen war, fiel als weltweit Ersten verschiedenen deutschen Ärzten auf. Diese führende Rolle deutscher Wissenschaftler bei dem Nachweis, dass Rauchen Krebs erzeugt, wird in der modernen amerikahörigen Wissenschaftswelt gern verdrängt. Neben Fritz Lickint war es vor allem der Kölner Arzt Franz Herrmann Müller, der in einer auf Deutsch geschriebenen und daher im angelsächsischen Ausland konsequent ignorierten Studie erstmals überzeugende Indizien für diesen Zusammenhang präsentierte, seine Arbeit aus dem Jahr 1939, »Tabakmißbrauch und Lungencarcinom«, ist die weltweit erste epidemiologische Untersuchung dieser Art und hat Standards gesetzt, die noch heute gelten.

»In der Inneren Abteilung des städtischen Bürgerhospitals in Köln ist in den letzten Jahren eine verhältnismäßig große Anzahl von Erkrankungsfällen an Lungenkrebs zur Behandlung gekommen«, schreibt Müller in der *Zeitschrift für Krebsforschung*. »Ein näheres Eingehen auf die Lebensgewohnheiten dieser Kranken brachte die Feststellung zutage, daß ein auffallend großer Teil das Rauchen in sehr starkem Maße ausgeübt hatte. Nicht selten wurde von den Kranken ein täglicher Verbrauch von 30–50 Zigaretten oder entsprechenden Mengen von Zigarren oder Pfeifentabak angegeben.«

Und Müller kam auch den Gründen für die erhöhte Krebsanfälligkeit der Raucher schon sehr nahe: »Das Jahre hindurch fortgesetzte Rauchen, in dessen Folge im Laufe der Zeit eine große Menge von Tabakrauch auf den Organismus einwirkt, führt nach einer bestimmten Zeitspanne zu einer allgemeinen Umstimmung des Organismus, welche die Entstehung des Krebses am Orte der Reizeinwirkung erst ermöglicht. Die Zeitspanne, die zur allgemeinen Umstimmung des Organismus erforderlich ist, ist bei Zufuhr gleicher Tabakmengen für den einzelnen Organismus verschieden groß. Hier spielen die physiologischen Abwehrvorrichtungen in der Lunge, besonders die Tätigkeit des Flimmerepithels, eine nicht zu übersehende Rolle. Bei einer mangelhaften Anlage oder durch fortgesetzte Überbeanspruchung gestörter Funktion (Raucherkatarrh!) kommt eine Ansammlung der von außen in die Lunge eindringenden krebserregenden Stoffe viel leichter zustande als bei normaler Funktion. Der Reiz, den diese Stoffe auf die Schleimhaut ausüben, ist daher viel intensiver!«

Zwar würde heute niemand mehr Müllers These von der »allgemeinen Umstimmung des Organismus« in dieser Form vertreten, aber die Reizung der Lunge durch die Rauchpartikel ist als Auslöser inzwischen akzeptiert. »Trotz des enormen Personalschwundes [durch den Exodus der jüdischen Ärzte] verzeichnete die deutsche Medizin während der NS-Zeit Erfolge, von denen einige aus heutiger Sicht wegweisend erscheinen«, schreibt der *Spiegel*, und auch der eine oder andere angelsächsische Medizinhistoriker erkennt heute die einstmals führende Rolle deutscher Ärzte bei der Suche nach der Ursachen des Lungenkrebses wie auch anderer Krebskrankheiten an.

Und die Nazis reagierten ebenfalls darauf. Schon 1936 klärte das Deutsche Hygiene-Museum in Dresden in einem illustrierten Merkblatt Frauen über die »Kennzeichen des Krebses« an »Brustdrüse« und »Gebärmutter« auf; deutschlandweit wurden Krebsberatungsstellen eingerichtet, »mit umfassenden Röntgenreihenuntersuchungen versuchten Mediziner, Tuberkulose, Herzleiden und Magenkrebs frühzeitig zu erkennen«. In den Zeitschriften *Auf der Wacht* und *Reine Luft* wurde der Tabak zum »Volksfeind« erklärt, und der ehemalige Kettenraucher Hitler ließ ab 1940 nur noch sechs Zigaretten pro Mann und Tag für die Soldaten der deutschen Wehrmacht zu.

In der amerikanischen Armee hingegen waren Zigaretten unbegrenzt und nahezu kostenlos zu haben.

Die Zigaretten ganz zu verbieten trauten sich auch die Nazis nicht. Außerdem benötigten sie die Einnahmen aus der Tabaksteuer. Aber die Gefahren und die Kosten des Tabakrauchens hatten sie als weltweit Erste klar erkannt. »Eine deutsche Frau raucht nicht« war einer ihrer Propagandasprüche, die Folgekosten des Tabakrauchens bezifferte man auf mehr als zwei Milliarden Reichsmark jährlich.

Im Ausland brauchte man für diese Einsichten erheblich länger. In der angelsächsisch geprägten wissenschaftlichen Literatur wird bis heute der englische Mediziner Richard Doll als Anti-Raucher-Pionier gefeiert; er hatte aber erst 1950 den Zusammenhang zwischen Tabakteer und Lungenkrebs erkannt; später durfte er sich für diese Entdeckung adeln lassen. Und nochmals weitere Jahrzehnte mussten vergehen, bis in einem Bericht der zuständigen amerikanischen Bundesbehörde aus dem Jahr 1964 dieser Befund erstmals offiziell verbreitet wurde; unter großem Protest der Tabakindustrie hatten Zigarettenpäckchen ab da Warnhinweise vor den Gefahren des Rauchens zu enthalten. Aber noch im Jahr 1994 fanden die Vorstandvorsitzenden der sieben größten US-Tabakfirmen nichts Anstößiges dabei, diese Gefahren öffentlich zu bestreiten.

Heute traut sich das niemand mehr, die Epidemiologie hat die Tabakindustrie besiegt.

Die Zeiten dieser Triumphe sind vorbei. Heute ist die Epidemiologie zu einem Selbstbedienungsladen für Panikmacher verkommen. Das ist nicht notwendig die Schuld der Epidemiologen; die mir bekannten Kollegen sind großteils sehr seriöse Wissenschaftler, die die Grenzen ihrer Forschung durchaus einzuschätzen wissen. Aber diese Wissenschaftler schreiben nicht die Pressemitteilungen, und da werden diese Grenzen in aller Regel ausgeblendet, nicht beachtet oder als schlagzeilenschädlich ignoriert.

Eine erste Grenze aller epidemiologischen Erkenntnisse ist das Fehlen geplanter Experimente. Das kann man mit Ratten oder Mäusen machen, aber nicht mit Menschen, zumindest wenn Gefahr für Leib und Leben droht. Ersatzweise greift man daher auf sogenannte Beobachtungsstudien, speziell Kohortenstudien zurück, die darin bestehen, dass man zwei Gruppen von Menschen vergleicht: Die eine war längere Zeit dem jeweils interessierenden Risiko ausgesetzt, die andere dagegen nicht. Und dann schaut man nach: Hat das Risiko gewirkt? Und wenn ja, wie? Haben Arbeitslose öfter Depressionen? Sind regelmäßige Diskothekenbesucher häufiger hörgeschädigt? Haben Kettenraucher öfter Lungenkrebs? … Und siehe da: Die Kettenraucher haben tatsächlich sehr viel häufiger Lungenkrebs. Ergo: Rauchen ist die Ursache für Krebs.

Für die Raucher stimmt das auch. Man muss aber kein ausgebildeter Statistiker sein, um die hier verborgenen Fallstricke zu sehen. Vielleicht finden Depressive schlechter einen Arbeitsplatz? Oder (zugegeben, etwas hergeholt) nur Menschen mit Hörschäden halten es in einer Disko aus? Ja selbst die unbestreitbare Kausalbeziehung zwischen Rauchen und Lungenkrebs ist nicht ganz so eindeutig, wie man immer glaubt. So werden Raucher auch viel öfter als Nichtraucher ermordet oder vom Bus überfahren. Und zwar aus dem gleichen Grund, warum sie gerne rauchen: Weil sie risikofreudigere Menschen sind. Diese sogenannten Raucherpersönlichkeiten würden auch dann ein bis zwei Jahre früher sterben als andere, hätten sie nie im Leben auch nur eine Zigarette angefasst. Die um rund zehn Jahre verkürzte Lebenserwartung von starken Rauchern ist also nicht zur Gänze dem Rauchen anzulasten.

Auch andere Risikofaktoren können Lungenkrebs erzeugen und sind daher für eine Nettoschuldzuweisung an das Rauchen herauszurechnen. Einer ist das radioaktive Edelgas Radon. Es kommt in der Natur im Boden und in Felsen vor, man sieht, riecht und schmeckt es nicht, besonders Bergleute sind hier stark gefährdet. Das Gleiche gilt für Asbest. Wird der in kleinen Partikeln eingeatmet, leiden die Zellen in den Lungenbläschen; Arbeiter mit starker Asbestbelastung erkranken drei- bis viermal häufiger an Lungenkrebs als Arbeiter, die nicht mit Asbest in Berührung kommen. Weitere Risikofaktoren sind Passivrauchen sowie die Luftverschmutzung. Die ist zwar längst nicht mehr so stark wie vor 100 Jahren, als man erstmals diesen Faktor mit dem Lungenkrebs in Verbindung brachte, wird aber auch heute noch genannt. Und dann erhöhen auch bestimmte Lungenerkrankungen wie zum Beispiel Tuberkulose die Wahrscheinlichkeit für Lungenkrebs. Es ist also gar nicht so einfach, den Beitrag des Zigarettenrauchens an sich zu isolieren.

Das ist das große Manko der Epidemiologie: Man kann nie sicher sein, ob sich die beiden Vergleichsgruppen nicht auch noch in anderer Hinsicht unterscheiden außer der, die man gerade ins Visier genommen hat. In der angesehenen Wissenschaftszeitschrift *Science* berichtet ein amerikanischer Forscher von einem solchen Trugschluss in Bezug auf Kaffeetrinken und Pankreaskrebs. Die Studie kam zu dem Ergebnis, dass Kaffeetrinken das Risiko für diese Art von Krebs erhöht. Erst nachträglich stellten die Forscher fest, dass in der Kaffeetrinkergruppe auch die Raucher überproportional vertreten waren, dass also das Rauchen, nicht das Kaffeetrinken die Ursache für die erhöhen Krebsraten gewesen war. In späteren Studien konnte dann der Kaffee auch nicht mehr als Krebserreger bestätigt werden, hier wurde also umgekehrt einem unschuldigen Faktor der Beitrag des Rauchens untergeschoben.

Auch die in den 90er-Jahren grassierende Hausvogelhysterie hat sich inzwischen als Produkt einer nicht berücksichtigten Hintergrundvariablen herausgestellt: In verschiedenen Medien war berichtet worden, Halter von Hausvögeln hätten verglichen mit dem Rest der Bevölkerung ein siebenmal höheres Risiko, an Lungenkrebs zu sterben. Wie aber spätere Studien belegen konnten, liegt diese höhere Sterblichkeit nicht an den Hausvögeln, sondern daran, dass Vogelfreunde eher niederen sozialen Schichten angehören, in denen man mehr raucht.

Aus diesem Grund – weil Rauchen systematisch mit anderen Risikofaktoren korreliert – sind auch fast alle Studien, die Krebs mit Alkohol in Verbindung bringen, mit großer Vorsicht zu genießen. Denn auch Rauchen und Trinken gehen oft zusammen, und wenn man die Effekte des Rauchens nicht korrekt herausrechnet, hat man auch hier schnell den falschen Schuldigen dingfest gemacht. Das schon erwähnte Wissenschaftsjournal *Science* hat einmal die folgenden, durch epidemiologische Studien – tatsächlich oder vermeintlich – identifizierten Krebserreger aufgelistet (fast alle zu Unrecht angeklagt, die meisten Ergebnisse konnten durch Nachfolgestudien nicht bestätigt werden):

Cholesterinreiche Diät: um 65 Prozent erhöhtes Risikoverhältnis für Rektumkarzinom bei Männern.
Verzehr von Joghurt mindestens einmal im Monat: verdoppeltes Risiko für Eierstockkrebs bei Frauen.
Rauchen von mehr als 100 Zigaretten im Leben: um 20 Prozent erhöhtes Brustkrebsrisiko für Frauen.
Fettreiche Ernährung: verdoppeltes Brustkrebsrisiko für Frauen.
Starke Dioxinbelastung über längere Zeit: 50 Prozent erhöhtes Risiko für alle Arten von Krebs.

Wöchentliche Spülung der Geschlechtsorgane: vierfach erhöhtes Risiko für Gebärmutterhalskrebs bei Frauen.

Regelmäßige Benutzung von stark alkoholhaltiger Mundspülung: um 50 Prozent erhöhtes Mundkrebsrisiko.

Verwendung von Phenoxy-Unkrautvernichtungsmittel auf Rasen: um 30 Prozent erhöhtes Risiko für bösartiges Lymphom bei Hunden.

Geburtsgewicht von 3,6 kg oder mehr bei der Geburt: um 30 Prozent erhöhtes Brustkrebsrisiko bei Frauen.

Sterilisation (Vasektomie): um 60 Prozent erhöhtes Risiko für Prostatakrebs bei Männern.

Pestizidbelastung im Blut: um den Faktor 4 erhöhtes Brustkrebsrisiko bei Frauen.

Trinken von mehr als 3,3 Liter Flüssigkeit an einem Tag (insbesondere chlorhaltiges Leitungswasser): Verdopplung des Risikos von Blasenkrebs.

Psychischer Stress am Arbeitsplatz: um den Faktor 5 erhöhtes Risiko für Mastdarmkrebs.

Ernährung mit vielen gesättigten Fetten: um den Faktor 6 erhöhtes Risiko für Lungenkrebs bei nichtrauchenden Frauen.

Verzehr von mehr als 20 Gramm verarbeiteten Fleischs am Tag (zum Beispiel Fleischwurst): um 70 Prozent erhöhtes Risiko für Dickdarmkrebs.

Verzehr von rotem Fleisch fünfmal pro Woche oder häufiger: verdoppeltes Risiko für Dickdarmkrebs.

Arbeiten in der Nähe von elektromagnetischen Feldern: um 37 Prozent erhöhtes Brustkrebsrisko für Frauen.

Verzehr von rotem Fleisch zweimal pro Tag: Verdopplung des Brustkrebsrisikos für Frauen.

Regelmäßiges Zigarettenrauchen: um 70 Prozent erhöhtes Risiko für Bauchspeicheldrüsenkrebs.

Jemals eine Höhensonne genutzt: um 30 Prozent erhöhtes Risiko für schwarzen Hautkrebs.

Abtreibung: um 50 Prozent erhöhtes Risiko für Brustkrebs.

Über- oder unterdurchschnittlich lange Menstruationszyklen: Verdopplung des Risikos für Brustkrebs.

Fettleibigkeit (Adipositas) bei Männern (die schwersten 25 Prozent der Studie): Verdreifachung des Risikos für Speiseröhrenkrebs.

Verzehr von Olivenöl nur einmal täglich oder weniger: um 25 Prozent erhöhtes Risiko für Brustkrebs.

Laut *Science* sind alle diese Ergebnisse zweifelhaft und höchstwahrscheinlich falsch. Aber die Schlagzeilen in den Zeitungen und die warnenden Berichte in den einschlägigen Fernsehmagazinen waren dennoch garantiert.

Sehen wir uns die Mechanik solcher Tartarenmeldungen an einem konkreten Beispiel, der Gefahr durch Überstunden im Büro, einmal näher an. »Eine Langzeitstudie belegt: Wer zu viele Überstunden macht, der erhöht sein Krankheitsrisiko. Es drohen Herzinfarkt, Angina Pectoris, Ängste oder Depressionen.« So schreibt die *Süddeutsche Zeitung* am 14. Mai 2010. Die Basis dieser Meldung war eine

Langzeitstudie namens Whitehall II, die seit 1985 die Gesundheit von über 6000 Angestellten in britischen Behörden untersucht. Keine dieser Personen hatte zu Beginn der Studie Herzprobleme. In den elf Jahren danach gab es 369 Fälle von Herzkrankheiten aller Art, auch tödliche Herzinfarkte, insgesamt 180 davon bei Angestellten, die regelmäßig Überstunden abgerechnet hatten. Das ist ungefähr die Hälfte aller Fälle.

Als Erstes fällt hier auf, dass offenbar 369 weniger 180, also 189 Erkrankungen bei Angestellten auftraten, die *keine* Überstunden gemacht hatten. Ob das viel oder wenig ist, hängt nun entscheidend davon ab, wie viele Überstundenmacher es insgesamt gab. Waren das nur 1000, ist die Hälfte aller Fälle viel. Waren das mehr als 3000, ist die Hälfte aller Fälle wenig, ja sogar ein Zeichen, dass Überstunden vor Herzkrankheiten schützen.

Nun, der Anteil der Überstundenmacher unter den untersuchten Angestellten betrug 46 Prozent. Damit sind die Überstundenmacher sowohl bei den Herzkranken als auch bei den Angestellten insgesamt leicht in der Minderheit, und der gesunde Menschenverstand würde sagen: »Außer Spesen nichts gewesen.«

Wie in der Studie außerdem noch nachzulesen, waren die Überstundenmacher auch häufiger in führenden Positionen tätig, schliefen weniger und waren auch, die üblichen Klischees bestätigend, weit öfter als die anderen verheiratet (ein Ehepartner macht Überstunden, sagen böse Zungen, um nicht nach Hause gehen zu müssen, und hat daher seine

Herzprobleme). Die Autoren der Studie behaupten zwar, alle weiteren möglichen Verursacher von Herzerkrankungen korrekt herausgerechnet zu haben, aber das bezweifle ich einmal ganz entschieden. Wie ich in einer eigenen Studie mit Harald Sonnberger schon vor längerer Zeit zu meinem großen Entsetzen herausgefunden habe, sind fast alle derartigen Regressionsmodelle, mit denen man dieses Herausrechnen versucht, nur äußerst unvollkommene Abbilder der Wirklichkeit; wenn man eine einzige wichtige erklärende Variable vergisst, können sich die Vorzeichen und Kausalrichtungen aller übrigen ins Gegenteil verkehren.

Sofort sich aufdrängende weitere Erklärungen für die geringfügig erhöhte Anfälligkeit für Herzkrankheit bei Überstundenmachern könnten etwa sein, dass diese Leute gerne Vorstand werden möchten und dass der dadurch bedingte Stress, und nicht die Überstunden als solche, sie in die Krankheit treibt. Aber angesichts der ohnehin nur geringen Effekte lohnen sich dergleichen Spekulationen kaum; hier wie bei sehr vielen anderen epidemiologischen Tartarenmeldungen der letzten Jahre bleibt am Schluss nur festzuhalten: Viel Lärm um so gut wie nichts!

Wenn Sie also morgen in der Zeitung lesen »Alzheimer durch Kaffeesahne« oder »Schachspielen fördert Parkinson«, dann lassen Sie sich nicht die gute Laune trüben. Mit großer Wahrscheinlichkeit sind diese Meldungen nur Artefakte einer schlampig ausgewerteten Statistik.

Literatur:

W. Krämer und H. Sonnberger: *The linear regression model under test*, Heidelberg 1986 (Physica Verlag)

F. Lickint: »Tabak und Tabakrauch als ätiologischer Faktor des Carcinoms«, *Zeitschrift für Krebsforschung* 30 (1930), S. 349–365

F. H. Müller: »Tabakmißbrauch und Lungencarcinom«, *Zeitschrift für Krebsforschung* 49 (1939), S. 57–85

R. Paul: »Zigaretten in die Donau«, *Der Spiegel* 30 (1999), S. 198 f.

R. E. Proctor: *The Nazi War on Cancer*, Princeton 1999 (Princeton University Press)

Hanspeter Witschi: »A short history of lung cancer«, *Toxicological Sciences* 64 (1), S. 4–6

M. Virtanen u. a.: »Overtime work and incident coronary heart disease: the Whitehall II prospective cohort study«, *European Heart Journal* 31 (2010), S. 1737–1744

11 Was uns das alles kostet

»Schätzungsweise 20 Milliarden Mark wird in Deutschland allein die Asbestsanierung öffentlicher Gebäude verschlingen.«

Der Spiegel, 1995

Als Mitte des 19. Jahrhunderts in England die ersten dampfgetriebenen Automobile über die Straßen rollten, fürchteten die besorgen Anwohner, die Ungetüme könnten außer Kontrolle geraten und alles in ihrer Nähe niederwalzen. Die Folge war eines der kuriosesten Gesetze der ganzen Menschheitsgeschichte, der »Red Flag Act« von 1865. Das Gesetz schrieb vor, dass sich ein nicht von Pferden gezogenes Gefährt gleich welcher Art auf einer Straße mit einer Geschwindigkeit von höchstens vier Meilen in der Stunde bewegen durfte, innerhalb von Ortschaften höchstens mit zwei Meilen pro Stunde, und jedem Fahrzeug hatte zur Warnung der Bevölkerung ein Fußgänger mit einer roten Flagge (daher »Red Flag Act«) voranzulaufen. Diese Vorschrift galt bis 1896 und hat die Fortentwicklung der Automobilindustrie in England entscheidend gebremst; heute gibt es diese Industrie nicht mehr.

Damit will ich keinesfalls behaupten, Angst und Vorsicht als solche seien immer fortschrittsschädlich. Ganz im Gegenteil. Hätten unsere Vorfahren in den Urwäldern und Savannen Afrikas vor einer halben Million Jahren keine Angst gehabt, so gäbe es uns heute nicht. Das Bauchgefühl der Angst und die verschiedenen genetisch programmierten Reaktionen darauf – vermeiden, verbieten, verhindern, bremsen – waren während des größten Teils der menschlichen Entwicklungsgeschichte geradezu überlebenswichtig. Ich möchte nur darauf hinweisen, dass dieses über Hunderttausende von Jahren eingeübte Verhalten heute oft kontraproduktiv zu werden droht.

Mit »kontraproduktiv« ist dabei nicht gemeint, dass man Gefahren vorbeugt, die sich zum Glück dann doch nicht zeigen. Das ist sogar normal. In die meisten mit einem Blitzableiter versehenen Häuser schlägt nie ein Blitz, und mehr als 99 von 100 Prallkissen (Airbags) werden nie aktiv. Dennoch sind die Ausgaben dafür durchaus lohnend. Denn eine vernünftige Vorsorge bemisst ein Risiko immer als das Produkt zweier Faktoren, der Wahrscheinlichkeit und der Höhe eines Schadens. Ein Schaden von 1000, der mit einer Wahrscheinlichkeit von 1 Prozent auftritt, erzeugt ein Risiko von 10. Und ein Schaden von 100 000, der mit einer Wahrscheinlichkeit von einem hundertstel Prozent auftritt, erzeugt ebenfalls ein Risiko von 10. Und wenn die Kosten der Vorsorge dieses Produkt von Höhe und Wahrscheinlichkeit des Schadens nicht übersteigen, ist das Geld gut angelegt.

Genau das aber ist bei vielen modernen Antirisikomaßnahmen nicht der Fall; viele Akteure auf der modernen Risikobühne schätzen die möglichen Schäden oder die Wahrscheinlichkeiten für diese Schäden oder beides viel zu hoch. Ich selbst habe mir in Pisa schon einmal eine Versicherung verkaufen lassen (siehe Kapitel 4), dass der Schiefe Turm nicht auf mein Auto fällt. Nicht viel klüger war ein Nachbar in dem kleinen Dorf im Norden, wo wir wohnen, der sich in seinem Garten einen Atombunker hatte installieren lassen. Andere Menschen lassen sich überflüssige Alarmanlagen aufschwatzen, kaufen teure Trinkwasserentgiftungsanlagen, werfen gute Möbel wegen Formaldehyd auf den Müll oder geben ihre Spargroschen für die Sanierung ihrer angeblich amalgamverseuchten Zähne aus. In all diesen Fällen steht der Abwehraufwand in keinem Verhältnis zur Höhe der vermeintlichen oder tatsächlichen Risiken.

Auf dem Höhepunkt der Milzbrandpanik 2003 machten amerikanische Internetapotheken große Geschäfte mit dem Antibiotikum Cipro; kurz nach Panikausbruch wurde das eines der bekanntesten Medikamente in den USA. Eine 60-Tage-Packung – das ist die empfohlene Dosis für die Behandlung von Milzbrand – kostete 900 Dollar und wurde von Tausenden von Amerikanern ohne jeden Nutzen auch vorsorglich geschluckt, es hätte gegen Milzbrand nichts genützt. In Deutschland wiederum verschwendet man derzeit viel Geld auf die Bekämpfung von Nahrungsmittelallergien. Mit Sprüchen wie »ein innovativer Bluttest, mit dem verzögerte Nahrungsmittelallergien aufgedeckt werden können« werben Anbieter für sogenannte IGG-Antikörpertests, die angeblich alle möglichen Auslöser für Darm- und Hauterkrankungen, Migräne und Übergewicht schnell identifizieren können. Diese Labortests seien aber »irreführend und sinnlos«, sagen unisono deutsche, österreichische und schweizerische Allergologenverbände. Die Anbieter machten sich nur die Ängste und den Leidensdruck der Patienten zunutze, der Nachweis von IGG-Antikörpern liefere keinerlei Hinweise auf eine Allergie, die Kosten von 300 bis 400 Euro für einen Antikörpertest seien zum Fenster hinausgeworfen. Und nur der liebe Gott im Himmel weiß, wie viele der mehr als 30 Milliarden Euro, die wir in Deutschland jährlich für Arzneimittel bezahlen, für ähnlich dubiose Zwecke ausgegeben werden.

Dass nicht nur verängstigte Bürger, sondern auch hoch angesehene politische Instanzen durch unangemessene Risikovorsorge mit beiden Händen Geld zum Fenster hinauswerfen, zeigt die regierungsamtliche Reaktion – nicht nur in Deutschland – auf die Vogel- und die Schweinegrippe. Nachdem zu Anfang des Jahres 2005 haufenweise tote Vögel auf sämtlichen Fernsehschirmen der Welt zu sehen gewesen waren, kauften westliche Regierungen für rund eine Milliarde Euro vom Schweizer Pharmakonzern Roche das im Wesentlichen wirkungslose Grippemittel Tamiflu. Und vier Jahre später langte man noch einmal zu; allein in Deutschland gaben die zuständigen Stellen für 27 Millionen nie gebrauchte Impfstoffdosen rund 500 Millionen Euro Steuergelder aus. Davon hätte man drei Universitäten ein Jahr lang finanzieren können. Insgesamt kostete die Schweinegrippehysterie den deutschen Steuerzahler mehr als eine Milliarde Euro.

Zur Erinnerung: Im Winter 2010/2011 sind weniger als 300 Personen in Deutschland an den Folgen dieser neuen Virusinfektion gestorben, weniger als ein Zehntel der Menschen, die ohnehin pro Jahr in Deutschland an den Folgen einer Grippe sterben.

Ein weiteres einschlägiges Trauerspiel ist die Überreaktion von Verbraucherministerin Künast auf BSE. Diese Krise war, nach einem zögerlichen Beginn im Jahr 1986, bis 1997 auf England isoliert geblieben, dann erreichte sie im November 2000 auch die Bundesrepublik – eher zufällig wurde in Schleswig-Holstein auf dem Hof des Bauern Peter Lorenzen das erste deutsche BSE-erkrankte Rind entdeckt: Der Bauer hatte freiwillig eines seiner geschlachteten Rinder testen lassen – positiv. Einen Monat später gab es einen weiteren BSE-Fall in einem bäuerlichen Familienbetrieb im Allgäu. Insgesamt sind bei in Deutschland geborenen Rindern bis zum Höhepunkt der Krise im Mai 2001 65 BSE-Fälle bestätigt worden, danach gingen die Zahlen monoton zurück. Trotzdem wurden bis Ende 2010 über 20 Millionen deutsche Rinder auf BSE getestet, zu Kosten von anfangs jährlich 150 Millionen Euro, in 406 Fällen war das Ergebnis positiv, das sind zwei Tausendstel Promille.

Absolut gesehen und erst recht im Vergleich zum Ausland ist das wenig – »BSE hat in Deutschland gar nicht stattgefunden«, schreibt der *Spiegel* 2011. Bis Ende 2000 waren allein in England 180 000 Kühe erkrankt und mussten getötet werden. Sehr viel weniger, aber immer noch Tausende bis Zehntausende von Fällen gab es auch in Irland, Portugal, Frankreich und der Schweiz. Allein in Frankreich sollen über 40 000 BSE-infizierte Rinder legal geschlachtet und das Fleisch legal verkauft worden sein (*Spiegel Online*, 5.7.2004). Aber nirgends war die Panik größer als bei uns, von »apokalyptischer Stimmung« schrieb die *FAZ*; eine gute Bekannte von mir, Besitzerin einer Lederfabrik, hatte große Probleme, an Kuhfelle heranzukommen. Mehr als 1,5 Milliarden Euro hat die Bundesregierung für das Keulen völlig gesunder Kühe, überflüssige Tests (»vollkommen sinnlos«, so Professor Sucharit Bhakdi, Leiter des Instituts für Mikrobiologie und Hygiene der Universität Mainz, »die reine Geldverschwendung«) und die Stabilisierung des Rindfleischmarktes, etwa in Form der sogenannten Herodes-Prämie, ausgegeben. Diese Prämie gab es für den Ankauf und die sofortige Tötung neugeborener Kälber. Es sei wenig sinnvoll, die Tiere großzuziehen, wenn sie unverkäuflich seien, sagte die damals in der EU dafür zuständige Kommissarin, die deutsche Grüne Michaele Schreyer. Mit den so verschwendeten Mitteln hätte man sämtliche Kinder Afrikas ein Jahr lang gesund ernähren können.

Aktuell tut sich besonders die EU im Verschwenden knapper Steuergelder hervor. Mit ihrem REACH-Programm – siehe Kapitel 8 – erzeugt sie Kosten weit jenseits aller möglichen Erträge, pro Jahr zwischen zwei und drei Milliarden Euro, die für eine teure bürokratische Überwachung aufgewendet werden müssen. Mit insgesamt 500 Millionen Euro Zusatzkosten bis 2018 rechnet allein die Ludwigshafener BASF AG. Und wer außer der EU-Kommission ist so naiv zu glauben, dass diese Kosten bei den Unternehmen hängen bleiben? Über höhere Preise für Chemieprodukte sind auch hier die Endverbraucher und die Steuerzahler diejenigen, die die Zeche zahlen müssen.

Diese durchaus schon stattlichen Summen verblassen aber vor der geradezu atemberaubenden Geldverschwendung im Kielwasser der inzwischen rund 20 Jahre alten Asbesthysterie. Allein die USA sollen für oft überflüssige, ja sogar kontraproduktive Asbestsanierungen schon fast 200 Milliarden Dollar ausgegeben haben, das entspricht dem jährlichen Sozialprodukt von Portugal. Überflüssig und kontraproduktiv, weil der gefährliche Asbest hinter dicken Farbanstrichen oder Dämmplatten fest versiegelt war. Erst durch die kostspielige »Sanierung« werden die Asbestfasern freigesetzt. »Die Säuberungsaktion erinnert an Aufräumarbeiten im Atomkraftwerk: luftdichte Schleusen, Vakuumpumpen, Arbeiter in staubdichten Schutzanzügen« *(Der Spiegel)*. Hätte man sich diese teure Säuberung erspart, bliebe der Asbest auf ewig weggeschlossen.

Und sehr viele Menschen, die wegen der Asbestpanik gestorben sind, könnten noch heute leben. Denn es gibt auch noch andere Kosten überzogener Risikobekämpfung außer Geld. Auch die BSE-Hysterie hat inzwischen weit mehr Menschen umgebracht als BSE – allein in England wurden seither über 150 Selbstmorde von Farmern registriert, deren Existenz durch die BSE-Panik vernichtet wurde.

Was fast alle Kreuzritter gegen bestimmte Risiken

immer wieder gern übersehen, ist die Tatsache, dass dadurch ein anderes Risiko oft automatisch steigt. Die Zeitschrift *Science* hat für die USA errechnet, dass dort höchstens ein Mensch von zehn Millionen jährlich durch erhöhte Asbestbelastung in den Schulen stirbt. Dagegen kommen unter zehn Millionen Schülern mehr als 300 jährlich als Fußgänger durch Verkehrsunfälle um. *Science* schließt daraus, dass die durch die Asbestsanierung der Schulgebäude erzwungenen Zwangsferien weit mehr Schüler das Leben gekostet haben, als durch Asbest auch unter den schlimmsten Annahmen jemals zu befürchten gewesen wäre.

Weitere Nebenwirkungen der Asbesthysterie betreffen die bei der überflüssigen Sanierung asbesthaltiger Gebäude eingesetzten Arbeiter sowie die Nachbarn der sanierten oder abgerissenen Gebäude. So musste etwa die Gewerkschaft Erziehung und Wissenschaft (GEW) ihre bislang asbestfreie Frankfurter Landesgeschäftsstelle wegen einer plötzlichen (übrigens völlig ungefährlichen) Belastung von über 10 000 Fasern pro Kubikmeter räumen – die benachbarte Bank für Gemeinwirtschaft hatte ein asbestbelastetes Bürogebäude abgerissen.

Ein weiteres Beispiel ist das Verbot von DDT. Wo stehen die Kreuze für die Millionen zusätzlicher Toten durch Malaria, die ohne das weltweite DDT-Verbot noch heute leben könnten? Indem man die durch den Schädlingsbekämpfer DDT ausgelösten unbestreitbaren Risiken vermeidet, öffnet man anderen Attacken auf unser Leib und Leben Tür und Tor. Und die sind oft gefährlicher als die zunächst verhinderte Gefahr. Und so haben auch »die Nebenwirkungen des DDT-Verbotes ... mit Sicherheit mehr Menschen das Leben gekostet als die Nebenwirkungen des DDT«. Dieses schon weiter oben präsentierte Zitat eines ehemaligen Präsidenten der Deutschen Forschungsgemeinschaft sollte man all den selbstgerechten Umweltaktivisten, die sich um die Folgen ihrer Hysterieaktionen niemals kümmern, mit roter Tinte in das Stammbuch schreiben.

Oder nehmen wir das Trinkwasser und die Angst vor Chlor. Nach der deutschen Trinkwasserverordnung darf einem Liter Wasser bis zu 600 Milligramm Chlor zugesetzt werden, um auf diese Weise Keime abzutöten. Andererseits sollen die Nebenprodukte der Trinkwasserchlorung aber Krebs erzeugen, deshalb war der Zusatz von Chlor zeitweise in den USA verboten. Die Regierung des südamerikanischen Peru schloss sich Anfang der 90er-Jahre dieser Vorsichtsmaßnahme an (siehe Kapitel 7) und hatte wenig später den weltweit größten Ausbruch von Cholera der vergangenen Jahrzehnte mit 800 000 Infizierten und über 7000 Toten zu beklagen. So viele Peruaner wären selbst dann nicht an Krebs gestorben, hätten sie pro Liter ein Hundertfaches der in Deutschland erlaubten Menge Chlor getrunken.

Auch die Angst vor Fluor schadet mehr, als sie nützt. Als das Fernsehmagazin »Monitor« einmal vor den Gefahren einer Kariesvorsorge durch Fluortabletten gewarnt hatte, brach deren Absatz in Deutschland fast komplett ein. »Der Umfang der hieraus resultierenden Kariesschäden und ihrer Folgen ist nicht abzuschätzen«, warnt der Lübecker Medizinprofessor Otfried Strubelt. »Noch schlimmer aber war, dass viele Eltern auch die damit kombinierte Vitamin-D-Prophylaxe gegen Rachitis einstellten und Kinderärzte in der Folgezeit ein Krankheitsbild beobachten mussten, nämlich die Rachitis oder Englische Krankheit, das seit Jahrzehnten von der Bildfläche verschwunden war. Diese Vitaminmangelkrankheit führt durch Knochenerweichung zu schweren Verformungen des Skeletts sowie zum Zurückbleiben der gesamten körperlichen Entwicklung. Verkrüppelte Kinder als Konsequenz falscher journalistischer Warnungen – das war leider traurige Realität.«

Die amerikanischen Risikoforscher John Graham und Jonathan Wiener haben einmal verschiedene weitere kontraproduktive Nebenwirkungen ausgewählter Risikobekämpfungsmaßnahmen untersucht. So fanden sie zum Beispiel heraus, dass viele staatlich verordnete Maßnahmen zur Verbesserung der Luftqualität indirekt die Wasserqualität verschlechterten und umgekehrt. Oder dass das Luftreinhaltegesetz von 1967 (Clean Air Act), das für alle Kohlekraftwerke aufwendige Schwefeldioxidfilter vorsieht, die Energieeffizienz der Kraftwerke reduzierte und den Kohlendioxidausstoß in die Höhe trieb. Schwefeldioxid runter, Kohlendioxid rauf. Dann wieder griffen die Amerikaner aufgrund des Verbots künstlicher Zuckerersatze wie Zyklamat oder Sacharin vermehrt zu dem sehr viel kalorienhaltigeren normalen Zucker und wurden dick und fett dabei, mit all den daraus resultierenden Nebenwirkungen, die man so kennt. In einem anderen Fall hatte das aus Rücksicht auf

Wildtiere eingeschränkte Holzfällen in den USA dazu geführt, dass Holzpreise weltweit stiegen und stattdessen die ökologisch weit mehr gefährdeten Wälder in Entwicklungsländern den Holzfällern zum Opfer fielen. Dann wieder hatte das Verbot gewisser Pestizide die amerikanischen Farmer dazu verleitet, vermehrt schädlingsresistente Pflanzensorten anzubauen, deren natürlicher Pestizidgehalt die Menge der vorher eingesetzten künstlichen Unkrautvernichter bei Weitem übersteigt. So soll zum Beispiel schädlingsresistenter Selleriesalat achtmal mehr natürliche krebserzeugende Chemikalien enthalten als »normaler«, mit künstlichen Pestiziden vor Schädlingen geschützter Selleriesalat. Und dann natürlich das typisch US-amerikanische Anti-Risiko-Ritual, als Schutz vor einem Überfall zu Hause eine Waffe im Nachttisch bereitzuhalten. Der verhinderte Schaden durch die so abgeschreckten Einbrecher wird durch häuslichen Mord und Totschlag mehr als aufgewogen, der allein durch die leichte Zugänglichkeit von Schusswaffen möglich geworden ist.

Und so weiter und so fort. Diese Einäugigkeit ist nicht nur dumm, sondern auch sehr teuer und eines der größten Defizite im Umgang mit Gefahr und Risiko überhaupt.

Aber nicht nur die Obrigkeit unterliegt der Unvernunft, wir Bürger stehen ihr nicht nach. Kaum warnt ein Fernsehmagazin vor Pestiziden in der Babykost, rennen die Mütter aufgeregt zum Markt und kochen ihr Babygemüse selbst, ohne eine Ahnung davon zu haben, dass reguläres deutsches Marktgemüse eine mehr als hundertfach höhere Pestizidkonzentration aufweisen darf und oft auch aufweist, als jemals in dem am schlimmsten »verseuchten« Babygemüse nachgewiesen worden ist. Oder nehmen wir die Panik vieler Amerikaner nach dem 11. September 2001. Danach brach der zivile Luftverkehr in den USA auf vielen Strecken fast zusammen. Die Amerikaner hatten Angst vor dem Fliegen, sie fuhren vermehrt Auto, und das hat nach einer bekannten Untersuchung des Berliner Psychologen Gerd Gigerenzer dazu geführt, dass in den folgenden Jahren fast genauso viele US-Amerikaner zusätzlich im Straßenverkehr den Tod gefunden haben wie durch die Terroranschläge des 11. September selbst.

Genauso unvernünftig ist die Angst vieler Menschen vor den Nebenwirkungen von Medikamenten. Die sind in der Tat nicht wegzuleugnen, und ihre Schädlichkeit wird, wann immer sie auftreten, in den Medien auch mit Wollust breitgetreten. In meinem Buch *Die Panikmacher* (mit Gerald Mackenthun) zeige ich beispielhaft, wie der *Stern* aus dem Fall der kleinen Linda Straub aus dem unterfränkischen Dorf Hassenbach, die an einer ungewollten Überdosis des Schmerzmittels Paracetamol gestorben war, eine Tragödie machte. »Als sie das tote Mädchen in ihren Armen hielt, dachte sie: ›Das ist nicht mein Kind, das da gestorben ist‹, und streichelte den kleinen Körper so lange, bis die Wahrheit unabweisbar in ihr Bewusstsein drang und sie ›nur noch dumpf rausgeschrien‹ hat, denn Tränen hatte sie keine mehr. Es dauerte sechs Wochen, bis die ersten fließen konnten.« Wegen solcher Fälle setzen viele Patienten aus Angst vor Nebenwirkungen ihre Medikamente ab. Die so vermiedenen Risiken bewirken nach Berechnungen des Münchner Medizinprofessors Klaus Heilmann tatsächlich eine durchschnittliche Lebensverlängerung, und zwar von 37 Minuten. Dagegen erzeugen die so neu erzeugten Risiken der Nichteinnahme eine durchschnittliche Lebensverkürzung, und zwar von mehr als 15 Jahren. Laut einer Befragung in amerikanischen Krankenhäusern sterben in den USA allein durch Nichtanwendung von Herz-Kreislauf-Mitteln jährlich etwa 125 000 Menschen. Übertragen auf Deutschland wären das etwa 30 000 »vorfristig Verstorbene«. Das Nichteinnehmen geeigneter und wirksamer Medikamente ist also deutlich riskanter als die Einnahme. Oder um mit Heilmann zu sprechen: »Das Risiko, mit einem Rezept in der Tasche auf dem Weg zwischen Arzt und Apotheke zu verunglücken, ist um ein Vielfaches höher, als an dem zu erkranken, was auf dem Rezept steht.«

Und dann natürlich sind auch die nur schwer messbaren Kosten der Panikmache für die Psyche zu beachten. Auch die sind inzwischen in fast schon unvorstellbare Größenordnungen vorgedrungen; je nach Schätzung und je nachdem, wie man die Beschwerden misst, haben wir allein in Deutschland heute zwischen fünf und zehn Millionen eingebildete Umweltkranke zu versorgen (bzw. deren Fehlzeiten bei der Arbeit oder deren Frühverrentung zu bezahlen).

»Die eigenen Erfahrungen sowie die des sozialen Umfelds, Presse und Medienberichte über Umweltkatastrophen erzeugen bei vielen Menschen Angststörungen, die viele Erkrankungen imitieren und den Patienten wie den Arzt vor große diagnostische und therapeutische Schwierigkeiten stellen können«, schreibt der Hautarzt und Umweltmediziner Klaus-Michael Taube. »Man weiß heute, dass bei etwa einem Drittel aller hautkranken Patienten psychische Störungen als ursächliche oder zumindest begleitende Faktoren bedeutsam sind.«

Solche eingebildeten Umweltkranken hat es in den Hungerjahren nach dem Zweiten Weltkrieg nicht gegeben. Heute lesen wir immer häufiger von Frührentnern, die nicht sagen können, warum sie früh verrentet worden sind, ja sogar von toxikologisch unerklärbaren Massenvergiftungen aller Art. Sei es eine stinkende Toilette, ein seltsamer Geruch, die herausposaunte Messung einer unbedeutenden Chemikalie, die »schlechte Luft« in klimatisierten Räumen: Schulklassen oder ganze Schulen, die Mitarbeiter von Büros oder Anwohner einer Fabrik fühlen sich plötzlich nicht wohl und glauben sich vergiftet. Aber auch nach gründlichsten Untersuchungen ist kein Stoff zu finden, der auch nur im Entferntesten die Symptome hätte auslösen können. Analysen von Urin, Blut oder Haaren bringen keinen Befund. In Kanada wurde einmal in vier Bürohäusern die Frischluftzufuhr erhöht, ohne dass die über schlechte Luft klagenden Angestellten davon wussten – die Beschwerden gingen nicht zurück.

Nach Meinung vieler Ärzte sind die so reagierenden Menschen tatsächlich krank und nur sehr schwer zu heilen. Sie suchen die Ursachen ihrer psychischen Probleme in äußeren Quellen: in einem Virus, in sexueller Belästigung, chemischer Kriegsführung, in teuflischen Verschwörungen oder außerirdischer Beeinflussung. Sie meiden Psychotherapeuten und suchen Rat bei Allgemeinärzten oder gehen in die für ihr defektes Körperteil zuständigen Krankenhaus-Spezialabteilungen – die meisten Psycho-Fälle sind ohne Rast und Ruh hinter Medikamenten und Operationen her.

»Ärzte sind in solchen Fällen oft ratlos«, schreibt der *Stern*. »Denn es ist schwer feststellbar, worauf jemand tatsächlich reagiert, falls überhaupt. Sind es Düfte? Ist es der Feinstaub? Oder ist jemand einfach nur hysterisch?« Ein schulmedizinisch behandelbares Standardleiden haben diese Menschen jedenfalls nicht. Aber genau darauf bestehen sie mit großem Nachdruck. »Die Patienten bestehen darauf, vergiftet zu sein – doch in den meisten Fällen sind sie es nicht«, schreibt der *Spiegel*. »Ihre Werte an DDT, Lindan, PCB, Quecksilber oder halogenierten Kohlenwasserstoffen liegen nicht höher als beim Rest der Bevölkerung.«

Die Ärzte sind dabei aufgrund mangelnder psychologischer Schulung nicht nur hilflos, sie werden gleichzeitig von der unerfüllbaren Erwartung der Patienten in die Rolle des Scheiternden gedrängt. Denn die Wissenschaft kann niemals die Nichtexistenz einer Vergiftung beweisen. Eine einseitig auf die Biologie fixierte Medizin ist daher kaum in der Lage, hier Abhilfe zu schaffen. Die Patienten verbleiben unter starkem Leidensdruck, und die akademischen Ärzte sehen sich im Dilemma zwischen der offensichtlichen Not der Patienten und dem aktuellen Stand der Wissenschaft, der da lautet: Es ist nichts zu finden.

Am ehesten könnten noch Psychologen zur Aufklärung beitragen. Aber leider nehmen viele Psychologen das, was die Patienten ihnen sagen, für bare Münze. Beide Seiten – die Ärzte wie die Psychologen – haben Mühe, chemische von psychosomatischen Störungen zu unterscheiden. Einerseits ist eine saubere Diagnose oft wirklich schwierig, andererseits übersehen beide Berufsgruppen geflissentlich die Erkenntnisse der jeweils anderen, trotz der bis zum Überdruss wiederholten Forderung, psychische und soziale Faktoren in der Medizin stärker zu berücksichtigen. So ordnen sie die Symptome mehr aus Verlegenheit denn aus Überzeugung komplizierten Krankheitsbildern mit amerikanischen Namen zu, von denen unklar ist, ob es sich nicht doch nur um Modediagnosen handelt, die nach einiger Zeit so wie die klassische Hysterie, die Neurasthenie und das Kriegszittern verschwinden werden.

Falsche Reaktionen auf Risiken gleich welcher Art kosten nicht nur Geld, Gesundheit und Lebensfreude, sie bremsen auch das Wirtschaftswachstum. Unter allen Volkswirtschaften der EU belegte die deutsche von 1995 bis 2009 mit insgesamt 16 Prozent Wachstum über 15 Jahre den vorletzten Platz – nur die italienische wuchs noch langsamer. Dagegen wuchs Irland in dieser Zeit um 105 Prozent, gefolgt von Polen (84 Prozent) und der Slowakei (82 Prozent). Auch unsere direkten Nachbarn – neben Polen auch Belgien, die Niederlande, Luxemburg, Dänemark, Frankreich, Österreich und die Schweiz – wuchsen alle schneller als die Bundesrepublik. Unser Land, vormals der ökonomische Musterknabe, wird zum kranken Mann Europas.

Darüber kann auch die vergleichsweise robuste Erholung nach der letzten Wirtschaftskrise nicht hinwegtäuschen. Die war eine Konsequenz der Stärken, die wir uns zum Glück erhalten haben – Qualität und Zuverlässigkeit, deutsche Wertarbeit, flexibler Mittelstand, duales Bildungswesen, Möglichkeit für Kurzarbeit anstelle von Entlassung –, kein Grund, die ansonsten miserable Wirtschaftsleistung der letzten 20 Jahre schönzureden.

Für diese miserable Wirtschaftsleistung gibt es viele Gründe. Etwa den, dass deutsche Sparer nicht mehr in Deutschland investieren. Ein anderer ist die deutsche Überängstlichkeit vor Risiken. Die Engländer haben den »Red Flag Act« 1896 abgeschafft. Hundert Jahre später führen ihn die Deutschen wieder ein. Nicht durch ein einzelnes Gesetz, es sind eher die vielfältigen Paragrafendschungel, die Alibi- und Verhinderungsgesetzgebung, die hierzulande die Dynamik hemmen und den Bedenkenträgern in die Hände spielen. In kaum einem anderen Land der Erde haben Klima-, Tier- und Umweltschützer einen so guten Stand wie in der Bundesrepublik, nirgendwo erzeugen sie eine solche Bremswirkung wie hier. Unter allen Ländern dieser Erde hat Greenpeace in

Deutschland die meisten Unterstützer, die in Amsterdam ansässige Weltzentrale erhält 25 Prozent ihrer Einnahmen aus der Bundesrepublik, mehr als aus irgendeinem anderen Land. Deutschland ist mittlerweile das einzige Land der Welt mit einem vereinbarten Ausstieg aus der Atomenergie, nirgendwo auf der Welt ist die Angst vor gentechnisch veränderten Pflanzen und daraus gewonnenen Lebensmitteln größer als bei uns. Seit dem Farbfernseher, und das ist 50 Jahre her, trifft fast alles Neue, Zukunftsweisende in unserem Land zunächst einmal auf eine Große Koalition von »Reichsbedenkenträgern« (Manfred Lahnstein). Ein riesiges frei schwebendes Angst-, Protest- und Verweigerungspotenzial steht wie die Klospülung all denen zur Verfügung, die neue Ideen schon bei der Geburt ertränken wollen.

Hans-Jürgen Papier, der ehemalige Präsident des Bundesverfassungsgerichts, sieht in dem deutschen Hang zur Überregulierung eine unserer größten Wachstumsbremsen. Fast schon reflexhaft werde die Gesetzesmaschine in Gang gesetzt, sobald ein gesellschaftliches Problem auftrete, oft ohne darauf zu achten, ob die neuen Regeln jemals umgesetzt werden könnten. Einzig sicher ist der Bremseffekt. Und eine große Verunsicherung der Macher, die zum Glück auch hierzulande noch nicht ausgestorben sind. Der Wuppertaler Professor für Sicherheitstechnik Sylvius Hartwig hat in einem Artikel in der *Welt* einmal von einer »Art erzwungener Korruption« geschrieben, die in Deutschland Einzug halte und dazu führe, dass »gesetzliche Regelungen die Grenzen zwischen Verantwortungsbewusstsein und kriminellem Verhalten fließend machen«. So sei er aufgrund von Feuerschutzrichtlinien gezwungen, alle Studenten ohne Sitzplatz aus seinem Hörsaal zu weisen. Natürlich mache er das nicht und sei deshalb semikriminell. Dann wieder könne er gewisse Laborveranstaltungen wegen des Risikos und der Gesetzeslage nur mit einem Laborsicherheitsingenieur durchführen; sei der nicht verfügbar – und das sei die Regel –, müsste er eigentlich die Veranstaltung ausfallen lassen. Auch das habe er aber nicht getan. »Die Verwaltung funktioniert in weiten Teilen unseres Landes nur deswegen«, so Hartwig, »weil es immer wieder Verantwortungsbewusste gibt, die den vorgegebenen Sinn einer Aufgabe höher stellen als den Wortlaut eines Gesetzes oder einer Verwaltungsvorschrift.«

Als Folge dieser »gesetzgeberischen Inkontinenz«, so der Jurist Wieland Kurzka, habe ein deutscher Durchschnittsbürger heute rund 80 000 Bestimmungen zu beachten; die Bürger verließen sich zu wenig auf Eigeninitiative und Unternehmertum und zu viel auf den Staat.

So wird es auch niemanden wundern, dass Deutschland in der jährlichen Rangliste der internationalen Wettbewerbsfähigkeit des International Institute for Management Development (IMD) in Lausanne weit hinter Ländern wie den USA, Hongkong, Singapur oder Kanada rangiert. Selbst die so staatsgläubigen Schweden liegen in der aktuellen Liste neun Plätze vor der Bundesrepublik. Auch Norwegen, Luxemburg, Dänemark oder Österreich sind weniger reguliert als wir. Und was deshalb niemanden verwundern wird: All diese Länder liegen auch im Wirtschaftswachstum über uns.

Bisher haben wir nur Fälle untersucht, wo knappe Mittel ohne jeglichen oder mit zu geringem Nutzen verschwendet werden oder gar Schaden anrichten. Darüber hinaus erzeugt aber irrationale Panikmache auch noch eine Verschwendung zweiter Art: Die eingesetzten Mittel erfüllen durchaus ihren intendierten Zweck, aber dieser Zweck ist falsch.

In der Wirtschafstheorie ist das auch als das Problem der »Opportunitätskosten« bekannt: Wenn man das eine tut, muss man das andere lassen. Und der entgangene Nutzen dessen, was man lässt, sind dann die Opportunitätskosten dessen, was man tut.

Stellen wir uns einmal einen Bauern vor, der seinen Hof bewirtschaftet, einen großen Hof mit vielen Feldern und viel Land. Der Bauer pflügt und sät, macht Heu, hackt Holz, legt sumpfige Wiesen trocken, jätet Unkraut, bekämpft Schädlinge aller Art, arbeitet von morgens in der Frühe bis spät in die Nacht, bis er vor Müdigkeit daniedersinkt. Wie würden wir nun einen solchen Bauern nennen, der als Erstes die unfruchtbarsten Felder pflügt und das Heu zunächst am steilen Abhang mäht, wo es am schwersten abzumähen ist, während die fruchtbaren Felder unbestellt bleiben und auf den guten Wiesen das Gras verfault? Dieser Bauer ist dumm. Er investiert seine begrenzte Arbeitszeit nicht da, wo sie den größten Nutzen bringt, er verschwendet Kraft und Energie, seine Opportunitätskosten sind viel zu hoch.

In diesem Sinn sind die gesellschaftlichen Kräfte, die hierzulande und andernorts unsere knappen Mittel auf die Risikobekämpfung lenken, ganz außergewöhnlich dumme Bauern. Zum Beispiel kostet die Verhinderung eines Todesfalls in der Pharmaindustrie mehr als tausendmal so viel wie die Verhinderung eines Todesfalls in der Landwirtschaft. Und aus welchen Gründen auch immer tolerieren Aufsichtsbehörden weltweit im Allgemeinen mehr Schadstoffe im Wasser oder in der Luft als im Essen? Allein schon der gesunde Menschenverstand würde hier doch folgende Regel nahelegen: Wenn man schon nicht alles erreichen kann, was gut und richtig ist, dann erreicht man auf jeden Fall am meisten mit der Devise: Verwende die knappen Mittel da, wo sie am meisten nutzen. Und verschwende keine Ressourcen auf die Eliminierung von Mini-Gefahren, solange es noch Maxi-Gefahren gibt, die ebenfalls beseitigt werden könnten. Und tue das so lange, bis der Ertrag einer weiteren Mitteleinheit in allen Verwendungszwecken der gleiche ist. Die Ökonomen sagen dazu auch »effiziente Produktion«.

Oder auch »effiziente Elimination«, wenn das Ziel nicht die Produktion, sondern die Reduktion von etwas ist, etwa die Reduktion von Risiken. Aber von einer solchen effizienten Elimination sind wir weltweit, nicht nur in Deutschland, noch meilenweit entfernt. Im Gegenteil triumphiert hier überall die Unvernunft. In der bislang immer noch umfangreichsten Untersuchung dazu haben amerikanische Statistiker um T.O. Tengs eine Liste von 500 lebensrettenden regulatorischen Eingriffen erstellt, zusammen mit ihren Kosten. Die folgende Tabelle liefert einen Auszug. Die Daten beziehen sich auf die USA und sind schon einige Jahre alt, aber die darin ausgewiesenen Ungleichgewichte bestehen bis heute.

Kosten der Verhinderung eines Todesfalls

Zwangsweise Installation von Rauchmeldern in allen Privatwohnungen	< 50 US-Dollar
Impfung gegen Masern	< 50 US-Dollar
Verbot von Wohngebäuden in tsunamigefährdeten Küstenregionen	< 50 US-Dollar
Höhere Schornsteine und andere Emmissionskontrollen bei Kohlekraftwerken	< 50 US-Dollar
Pflicht zu Sicherheitsgurten in PKWs	69 US-Dollar
Grippeschutzimpfung für alle	140 US-Dollar
Antiraucherberatung für Männer zwischen 45 und 49	1100 US-Dollar
Helmpflicht für Motorradfahrer	2000 US-Dollar
Chlor in Trinkwasser	3100 US-Dollar
Regelmäßige Darmspiegelung für Patienten über 40	4500 US-Dollar
Radonkontrolle in Privathäusern	6100 US-Dollar
Jährliche Mammografie für alle Frauen zwischen 35 und 49	12 000 US-Dollar
Jährlicher TÜV für alle PKWs	20 000 US-Dollar
Rauchmelder in Flugzeugtoiletten	30 000 US-Dollar
40 statt 20 Begrenzungspfosten pro Meile auf allen Landstraßen	31 000 US-Dollar

Kindersichere Feuerzeuge	42 000 US-Dollar
Herzverpflanzung für Patienten über 50	100 000 US-Dollar
24 Zoll statt nur 20 Zoll hohe Rückenlehnen in Schulbussen	150 000 US-Dollar
Scheibenbremsen statt Trommelbremsen in PKWs	240 000 US-Dollar
Sicherheitsgurte in Schulbussen	2 800 000 US-Dollar
Neue Küstendeiche, die eine Jahrhundertflut überstehen	5 500 000 US-Dollar
Optimale Bauverstärkung in Erdbebenzonen	18 000 000 US-Dollar
Verschärfte Kontrolle von Arsenemissionen bei Glasfabriken	50 000 000 US-Dollar
Asbestverbot in mechanischen Verhütungsmitteln (Diaphragma)	1 400 000 000 US-Dollar

Als dieser Artikel erschien, waren Sicherheitsgurte in Europa längst vorgeschrieben, in den USA diskutierte man noch darüber. Und da sind natürlich die bescheidenen 69 Dollar für ein gerettetes Menschenleben ein schlagendes Argument. Auch ist es erfreulich zu sehen, dass viele der anderen preiswerten Antirisikomaßnahmen tatsächlich inzwischen stattgefunden haben.

Die Zahlen in dieser Tabelle sind nicht als exakte Angaben zu sehen. Wie meist, gibt es zu fast jeder Studie eine andere, die etwas anderes behauptet. So war beispielsweise lange Zeit in einigen amerikanischen Bundesstaaten ein Helm für Motorradfahrer vorgeschrieben, in anderen dagegen nicht, mit dem Ergebnis, dass in den Bundesstaaten mit Helmpflicht mehr Motorradfahrer umgekommen sind. Und zwar deswegen, weil sie unvorsichtiger fuhren. Aus dem gleichen Grund ist auch der Nutzen von ABS-Systemen, Spikes-Reifen und Sicherheitsgurten längst nicht so offensichtlich, wie viele Befürworter immer wieder glauben. In den USA zum Beispiel mussten Kfz-Versicherer einen anfänglichen Bonus für Autos mit ABS wieder zurücknehmen. Diese Autos verursachten nicht weniger Unfälle als andere, sondern mehr. Und nur halb im Scherz hat ein amerikanischer Wirtschaftswissenschaftler einmal vorgeschlagen, zur Erhöhung der Verkehrssicherheit in die Lenkkonsole eines jeden Autos einen spitzen Speer zu installieren, der bohrt sich dem Fahrer bei jedem Auffahrunfall sofort ins Herz. Durch diese Maßnahme, so der Ökonom, würde die Verkehrssicherheit in den USA drastisch erhöht.

Aber das sind Nebensächlichkeiten. Worauf es ankommt, ist: Die Kostenunterschiede für die Eliminierung verschiedener Risiken sind geradezu dramatisch, und längst nicht immer wird das zuerst getan, was die meisten Menschenleben rettet. »Angesichts solcher Ungleichheiten könnten erheblich mehr Menschenleben durch eine Umverteilung der Ressourcen gerettet werden«, schreiben die Autoren der oben zitierten Studie. »Es ist unsere Hoffnung, dass diese Information das Weltbild der Risikoanalysten erweitert und bei der künftigen Verteilung knapper Ressourcen zur Risikobekämpfung hilft.«

Amen!

Literatur:

J. D. Graham und J. B. Wiener: *Risk vs. risk. Tradeoffs in protecting health and the environment*, Cambridge 1997 (Harvard University Press)

S. Hartwig: »Eine Art erzwungener Korruption«, *Die Welt*, 24.11.1994

Klaus Heilmann: *Medikament und Risiko. Wie bitter sind die Pillen wirklich?* Stuttgart 1994 (Medpharm Scientific Publishers)

International Institute for Management Development (IMD): *The IMD World Competitiveness Yearbook*, Lausanne 2011

Wieland Kurzka: *Im Paragraphenrausch. Überregulierung in Deutschland – Fakten, Ursachen, Auswege*, Gräfelfing 2005 (Resch Verlag)

Chris Löwer: »Chemikalien-Unverträglichkeit: Ich bin eine soziale Leiche«, *Stern*, 28.8.2009

Klaus-Michael Taube: »Umweltbezogene Körperbeschwerden aus der Sicht der psychosomatischen Dermatologie«, *Umwelt & Gesundheit* 1 (2007), S. 6–11

»Angst vor der Endzeit«, *Der Spiegel* 39/1995

Günther Stockinger: »Preis der Vorsicht«, *Der Spiegel* 10/2011

T. O. Tengs, M. E. Adams, J. S. Pliskin, D. Gelb Safran, J. E. Siegel, M. C. Weinstein und J. D. Graham: »Five-hundred lifesaving interventions and their cost-effectiveness«, *Risk Analysis 15* (1995), S. 369–390

12 Was tun?

»Die Zukunft hat viele Namen.
Für die Schwachen ist sie das Unerreichbare.
Für die Ängstlichen ist sie das Unbekannte.
Für die Tapferen ist sie die Chance.«

Victor Hugo

Wie viele Bücher mag es geben, die den Menschen sagen: Keine Panik, regt euch nicht auf, ihr habt vor den falschen Dingen Angst, die wahren Gefahren für Leib und Leben sind nicht die, vor denen ihr euch fürchtet. Hunderte? Tausende? (Wenn man mal die in anderen Sprachen erschienenen mitzählt.) Ich selbst besitze davon mindestens ein Dutzend, und jedes Jahr drängen neue auf den Büchermarkt. Eins davon haben Sie ganz offenbar bis jetzt gelesen.

Das kann jedoch nur heißen: Die Botschaft, wie sie üblicherweise übermittelt wird, kommt nicht an. Oder aber es ist wie bei Diätbüchern, wo der Variantenreichtum noch viel größer ist: Es nützt alles nichts. Mit Vernunft und Argumenten ist dem allgegenwärtigen menschlichen Versagen gegenüber Gefahr und Risiko nicht beizukommen.

Und genau das ist mein zentraler Punkt. Wenn ich nämlich eines beim Schreiben dieses Buchs gelernt habe, dann ist es dieses: Die Botschaft »Regt euch ab, es ist alles halb so schlimm« kann gar nicht ankommen. So wie wir Menschen nun einmal gestrickt sind, kann man sich diese Mühe sparen. Das ist so, als würde man den Männern sagen: Warum lauft ihr eigentlich so gern blonden Frauen mit dickem Busen hinterher? Die können auch nicht besser kochen als andere, lassen sich öfter scheiden und reduzieren die Lebenserwartung ihrer Männer. Zumindest machen sie die Männer dümmer, wie Psychologen ganz im Ernst herausgefunden haben (*Die Welt*, 21.11.2007).

Mit derartigen Argumenten aber wollen die Adressaten sich nicht auseinandersetzen, aus den gleichen Gründen, warum auch die überzeugendsten Argumente gegen Panikmache an den meisten Menschen abprallen – bei den einen weniger, bei den anderen, speziell in Deutschland, mehr: weil ein großer Teil unseres Verhaltens eben genetisch programmiert und von unserem vernünftigen Denken unabhängig ist.

Ein erster und zugleich der wichtigste Schritt aus diesem Dilemma bestünde nun darin, das erst einmal einzusehen. Sich einzugestehen, dass unsere Einstellung zu Gefahr und Risiko nicht kopf-, sondern allzu oft rein bauchgesteuert ist. Zuzugeben, dass wir im Grunde mental immer noch im Urwald leben. Ist das einmal erkannt – aber leider erst dann –, kann man damit beginnen, das Steuerzentrum unserer Risikobewältigung Zentimeter für Zentimeter von den Gefühlen weg in Richtung Vernunft zu verschieben.

Das funktioniert nicht von heute auf morgen, und vielleicht überhaupt nicht, solange die Spezies Homo sapiens existiert. Wie Desmond Morris in seinem Bestseller *Der nackte Affe,* dem vielleicht besten

Sachbuch des 20. Jahrhunderts, so überzeugend wie ernüchternd darlegt, hat uns der Bauch noch immer fest im Griff. Und das wirklich Bedenkliche dabei ist: Wir wissen es nicht. »Dieser ebenso ungewöhnliche wie äußerst erfolgreiche Affe verbringt einen Großteil seiner Zeit damit, sich über seine hohen Zielsetzungen den Kopf zu zerbrechen, und eine gleiche Menge Zeit damit, dass er geflissentlich über seine elementaren Antriebe hinwegsieht. Während er sich höchst erhabene neue Motive angeeignet hat, ist ihm doch keiner seiner sehr gebundenen alten Triebe verloren gegangen. Das stürzt ihn oft genug in Verwirrung, doch ist es nun einmal so: Seine alten Antriebe trägt er seit Jahrmillionen in sich, seine neuen aber erst seit höchstens einigen wenigen Jahrtausenden – und es gibt keinen Anlass zu der Hoffnung, dass das in seinem Erbgut aus einer langen stammesgeschichtlichen Vergangenheit Angesammelte schnell und leicht abzuschütteln ist. Er wäre ein weit weniger bekümmertes und weit mehr mit sich zufriedenes Lebewesen, wenn er dieser Tatsache nur einmal ins Gesicht sehen wollte.«

Also sehen wir dieser Tatsache ins Gesicht!

Das ist aber nur der erste Schritt: Weg mit dem Bauchgefühl. Dann fällt auch Schritt 2 nicht schwer, das ist der Abschied von der Null-Risiko-Illusion. Haben wir erst einmal gelernt, dass Gefahren nie grundsätzlich auszuschließen sind, können wir unsere Gehirnzellen benutzen, Gefahren zu begrenzen.

Hier hat das Bundesverfassungsgericht in einem

Beschluss vom 8. August 1978 eine erste wegweisende Entscheidung getroffen:

»Vom Gesetzgeber im Hinblick auf seine Schutzpflicht eine Regelung zu fordern, die mit absoluter Sicherheit Grundrechtsgefährdungen ausschließt, die aus der Zulassung technischer Anlagen und ihrem Betrieb möglicherweise entstehen können, hieße die Grenzen menschlichen Erkenntnisvermögens verkennen und würde weiterhin jede staatliche Zulassung der Nutzung von Technik verbannen. Für die Gestaltung der Sozialordnung muss es insoweit bei Abschätzungen anhand praktischer Vernunft bleiben. Ungewissheiten jenseits dieser Schwelle praktischer Vernunft sind unentrinnbar und insofern als sozialadäquate Lasten von allen Bürgern zu tragen« (*BVerfG: Beschluss vom 08.08.1978 – 2BvL 8/77*).

Die zentrale Mahnung des Gerichts lautet: Bei Abschätzungen bitte die praktische Vernunft verwenden. Und das heißt doch nichts anderes, als bei allen Gefahren immer wieder von Neuem nachzudenken: Wie viel bin ich bereit, davon zu tolerieren? Und eventuell: zu welchem Preis? Und ab wann habe ich das Recht zu sagen: Bis hierher und nicht weiter, es reicht?

Das führt dann sofort zum abschließenden dritten Schritt, einer vernunftgesteuerten, auf die Erkenntnisse der Wissenschaft gestützten Grenzwertdiskussion. Ein nachahmenswertes Vorbild sind hier die MAK-Werte der Deutschen Forschungsgemeinschaft (MAK = »Maximale Konzentration am Arbeitsplatz«). Diese MAK-Werte sind »die höchstzulässige

Konzentration eines Arbeitsstoffes als Gas, Dampf oder Schwebestoff in der Luft am Arbeitsplatz, die nach dem gegenwärtigen Stand der Kenntnis auch bei wiederholter und langfristiger, in der Regel täglicher achtstündiger Exposition, bei einer durchschnittlichen Wochenarbeitszeit von 40 Stunden (in Vierschichtbetrieben 42 Stunden je Woche im Durchschnitt von vier aufeinanderfolgenden Wochen) im Allgemeinen die Gesundheit der Beschäftigten nicht beeinträchtigt und diese nicht unangemessen belästigt.« Danach sind folgende Höchstbelastungen erlaubt, gemessen in Milligramm pro Kubikmeter Luft am Arbeitsplatz: 0,015 Milligramm Cadmium, 0,1 Milligramm Blei, 0,1 Milligramm Arsensäure, 0,1 Milligramm Quecksilber, 0,2 Milligramm Dieselmotorabgase, 0,2 Milligramm Ozon, 0,25 Milligramm Uran, 0,37 Milligramm Formaldehyd, 0,5 Milligramm Getriebeöl, 0,5 Milligramm Nickel, 0,5 Milligramm Nitroglycerin, 1 Milligramm Kupfer, 1,5 Milligramm Aluminium, 1,5 Milligramm Chlor, 2 Milligramm Eichenholzstaub, 5 Milligramm Schwefeldioxid, 5 Milligramm cyanidhaltiges Spülwasser, 6 Milligramm Grafitstaub, 25 Milligramm Essigsäure, 35 Milligramm Ammoniak, 560 Milligramm Terpentin, 1800 Milligramm Propan und 9000 Milligramm Kohlendioxid. Die Liste dieser Stoffe wie auch die MAK-Werte selbst werden jährlich angepasst; der jeweils neueste Stand ist in den »Technischen Regeln für Gefahrstoffe« (TRGS 9000) nachzulesen.

Ebenfalls für den Arbeitsplatz gedacht sind die sogenannten TRK-Werte (»Technische Richtkonzentration«) und BAT-Werte (»Biologischer Arbeitsplatztoleranzwert«). Diese messen einmal die technische Machbarkeit (TRK) oder die Konzentration eines Stoffes im Blut oder im Urin der Arbeitnehmer. Für den »Normalbürger« zuständig sind dagegen die von der Weltgesundheitsorganisation ermittelten ADI-Werte (ADI = »acceptable daily intake«), das sind diejenigen Mengen eines Stoffes, die auch bei lebenslanger Aufnahme aller Wahrscheinlichkeit nach nie der Gesundheit schaden werden. Sie werden in Milligramm pro Kilogramm Körpergewicht ausgedrückt und enthalten so auch gleich einen Kinderschutz (Kinder sind leichter und dürfen weniger belastet werden). Ermittelt man dann noch, wie viel die Menschen im Durchschnitt essen, trinken und einatmen, lassen sich Höchstmengen von Stoffen in Lebensmitteln, Wasser und Luft bestimmen, wie zum Beispiel 0,05 Milligramm Quecksilber, 0,5 Milligramm Blei oder 0,075 Milligramm Cadmium pro Kilogramm.

Dann gibt es in Deutschland noch die sogenannten Richtwerte, das sind Grenzwerte für Lebensmittel. Sie wurden früher vom Bundesinstitut für gesundheitlichen Verbraucherschutz und Veterinärmedizin (BgVV) in Berlin bestimmt und sind nur Empfehlungen ohne Gesetzeskraft; betroffene Lebensmittel sind nicht automatisch zu beanstanden. In einigen Fällen darf ein Lebensmittel aber nicht mehr in Verkehr gebracht werden, etwa wenn das Quecksilber in Fisch 1 Milligramm pro Kilogramm oder im Trinkwasser 0,001 Milligramm pro Liter überschreitet. Weitere Richtwerte sind 0,07 Milligramm Blei pro

Kilo Kalbsleber, 0,1 Milligramm Cadmium pro Kilo Blattgemüse usw.

Wieder andere Überlegungen sind für Grenzwerte bei der Strahlenbelastung zuständig; hier gibt es anders als bei Giften keine Unschädlichkeitsgrenze. Künstliche Strahlung kann nur nach dem Prinzip der Verhältnismäßigkeit begrenzt werden: durch Abschirmung, durch zeitliche Begrenzung der Belastung und durch Abstand von der Strahlenquelle. Der Grenzwert für berufliche zusätzliche Strahlenbelastung liegt bei 20 Millisievert pro Jahr, das ist knapp das Zehnfache der Strahlenbelastung, der man durch die Natur ohnehin unterliegt. Für 10 Millisievert wird eine Erhöhung der Wahrscheinlichkeit einer Krebserkrankung von 0,0005 angenommen, das heißt die Wahrscheinlichkeit, an irgendeinem Krebs zu erkranken, steigt für den Bundesbürger von rund 25,00 Prozent auf 25,05 Prozent.

Das gleiche Prinzip gilt für die elektromagnetische Strahlung von Sendeanlagen und Mobilfunkgeräten. Der Haupteffekt elektromagnetischer Strahlung ist Wärme, weshalb die Erhöhung der Gewebetemperatur möglichst auf 1 Grad zu begrenzen ist. Bei Erwachsenen erhöht die Aufnahme von 1 bis 4 Watt pro Kilogramm Körpergewicht die Temperatur im gesamten Körper um weniger als 1 Grad Celsius. Die Internationale Kommission zum Schutz vor nichtionisierender Strahlung ICNIRP empfiehlt für die allgemeine Bevölkerung einen Grenzwert von 0,08 Watt pro Kilogramm Körpergewicht (gemittelt über den ganzen Körper). Die ersten Gesundheitsstörungen entstehen bei fünfzigmal so hohen Dosen.

Das gesamte Regelwerk dieser Grenzwerte ist ungleich größer, als hier angegeben werden kann. Eine ungeheure Vielfalt von technischen Normen, Gesetzen, Verordnungen und Verwaltungsvorschriften bestimmt neben Grenz- und Richtwerten auch noch Orientierungswerte, Warnschwellen (bei bodennahem Ozon), Zielwerte (bei Asbest), maximale Emissionskonzentrationen (bei technischen Anlagen), Immissionsrichtwerte (etwa bei Bau- und Gewerbelärm; so ist etwa in der Nähe von deutschen Krankenhäusern ein Lärmpegel von höchstens 45 Dezibel erlaubt), Eingriffswerte, Bodenprüfwerte, Anhaltswerte, Unbedenklichkeitswerte, Störfallkonzentrationsleitwerte, tolerierbare resorbierte Körperdosen (TRD-Werte) usw. Sie alle dienen der Risikominderung (wenn bereits Belastungen vorliegen) und der Risikoverhinderung (wenn noch nichts passiert ist, aber man auf Nummer sicher gehen will); sie alle setzen sich mit dem Problem auseinander, dass man niemals einen Stoff oder eine Belästigung total verschwinden lassen kann, sondern dass wir, ob wir wollen oder nicht, bestimmen müssen, wie viel wir davon bereit sind, gerade noch zu tolerieren.

Um diese Diskussion systematisch in Gang zu setzen, hat die Bundesregierung im Jahr 2000 eine Kommission »Neuordnung der Verfahren und Strukturen zur Risikobewertung und Standardsetzung im gesundheitlichen Umweltschutz der Bundesrepublik Deutschland« berufen, kurz »Risikokommission« genannt. Auch das ist ein Schritt in die richtige Richtung. »Wie risikoreich sind Umweltbelastungen für die Gesundheit? Wo muss der Staat eingreifen, wo nicht? Wie lassen sich komplexe Risiken zuverlässig abschätzen? Wie kann man sicherstellen, dass rational und fair zwischen Risiken und Chancen abgewogen wird? Wie kann man eine demokratisch gebotene und dem jeweils angestrebten Schutzziel dienliche Beteiligung der Öffentlichkeit sicherstellen? Wie sollte über Risiken kommuniziert werden? Wie lässt sich Orientierung vermitteln, wenn auf der einen Seite Risiken aufgebauscht, auf der anderen Seite aber auch verharmlost werden?« So beschreibt die Kommission selbst auf der ersten Seite ihres Abschlussberichts das Problem.

Dieser Abschlussbericht zeigt verschiedene Wege zu einem vernunftgesteuertem Umgang mit Risiken aller Art, er sollte allen Panikmachern als Zwangslektüre auf dem Nachttisch liegen und fordert unter anderem:

»1. Eine klare Trennung von Risikoabschätzung und Risikomanagement, um zu verhindern, dass die wissenschaftliche Risikoabschätzung mit ökonomischen, technischen, sozialen Abwägungsaspekten des Risikomanagements vermengt wird und gegenseitige Kompetenzüberschreitungen stattfinden.«

Also: Nicht den Bock zum Gärtner machen; wer Risiken erzeugt, sollte sie nicht zugleich selbst quantifizieren dürfen.

»2. Die wissenschaftliche Risikoabschätzung bedarf eines eindeutigen und nachvollziehbaren prozeduralen Verfahrens mit einem hohen Maß an Transparenz, mit Beteiligung der Fachöffentlichkeit und bei kontroversen Themen auch der wichtigsten gesellschaftlichen Gruppen. Annahmen und Ableitungen sind zu begründen und der Öffentlichkeit zugänglich zu machen. Das Ergebnis der Risikoabschätzung soll nicht allein als einzelne Zahl (Punktschätzung des Risikos, Schwellenwert) dargestellt werden, sondern es sind auch die Zuverlässigkeit der Aussage, die Unsicherheiten der Abschätzung sowie die Rahmenbedingungen, unter denen die Risikoangabe gilt, zu kommentieren.«

Zur Umsetzung empfiehlt die Kommission verbindliche Leitlinien zum Umgang mit Nichtwissen und Unsicherheit. Außerdem sei sicherzustellen, »dass normative Vorgaben, die nicht durch Wissenschaftler gesetzt werden sollten, zu Beginn des Verfahrens durch dazu legitimierte Gremien eingebracht werden«.

Also Schluss mit der unerträglichen selbstgerechten Arroganz von Greenpeace, foodwatch oder WWF?

Als Drittes empfiehlt die Kommission, dass alle Risikoregulierungen »einen transparenten Vergleich von Handlungsoptionen unter Einbezug von deren voraussichtlichen Konsequenzen enthalten« sollten. Nötig dazu sei »ein Leitfaden zur Durchführung von Abwägungen, Richtlinien für die Dokumentation von Zielkonflikten und deren Lösungen und rechtsverbindliche Vorschriften zu Beteiligungsverfahren für die Öffentlichkeit, die über bloße Anhörungen hinausgehen«.

Leider ist es – von Ausnahmen abgesehen – bis jetzt bei diesen Empfehlungen geblieben. So hat etwa das in Berlin ansässige Bundesinstitut für Riskobewertung (BfR) gewisse Aufgaben der Risikokommission übernommen. »Die Arbeit des BfR für den gesundheitlichen Verbraucherschutz zeichnet sich durch ihren wissenschaftlichen, forschungsgestützten Ansatz aus. Auf die gesundheitlichen Bewertungen und Handlungsoptionen des Instituts können die für das Risikomanagement verantwortlichen Behörden zugreifen. Die Arbeitsergebnisse und Empfehlungen des BfR dienen allen interessierten Kreisen als wichtige Entscheidungshilfe für Maßnahmen. Mit seiner wissenschaftsbasierten Risikobewertung gibt das BfR wichtige Impulse für den gesundheitlichen Verbraucherschutz innerhalb und außerhalb Deutschlands.«

Es bleibt nur zu hoffen, dass dann nicht nur die verantwortlichen Behörden, sondern auch die Medien und die Mediennutzer auf diese Impulse hören.

Es verbleiben zwei Probleme, eines der Behörden und eines der Bürger, die einem Funktionieren dieses Ansatzes im Wege stehen. Beginnen wir mit den Behörden. »Wo muss der Staat eingreifen, wo nicht?«, fragt die Risikokommission nicht ohne Grund. Denn unsere Risikoregulierer, selbst wenn sie streng rational vorzugehen meinen, schießen leider oft über ihr Ziel hinaus und tendieren zu einer Überregulierung. »Ob Gammelfleisch im Döner oder Dioxin im Frühstücksei: Die Reaktion der Politik auf die Welle der öffentlichen Empörung ist immer gleich«, schreibt

Stefan Borstel in der *Welt*, »es wird Abhilfe mittels neuer und verschärfter Gesetze versprochen.«

Aber diese Gesetze schaden oft mehr, als dass sie nutzen, so wie die jüngste Verschärfung des Verbraucherinformationsgesetzes als Folge des Dioxinskandals von Anfang 2010 (übrigens eine deutsche Spezialität, kein anderes Land der Welt leistet sich ein eigenständiges Gesetz zur Verbraucherinformation). »Bei näherer Betrachtung erweist sich die angekündigte Reform als purer Aktionismus«, kritisiert Borstel. »Warum werden Lebensmittel sicherer, wenn sich Bürger künftig bei den Behörden auch Informationen über Haushaltsgeräte einholen können?«

Oder ist es zum Beispiel wirklich nötig, und das ist kein Aprilscherz, in Deutschland eine Zwangsversicherung abschließen zu müssen, wenn man im Herbst einen Drachen steigen lassen will?

In Deutschland ist es nötig. Ein Flugdrachen ist ein Luftfahrzeug. Und damit unterliegt er der neuen Luftverkehrszulassungsordnung von 2005; wer etwa denkt, er könne wie früher mit seinen Kindern einen schönen Drachen basteln und den bei Wind auf einer Wiese steigen lassen, befindet sich in einem möglicherweise kostenträchtigen Irrtum. »Ohne einen entsprechenden Versicherungsschutz ist es im nächsten Herbst aus mit dem Drachensteigenlassen, da Sie damit gegen diese neue Verordnung verstoßen; es sei denn, Sie verfügen über einen entsprechenden Versicherungsschutz«, schreibt ein Versicherungsmakler im Internet. »Nun sagt der interessierte Leser vielleicht, dafür habe ich doch meine private Haftpflichtversicherung (war auch bisher darin versichert). Da muss ich heute leider antworten: Mitnichten, die private Haftpflichtversicherung erstreckt sich nur auf Bereiche, für die kein anderweitiger Versicherungsschutz gesetzlich vorgeschrieben ist. Deshalb fällt unser Drachen wie alle anderen Luftfahrzeuge nun aus der privaten Haftpflichtversicherung heraus.«

Und auch die Versicherungen müssen aufpassen: »Ein Tipp für alle Maklerkollegen, hier ist ein nicht unbeträchtliches Haftungsrisiko, da Sie als Makler umfassend informationspflichtig sind. Falls Sie Ihre Kunden darauf nicht aufmerksam gemacht haben und es entsteht tatsächlich ein haftungspflichtiger Schaden, dann besteht die Möglichkeit, dass der Kunde Sie in die Haftung nimmt, und dabei hat dieser vor Gericht sehr gute Chancen.«

Derartige Überregulierungen sind natürlich kontraproduktiv; hier wäre es besser, auf die Selbstregulierung der Gesellschaft zu vertrauen. Das fordert seit Jahren, mit mäßigen Erfolg, der (bis 2010) Präsident des Bundesverfassungsgerichts, Hans-Jürgen Papier; er glaubt, »dass inzwischen über dem sinnvollen Maß an Recht eine Schicht von Überregulierung liegt, die der gesamten Rechtsordnung – und damit dem Standort Deutschland – zu schaden droht«.

Die in unserem Land für die Regulierung von Risiken zuständigen Behörden wüssten, so schreibt auch der Wuppertaler Professor für Sicherheitstechnik Sylvius Hartwig, von den wahren Problemen des Alltags leider wenig. »Die Ahnungslosigkeit unserer Abgeordneten und Politiker im Alltag der Wirtschaft, der Umwelt und Sicherheitstechnologie und generell der technischen Anforderungen unserer Gesellschaft ist bedrückend.« Als eines von vielen Beispielen nennt er die Regulierung der Ozongefahr. »Die drängenden politischen Fragen sind, ob wir die damit zusammenhängenden Gesundheitsrisiken tragen wollen, wenn nein, welche Risiken dürfen es sein, und welchen Nutzen, Wohlstand und Lebenslust (Autofahren!) sind wir willens, dafür einzuhandeln. Die Parteien sind aber entscheidungsunfähig und lancieren einen typischen Kompromiss, der nur zur Verordnungsflut beiträgt. Die Wirksamkeit der Ozonverordnung ist umstritten, zusätzlich ist dem Gesetzgeber nicht klar, dass es bereits einen geringeren MAK-Wert (Maximale Arbeitsplatzkonzentration) gibt, wo über Frischluftanlagen in Betrieben sanktioniertes ›Verkehrs‹-Ozon in einer Anlage im Betrieb zu einem kriminellen Sachverhalt wird. Dies umso mehr, als MAK-Werte bei acht Stunden Exposition an 16 Stunden unbelasteter Luft gebunden sind.«

Das zweite Problem, das der Bürger, ist deren mangelnde Fähigkeit, von Angst und Risiko ganz abgesehen, mit Zahlen und Wahrscheinlichkeiten richtig umzugehen. Aber das müssen wir zumindest ansatzweise leisten, sonst können wir den Abschied vom nackten Affen vergessen. »Statistisch gesehen sind wir Analphabeten«, sagt Gerd Gigerenzer. Mit Daten und Fakten vernünftig umzugehen, in Zahlen gefasste Abbilder der Wirklichkeit korrekt zu interpretieren, vielleicht sogar selbst zum sinnvollen Beschreiben einer immer komplexeren Welt und Umwelt beizutragen, diese Fähigkeiten, die den mündigen Bürger des dritten Jahrtausends geradezu zu definieren scheinen, fehlen heute allenthalben; besonders in Deutschland werden sie nicht sehr geschätzt. Hier scheint sich ganz im Gegenteil ein gewisses »Innummeratentum« breitzumachen, ja geradezu salonfähig zu werden, das sich darin äußert, mit Mathematik und Zahlen nicht zurechtzukommen und sogar nach stolz darauf zu sein. Oder wie die *Norderneyer Zeitung* einmal schrieb: »Fuhr vor einigen Jahren noch jeder zehnte Autofahrer zu schnell, so ist es heute schon jeder fünfte. Doch auch fünf Prozent sind zu viele, und so wird weiterhin kontrolliert, und Schnellfahrer haben zu zahlen.«

Während in Deutschland wie in vielen anderen Industrienationen jeder, der als Analphabet erkannt würde, mit sozialer Deklassierung rechnen müsste, scheint das Eingeständnis, von Mathematik und Zahlen wenig zu verstehen, das soziale Ansehen ganz im Gegenteil sogar noch zu steigern.

Böse Zungen meinen, daran sei niemand anderer als unser großer Dichter Johann Wolfgang von Goethe schuld. Denn das Zergliedern und Analysieren waren seine Sache nicht. Goethe verstand sich als der große Ganzheitsseher, der intuitive Welterkenner, seine Kenntnisse in Mathematik waren, wie er selbst zugab, sehr beschränkt. Und diese Geringschätzung des zahlengestützten statistischen Denkens hat er dem deutschen gehobenen Bildungsbürgertum vererbt. Wie gegenüber vielen Dingen, die man nicht versteht, mischt sich in diese Geringschätzung durchaus auch Respekt, genauso aber auch eine fatale Bereitschaft, als Statistik maskierten Unfug ohne weiteres Hinterfragen auf gut Glück zu glauben.

Nicht dass der korrekte Umgang mit Wahrscheinlichkeiten einfach wäre, selbst Spitzenmathematiker fallen hier immer wieder auf dumme Trugschlüsse herein. Der große Gottfried Wilhelm Leibniz, der Erfinder der Differentialrechnung und einer der größten Philosophen und Mathematiker aller Zeiten, behauptete in einem Brief an einen französischen Kollegen, beim zweimaligen Würfeln sei die Wahrscheinlichkeit für eine Augensumme 10 die gleiche wie für eine Augensumme 9. In Wahrheit, so sieht man sofort beim Abzählen aller Möglichkeiten, ist die Augensumme 9 wahrscheinlicher als die Augensumme 10. Und der französische Mathematiker Jean d'Alembert, Mitverfasser der berühmten Enzyklopädie, behauptet in dem Stichwortartikel »Croix et pile«, bei einem zweimaligen Münzwurf sei die Wahrscheinlichkeit für zweimal Kopf ein Drittel. Und hier weiß nun wirklich jedes Schulkind, dass es vier verschiedene Möglichkeiten gibt – Kopf/Kopf, Zahl/Zahl, Zahl/Kopf und Kopf/Zahl –, das heißt die Wahrscheinlichkeit für Kopf/Kopf ist ein Viertel. (D'Alembert hatte einen Fehler gemacht ähnlich dem von Leibniz, nämlich die zwei unterschiedlichen Möglichkeiten für »einmal Kopf« zusammenzuwerfen.)

Insofern sind also alle diejenigen im Recht, die das Ansinnen weit von sich weisen, Wahrscheinlichkeiten abzuschätzen. Wenn das noch nicht einmal die größten Geister richtig können, wie kann man das von einem normalen Zeitungsleser verlangen?

Aber das muss der normale Zeitungsleser doch auch nicht! Es reicht schon, die Größenordnungen zu kennen. Die Stellen hinter dem Komma sind dann Sache der Experten. Und dazu könnte etwas mehr Betonung dieses Themas im Mathematikunterricht unserer Schulen schon viel beitragen. Oder warum nicht schon im Kindergarten anfangen? »Ich finde es in einer komplexer werdenden Welt auch wichtig«, höre ich zu meiner Freude von Angela Merkel, »Kinder bereits frühzeitig an solche Abwägungen heranzuführen. Im Kindergarten und in der Schule können Kinder spielerisch lernen, was Wahrscheinlichkeit und Risiko bedeuten.«

Ich weiß, das tut dem deutschen Bildungsbürger weh, aber anders geht es nicht. Und dieser Kampf gegen das Innummeratentum ist noch aus anderen Gründen wichtig. Solange wir nämlich nicht mehr Übung darin besitzen, logisch zu denken und Wahrscheinlichkeiten zumindest näherungsweise abzuschätzen, wird jeder Versuch der Risikobewältigung, der darauf hinausläuft, die Menschen besser zu informieren, ein Schuss in den Ofen werden. Wie sich nämlich immer wieder zeigt, gehen unter den aktuellen Rahmenbedingungen mit einer besseren Information der betroffenen Bürger die Angst und Panik nicht zurück, sie nehmen eher zu. Ein gutes Beispiel sind Beipackzettel bei Arzneimitteln; sie schaden mehr, als sie nutzen. Wenn Innummeraten erst einmal wissen, was alles passieren kann, aber keinerlei Vorstellung haben, wie wahrscheinlich es passiert, wird genau das Gegenteil des gewünschten Effekts erreicht: Die durch Nichteinnahme von Medikamenten aufgrund von Beipackzetteln verursachten Schäden sind um Zehnerpotenzen höher als die Schäden durch die Medikamente selbst – die Menschen wissen mit den Infos auf den Beipackzetteln nichts Vernünftiges anzufangen und überschätzen die Wahrscheinlichkeiten der möglichen Nebenwirkungen ganz extrem.

Damit sind wir wieder am Anfang des Kapitels wie auch am Anfang des Buches angekommen. Gegen falsche Angst und kontraproduktive Panik hilft allein Vernunft. »Dummheit ist der Mangel an Urteilskraft«, so zitierte ich zu Beginn Immanuel Kant, »und einem solchen Gebrechen ist nicht abzuhelfen.«

Lieber Immanuel, ich hoffe, dass du irrst. Ich bete für uns alle, dass diesem Gebrechen dennoch abzuhelfen ist und dass du nicht zusammen mit Erich Kästner recht behältst, der in seinem Gedicht »Die Entwicklung der Menschheit« unsere aktuelle Lage so beschreibt:

Einst haben die Kerls auf den Bäumen gehockt,
behaart und mit böser Visage.
Dann hat man sie aus dem Urwald gelockt
und die Welt asphaltiert und aufgestockt,
bis zur dreißigsten Etage.

Da saßen sie nun, den Flöhen entflohen,
in zentral beheizten Räumen.
Da sitzen sie nun am Telefon.
Und es herrscht noch genau derselbe Ton
wie seinerzeit auf den Bäumen.

Sie hören weit. Sie sehen fern.
Sie sind mit dem Weltall in Fühlung.
Sie putzen die Zähne. Sie atmen modern.
Die Erde ist ein gebildeter Stern
mit sehr viel Wasserspülung.

Sie schießen die Briefschaften durch ein Rohr.
Sie jagen und züchten Mikroben.
Sie versehen die Natur mit allem Komfort.
Sie fliegen steil in den Himmel empor
bleiben zwei Wochen oben.

Was ihre Verdauung übrig lässt,
das verarbeiten sie zu Watte.
Sie spalten Atome. Sie heilen Inzest.
Und sie stellen durch Stiluntersuchungen fest,
dass Cäsar Plattfüße hatte.

So haben sie mit dem Kopf und dem Mund
den Fortschritt der Menschheit geschaffen.
Doch davon mal abgesehen und
bei Lichte betrachtet sind sie im Grund
noch immer die alten Affen.

Werden Kant und Kästner recht behalten? Kant, der fünf Jahre vor der Geburt von Charles Darwin starb und die biologischen Wurzeln der Dummheit noch nicht kannte, und Kästner, der notorische Pessimist? Oder können wir uns – nicht auf einmal, auch nicht alle, aber doch mehrheitlich und peu à peu im Lauf der Zeit – aus den Fesseln der Biologie befreien? Und das Denken, das Abwägen, das logische Schließen über unsere Bauchgefühle stellen? Das lasse ich hier mal offen. Aber wenn wir das aus der Schimpansenzeit ererbte idiotische Wechseln zwischen Panik und Apathie durch ein vernunftgeleitetes Abwägen der Risiken ersetzen wollen, die uns, ob wir wollen oder nicht, bis zum Ende der Menschheitsgeschichte begleiten werden, bleibt uns keine andere Wahl.

Literatur:

Stefan Borstel: »Purer Aktionismus«, *Die Welt* vom 4.4.2011

Hermann H. Dieter: »Welche Fremd- und Schadstoffe gefährden oder verunreinigen prioritär das Trinkwasser?«, in: *Warnsignal Klima: Genug Wasser für alle?* Hrsg. J.L. Lozàn et al., 3. Auflage, Hamburg 2011

G. Gigerenzer und A. Edwards. »Simple tools for understanding risks: from innumeracy to insight«, *British Medical Journal* 327 (2003), S. 741–744

S. Hartwig: »Gesetzesflut erdrückt Deutschlands Industrie«, *Die Welt*, 20.12.1995

D. Morris: *Der nackte Affe*, München 1968 (Droemer Knaur)

Danksagung

Ein Buch wie dieses braucht viele Helfer, allein hätte ich die ungezählten hier präsentierten Daten und Fakten niemals recherchieren können. An erster Stelle bedanke ich mich bei Dr. Gerald Mackenthun, dem Koautor meines Vorgängerbuchs *Die Panikmacher*. Von seiner reichen Erfahrung als Wissenschaftsjournalist für dpa habe ich seinerzeit viel profitiert und tue dies noch heute. Besonders seine Intimkenntnisse, wie deutsche Medienmacher ticken und wie die Panikmache intern abläuft, sind mit Geld nicht zu bezahlen.

Bei den mühsamen Recherchen zu Todesursachen, Krebsstatistiken und Panikmeldungen in deutschen und internationalen Medien waren mir Eva und Denis Krämer sowie mehrere studentische Hilfskräfte und wissenschaftliche Mitarbeiter am Institut für Wirtschafts- und Sozialstatistik der TU Dortmund eine große Hilfe: Dr. Matthias Arnold, Editha Lockow, Dr. Pavel Stoimenov, Adam Skubala, Ann-Cristin Wagner und Simone Wallbaum. Und dann haben mir die folgenden Freunde, Mitarbeiter und Kollegen großzügig ihr Expertenwissen zu ausgewählten Detailproblemen überlassen: Prof. Dr. Hermann Dieter (Grenzwerte), Dr. Ingfried Hobert (Diabetes, Blutdruck, Schweinegrippe), Dr. Martin Kaiser (Chemiephobie), Prof. Dr. Frank Lobigs (Quellensuche), Nils Rabe (Literatur), Prof. Dr. Christoph Schmidt (Umweltrisiken), Karl Erich Smalian (Abfallbeseitigung), Dr. Christoph Sokolowski (Lebensmittelgifte), Jens Sylvester (Lebensmittelsicherheit) und Prof. Dr. Andreas Zober (Chemie). Es versteht sich von selbst, dass sie die Schlüsse, die ich aus diesen Informationen gezogen habe, nicht zu verantworten haben. Das mühsame Abtippen meiner vielen gekrakelten Notizen und holprigen Diktate besorgte meine Sekretärin Heide Asshoff in gewohnter Kompetenz. Meine Frau Doris hat als Testleserin viele umständliche Sätze ausgesiebt (»Das versteht ja kein Mensch!«), und Ulrich Wank sowie Kristin Rotter und Wolfgang Gartmann vom Piper Verlag haben ihre Lektorenpflichten mehr als ernst genommen und mich nicht nur vor einigen sprachlichen wie sachlichen Verirrungen bewahrt, sondern auch auf zunächst übersehene Aspekte des Panikthemas hingewiesen. Auch diesen Helfern ein großes und herzliches Dankeschön! Alle verbleibenden Fehler sind allein dem Autor anzulasten.